바라보다 우주보다

좋은학교(Quality School) 이야기

바라보라 우주보라

장홍훈

좋은땅

대한민국
1세대 대안교육 특성화 고등학교
청주 양업고에서
열두 해 동안 교장으로 살아왔던
교육에 관한 사색,
좋은 학교 Quality School 이야기입니다.

차례

취임사 11
양업학교란? 14
엄청난 일 17
하느님의 음악 20
NG(엔지)는 없어요! 22
사랑만이 명약 24
우리 아이들이 소고기입니까! 26
감화양업(感化良業) 28
드라마(Drama)의 주인공 31
아이들의 반란 34
지리산 천왕봉(1915M) 37
좋아, 좋아 40
어쨌든 누구의 인생인가? 43
파리 떼의 습격 47
보시니 참 좋았다. 50
가장 멋진 삶을 사는 아이들 53

아버지의 기도 56
어느 교사의 기도 60
하느님이 더 큰 길을
마련해 놓으셨겠지요! 64
나는 누구인가? 66
좋은 학교(Quality School) 68
쌍무지개 뜨다 71
첫눈이 내려오다 73
세상은 아름답다
(The world is Beautiful) 75
행복은 어디에 있을까? 77
+, 있는 그대로 '가'와 'A'
그리고 '△' 79
슬퍼도 웃을 수밖에 없었다 81
행복 운전수 83
돌직구!!! 85

죽고 싶다 87
진정한 공부가 무엇인가? 90
감! 93
은총(恩寵)-수능대박? 95
10대의 성공적인
행복한 삶을 위하여 98
돈이 뭐길래? 104
'정상경험'(頂上經驗) 108
행복한 고민 112
J 닮았네요 114
메르스(MERS)는 물러가라 116
행복한 양업학교
(Quality School)의 꿈 118
세 가지 이유 121
새봄 편지 126
"주님과 함께라면" 129

9101 131
행복헌장 133
행복의 비결 137
'오(五) 씨' 139
'잡초를 뽑아 주세요.' 142
거기 누구 없소? 145
빛나는 졸업장 147
양업(良業)의 봄 149
내 맘 다 알지? 152
당신 멋져! 155
십자가 158
부활 162
행복한 공부란 무엇일까? 168
무료 172
젊음 174
핵심 178

지금 이 순간 *182*
삶을 위하여 *185*
창의성 *188*
공부노트 *191*
"우분투(ubuntu)!!!" *193*
'신종코로나' 빨리 물러가라 *196*
닭 *199*
눈물의 기도 *202*
'엄마', '어머니' *205*
빵긋빵긋 웃는 빵이 좋다 *207*
해바라기 *210*
마음의 일 *213*
우리 집을 살리자 *216*
가을 기도 *219*
돈의 본향 *222*
조율 한번 해 주세요 *225*

눈속의 사색 *228*
정월대보름의 바람 *231*
노멘 에스트 오멘 *234*
시간을 내자! *237*
빛의 승리 *240*
평화를 찾아서 *243*
감사 테라피 *246*
손 *249*
가을날 *252*
하느님은 음악이시다 *255*
영원한 나그네 *258*
카이노스 *261*
소금 *264*
메타노이아 *267*
천진한 어린이처럼 *270*
위로 *273*

칭찬 276
변화의 기적 279
순지자(殉地者) 282
가을 편지-고요함에 머물러라 285
메멘토 모리, 메멘토 비베레 288
축복 291
봄, 무엇이 보이는가? 293
들을 수 있는 심장과 귀 296
파스카 299
초콜릿 예찬 302
흙 305
헤아림 308
자아 성찰 311
단풍과 낙엽 사이에서 314
그분은 누구신가? 317
웃자 319

"사람아, 너는 먼지이니,
먼지로 돌아갈 것을 생각하여라." 322
하나의 밀알 325
눈물꽃 소년 328
참살이 Well being 331
7 334
왜 그럴까? 336
태양의 찬가 338
대추 한 알, 밤 한 톨 341
시대의 징표 읽기 343
시간의 흐름 속에서 345
"곧 떠날 것 같이
영원히 머무를 것처럼" 348

취임사

유난히 추웠던 지난겨울이었습니다. 겨울이 추우면 추울수록 새봄의 볕은 더 따뜻하고 희망차게 다가옵니다. 이 새봄을 맞으며 양업인 여러분에게 인사드립니다.

사랑합니다.

우리 교구 모본당인 감곡 초대 본당신부님, 임가밀로 신부님은 교우들을 처음 만났을 때 이렇게 인사하셨다고 합니다. "여러분을 만나기 전부터 사랑했습니다." 저도 우리 양업인 여러분을 보기 전부터 사랑했습니다.
……

저는 양업고등학교 제2대 교장으로써 양업학교 15년 동안 초대 교장 신부님과 선생님들, 그동안 이곳을 거쳐 간 양업인들이 쌓아 올린 좋은 학교의 전통을 계승하고 발전시켜 나가도록 노력하겠습니다.

우리 학교의 교훈은 '사랑으로 마음을 드높이자'입니다. 이 교훈을 통하여 교육이란 무엇인지 생각해 봅니다. 교육은 '우리 각자에게 주어진 사랑의 완성을 위한 끝없는 노력'입니다. 교사와 학부모 마음 안에 우리 젊은 학생들을 사랑하는 불이 타올라야 합니다. 우리 학생들이 그 간절한 마음을 느낄 수 있다면 그것이 세상에서 가장 완벽한 교육일 것입니다. 이를 실현하기 위해 저는 양업 고등학교 공동체를 최고의 인격 대우를 받는 학교 공동체로 만들어 가겠습니다. 학교생활의 핵심이요 주체인 학생 중 그 누구도 소외되지 않게 하며, 학생 개개인을 더 큰 마음과 사랑으로 존중하겠습니다.

　어질고 선하고 좋을 양(良) 자에다 일 업(業) 자를 쓰는 우리 학교 '양업'은 좋은 환경에서 좋은 사람들과 좋은 관계를 소중하게 여기는 좋은 학교입니다.

　좋은 학교가 되기 위해서는 먼저 좋은 부모, 좋은 스승이 있어야 합니다. 부모와 교사는 학생들이 더욱더 가치 있고 의미 있는 선택을 통해 성숙할 수 있도록 이끌어 주어야 합니다. 강제와 억압이 아니라 인내로써 학생 스스로가 적극적 자유를 가지고 참여하는 교육이 되도록 기다려 주고 눈높이를 맞추어 주어야 합니다.

　그러므로 생명을 가꾸는 농부의 마음으로 우리 아이들의 봄 여름 가을 겨울을 사랑으로 지켜 주시기를 바랍니다. 우리의 희망이요 꿈인 아들딸들이 '사람이 사람답게 사는 세상을 건설하는 주역'이 되는 '양업인'이 되도록 물심양면으로 협조해 주시기를 바랍니다.

　꽃보다 아름다운 양업고 학생 여러분!

　양업 고등학교의 주인은 여러분 자신입니다. 여러분 스스로 양업학교를 선택했고, 여러분을 양업학교가 뽑아 세웠습니다. 양업학교의 생활은 교사나 사감이 아니라 여러분 각자 스스로가 관리하여 행복한 삶의 공간으로 만들어야 합니다. 학생 여러분은 스스로가 학교생활에 적극적으로 참여하도록 권한을 부여받았습니다. 경쟁보다는 협동을 우선시하는 학교로 만들어 봅시다. 진심으로 다가오는 선생님들과의 관계에서 지식을 전달받는 것에 머무르지 말고, 내가 원하는 무엇인가를 만들어 나의 이상(理想)과 꿈을 펼치는 학교로 만듭시다. 그리하여 누가 보아도 오고 싶고,

머물고 싶고, 배우고 싶은 좋은 학교인 양업학교를 여러분 스스로가 만들어 주시기를 부탁드립니다.

사랑하고 존경하는 양업인 여러분!

저는 국내 유일의 가톨릭 특성화 대안 양업고등학교 교장으로서의 새로운 꿈을 가지고 살겠습니다. 양업학교의 진정한 설립자는 하느님이십니다. 하느님의 섭리 안에서 세워진 우리 학교가 하느님의 학교가 되도록 만들고자 합니다. 또한 하느님의 사랑을 지니고 이 땅의 하느님 백성을 위해 피땀을 흘리신 백색 순교자이자 착한 목자, 하느님의 종 최양업 신부님을 본받아 '양업인'의 양성을 위해 온 힘을 기울이겠습니다.

이제 양업학교는 인성을 바탕으로 하여 지성과 영성의 삼위일체적 조화를 이루는 양업인을 양성하겠습니다. 이를 위해 보다 체험적이고 특성화된 교육프로그램을 연구하며 교육 방법의 쇄신을 위해 늘 깨어 준비하겠습니다. 그리하여 한국 대안교육의 중심지로 양업 학교를 들어 높이겠습니다. 더 나아가 제2의 창학 의지를 다지고 가톨릭의 국제 인프라를 최대한 활용한 글로벌 교육브랜드를 가진 장으로서 양업학교를 성장시키고자 합니다. 그리하여 양업학교가 하느님의 학교, 사랑의 학교, 행복의 학교, 희망의 학교로 드높여지고, 참 좋은 학교로 거듭 새로워지기를 희망합니다.

……

감사합니다.

양업학교란?

"중학교 1학년 손들어 보세요."
"중학교 2학년 손들어 보세요."
…
"여기 왜 왔나요?"
"엄마가 가라 해서요."

'양업고'와 함께하는 '행복한 겨울 캠프'는 인기가 짱이다. 매번 겨울에 2박 3일 동안 열리는데 '참가 신청 팝업 창'이 열리면 거의 30분 이내에 참가 인원이 마감될 정도이다. 때론 엄마의 성화에 떠밀리어 오는 아이들도 있지만, 대부분 아이들은 본인들의 적극적인 참여로 이루어진다. 2015년도 겨울 캠프를 여는 시작 미사에서 나는 이런 강론을 하였다.

"Wake up(깨어 있어라)! 깨어 있지 않으면 기뻐하거나 춤출 수가 없습니다.

Young up(젊음을 드높이자)! 양(羊)의 해에 '양업(良業)'을 영어 발음으로 하면 'Young up'입니다.

Dream up(꿈을 드높이자)! '성적'보다 '적성'에 맞게 꿈을 드높여야 합니다.

하느님이 주신 세 가지 금이 있습니다. 황금, 소금, 지금입니다. 이 중에서 가장 가치 있는 것은 '지금(Here & now)'입니다.

지금 여기서 Wake up! Young up! Dream up! 되는 행복한 캠프가 되길 희망합니다."

가끔 '양업고' 하면 예전에 농업이나 상업을 가르치는 고등학교처럼 '뽕나무를 키워서 누에를 기르는 양잠학교'로 잘못 오해하는 분들이 있다. 그렇지 않으면 제삼자의 이야기를 듣고 알고 있는지 '문제아들만 가는 골치 아픈 학교'로 각인 되어 있는 분들도 있다. 다른 한편 요즘은 '귀족들만 가는 명문학교가 되어 옛날과 다르다'라고 학교를 비꼬는 사람들도 있다. 이 모든 것이 제대로 알고 하는 말인지, 이런 분들을 만날 때나, 그런 소식을 들을 때는 마음이 씁쓸하다.

무엇보다 양업고는 최양업 신부님의 교육 영성을 본받아 체험과 현장 위주의 학습으로 우리의 꽃보다 아름다운 10대들을 Wake up! Young up! Dream up! 시켜 주는 행복한 좋은 학교(Quality School)이다.

양업(良業)이란 교명은 조선 최초로 서양의 선진과학과 문화 문물을 수학한 유학생이요, 몇 개의 외국에 능통했던 수재 최양업 신부 존함에서 따왔다. '어질고 선하며 좋을 양 良'에 '일 업 業'인 양업(良業)은 '어질고 선하고 좋은 일을 이루다'라는 뜻이다. 사실 최양업 신부님의 '양 良' 자는 '기를 양 養' 자로 여겨질 만큼 그분의 자질과 성품, 온 생애가 교육의 큰 스승이셨다.

그분은 '희망의 교육자'이셨다. 모든 일에 있어 하느님께서는 자비로우시니 결국은 우리를 한없이 좋게 해 주실 것이라 믿으셨다. 죽음의 골짜기에서도 영원히 희망할 수 있는(semper in aeternum sperabo) 삶을 보여 주셨다.

그분은 '눈높이 교육자'이셨다. 깊은 산 속 생활로 제대로 교육받지 못한 백성들을 위해 한문 천주교 교리를 쉬운 한글 노래 가사(천주가사로 〈사향가〉, 〈선종가〉, 〈사심판가〉, 〈공심판가〉)로 바꾸어 가르친 바, 화전 밭고랑을 일구면서도 진리를 노래하게 하였다.

그분은 '사랑의 교육자'이셨다. 덕행으로 지극히 겸손하셨으며 공동체 안에서 친교를 이루셨다. 늘 온유한 마음을 지니셨다. 특별히 더 가난하고 소외당하는 이들에 대한 애정이 남달리 크셨다.

하느님의 사람, 땀의 백색 순교자 최양업 신부님을 양업 학교의 수호자로 모신 것은 그분의 큰 교육 영성을 생활화하여 '양업(良業)'을 이루고 행복한 '좋은 학교(Quality School)'를 이루기 위함이다.

엄청난 일

아이쿠!

엄청난 일이 생겼구나.

교감 수녀님이 얼굴이 매우 하얗게 되어 말하기를… 지금 페이스북(facebook)에 양업 학생들이 동영상이 떴는데 '야동'이라는 것이다. 학교 기숙사 안에서 학생들이 직접 찍은 '야동'을 동영상에 올렸는데 아주 망신스러워 볼 수도 없는 장면을 연출했다는 것이다.

부임하자마자 이게 무슨 꼴이란 말인가? 나도 당황스럽기 그지없었다. 전 교장이셨던 윤 신부님께 전화를 걸었지만, 응답이 없으시다. 이럴 때 어떻게 해야 하는 걸까? 먼저 전산 담당 선생님에게 물었더니 그 동영상을 올린 사람만이 그것을 삭제할 수 있다는 것이다. 그래서 빨리 담임과 생활 선생님들을 통해 관련 학생들을 불러 모았고 우선 먼저 그것을 올린 학생이 그 동영상을 삭제토록 했다. 그리고 교장실에서 그들과 마주 앉았다.

"나는 그 동영상을 보지 않았다."

"'야동'이라던데… 도대체 무슨 장면이 그 영상에 담겨 있니?"

"왜 그것을 페북에 올렸지?"

그들 모두가 깜짝 놀란 표정을 짓더니 그중 한 학생이 말했다.

"아, '야동'은 아닌데요. 야하긴 야했습니다. 너무 재미있고 웃겨서 올렸습니다."

이유인즉 남자 학생들이 모여 사는 홈(Q-Home: 좋은 집)에서 요즘 유행하는 '할렘 쉐이크(Harlem Shake)'라는 춤을 패러디해서 올렸다는 것이다. 노란 머리의 춤 잘 추는 부산 사나이가 배꼽과 중요한 부위만 천으로 두르고 이상야릇한 동작의 춤사위에 몰입했고, 나머지 학생들은 둘레에서 장단을 맞추었다는 것이다.

"그래도 그렇지 요즘에는 인터넷 세상에서 잘못 실린 한 부분 때문에 얼마나 큰 피해를 보는 사람이 많은지 알지… 너희들이 재미있다고 생각한 동영상으로 양업학교 기숙사에 사는 모든 학생이 그렇게 사람들에게 비치면 곤란하지… 조금 신중하게 생각해서 좋은 학교의 모습을 보여 주는 편이 훨씬 나았겠지…"

"너희들이 스스로 이 문제에 대해 생각해 보고 스스로 책임을 질 수 있는 방안을 찾아와라. 일단 성당에 가서 5분 이상 생각하고 나서."

바로 20분 후에 그 소동과 관련된 학생들이 다시 찾아왔다.

"저희들이 오늘 저녁 식판을 모두 닦겠습니다. 그리고 각자가 말하기를 내일부터 아침 미사에 나가겠습니다. 고해성사를 보겠습니다."

그중 한 학생은 "더 좋고 아름다운 양업을 알리는 동영상을 올리고 싶은데… 우리들이 모여서 거룩하게 묵주 기도하는 동영상을 올리겠습니다." 라고 말한다.

"하 하 그래, 이제 더 이상 너희들의 잘못을 탓하지 않겠다. 앞으로 더 좋은 모습으로 우리 살아 보자."

한 판 소동이 끝난 후 생각해 본다.

이 소동이 정말 세상 무너지는 엄청난 일이었는지? 이 사건을 계기로 이 아이들이 더 큰 것을 배우지 않았을까 생각한다. 어떤 일을 할 때 '내가 웃기고 재미있는 것'이 다가 아니라 그것이 공동체와 다른 사람에게 가져다주는 또 다른 점이 있음을 이들은 깨달았을 것이다.

내 편에서도 더 큰 것을 배우기 계기가 되었다. "나를 존중하면서도 남을 배려하는 사람"으로 아이들을 성숙시키기 위해 무엇보다 더 큰 마음으로 그들을 바라보고 존중해 주어야 한다는 것을 깨우치는 시간이었다.

더욱이 이런 일이 발생하였을 때 벌로 그들을 책하는 것이 아니라 그들이 동의하는 마음의 방식으로, 그들이 존중받고 있다는 느낌의 방식으로 우리 아이들에게 다가가야 한다는 것을 체득하게 되었다.

"얘들아!

내가 엄청난 일로 엄청난 것을 깨우쳤지!

고맙다."

하느님의 음악

"청소년의 웃음소리는 하느님의 음악이시다."

강화도 '바다의 별' 청소년 수련원에 갔다가 보고 내 마음에 새겨 놓은 말이다.

청원군 옥산면 환희길 227번지에 있는 양업고등학교는 하루 24시간 하느님의 음악이 펼쳐지는 곳이다. 도시에서 맛볼 수 없는 초롱초롱하게 빛나는 별들과 달이 밤하늘을 수놓고 있고, 아침이면 수많은 새들의 노랫소리는 청아하기에 이를 데 없다. 더욱이 120명 젊고 푸르른 아이들의 생동감 있는 웃음소리와 재잘거림이 떠나지 않는다.

"이곳이 좋으냐?"

"좋아요."

"무엇 때문에 좋으냐?"

"자유롭고 정말 좋은 친구들이 있어서 좋아요."

"행복하냐?"

"네 행복해요. 집보다 훨씬 좋아요."

양업학교에 있는 누구를 붙잡고 물어봐도 99.9퍼센트 이렇게 대답한다. 일반 학교에는 볼 수 있는 적자생존의 스트레스나 경쟁에서 벗어나 그들의 자유로움과 끼가 흘러넘치는 공간이 여기에 있다. 이곳은 매 순간 하느님의 음악이 아름답게 흘러넘친다. 교복도 없고 이발 단속도 없다. 겉으로 보기엔 머리를 파마하고 금발로 염색하고 귀걸이를 하고 화장을 한 아이들이지만 마음은 정말 누구보다 순수하고 맑은 아이들이다. 자기가 선택한 학교에 자부심을 느끼고 스스로 자기 생활에 책임을 지는 솔직한 아이들이다. 그리고 자기 친구들 누구도 소외시키지 않고 존중해 주는 마음은 국회의원들도 여기서 와서 배워가야 할 정도이다.

'하-아 너무 팔불출같이 자랑이 심한가요?'

그래도 좋다. 저는 이런 학교에 교장 신부로 있다는 것이 얼마나 행복하고 좋은지 모른다. 매일매일 하느님의 음악에 취해서 살고 있다는 것이 얼마나 큰 즐거움이고 기쁨인지 모른다.

"한 사람 영혼의 무게와 깊이는 바다보다 우주보다 무겁고 깊다"라고 한다.

양업고 아이들 한 사람 한 사람 젊은 영혼이 얼마나 소중한지. 아이 각자의 재잘거림과 웃음소리, 활기찬 움직임은 바다를 가르고 우주를 뚫고 들려오는 천상의 소리이다. 나는 오늘도 그 소리가 하느님의 음악임을 체감하며 살고 있다.

그 누가 이런 아이들에게 들려오는 아름다운 하느님의 소리를 거부할 수 있을까요?!!!

NG(엔지)는 없어요!

노란 수선화와 산유화가 곱게 핀 교정이다. 분홍의 진달래도 피었다. 이제 막 교화(敎化)인 하얀 목련이 꽃망울을 터뜨리려고 한다. 땅엔 푸른 새싹들이 눈을 틔우고 새로운 하늘을 향해 피어오르고 있다. 정말 꽃이 아름다운 계절인 봄이 왔다.

그런데 이 꽃보다 아름다운 것이 사람이다. 하느님이 사람을 흙으로 만드시고 코에 숨을 불어 넣으니 살아 있는 사람이 되었다. 하느님의 숨을 간직한 모든 이는 이 세상을 다 주어도 바꿀 수 없는 소중한 이들이다.

양업의 아이들은 태초의 상태의 낙원을 그리워하는 아이들이다. 이들 누구도 소중하지 않은 이들이 없기에 나는 늘 말한다.

"꽃보다 아름다운 양업 학생 여러분이라고…"

우리 양업 학생들이 꽃보다 아름답게 피어나기 위해서는 모든 스트레스와 경쟁이 없는 좋고 행복한 학교를 만들어 나가야 한다.

먹고 마시고, 자고 싸는 것에 있어 편안한 학교라면 신체적 스트레스에서 해방시켜 주는 일이다.

개인적인 위협, 거부 행동, 심각한 경쟁에서 벗어난다면 심리적 스트레스에서 해방시켜 주는 일이다.

물건을 잃는다거나 사고를 당하거나 개인적인 실망감에 사로잡혀 있는 것이 없다면 현실적 스트레스로부터 자유로운 일이다.

급격한 환경 변화나 친구들로부터의 거부, 가족들과 헤어지거나 시험을 보는 것에 너무 얽매이지 않는 것은 발달적 스트레스 장애를 없애는 일이다.

양업에서 자라나는 우리 아이들이 스트레스 없이 활짝 피었으면 좋겠다. 더 나아가 한 번 뿐인 이 청춘의 시기를 정말 즐기면서 행복을 느끼는 시간이 되었으면 좋겠고, 사랑의 삶이 무엇인지를 깨우치는 인생의 가장 아름다운 시기를 보냈으면 좋겠다.

하긴 그렇다. 이 아이들을 어른들의 선입견으로 볼 때는 삶의 주인공 위치에서 벗어난, 뭔가 부족한 아이들로 볼지 모른다. 그러나 하느님의 눈으로 보면 이 아이들 각자의 삶은 하느님이 보시기에 너무 아름답고 좋다. 이들 각자 각자의 삶은 하느님이 보시기에 NG(no good)가 없다.

잘못된 어른들의 판단이 그들의 삶을 NG로 만들 뿐이다.

꽃보다 아름다운 양업 아이들이여
그대들 청춘의 삶에는 NG가 없어요!!!

사랑만이 명약

"지금 이 순간은 돌아오지 않는 것 아닌가요?

지금 즐겁고 행복하지 않으며 무슨 소용이 있습니까?

이 순간의 쾌락을 추구해야지… 이 순간 술을 먹고 싶다면 술술 넘어가는 술을 마셔야 하고 답답함을 풀어 주는 담배도 피워야 하고…

그런데 바뀌었어요. 삶과 생각도…

양업고에 와서 책임을 맡게 되면서 학교를 사랑하게 되었어요. 그래서 내가 사랑하는 학교를 위해 술이나 담배를 피우면서 피해를 줄 수는 없다는 생각이 들었어요.

그때부터 술과 담배를 끊었어요. 술과 담배보다 더 사랑하는 것이 생기니까, 술과 담배보다 더 좋은 것이 생기니까 쉽게 끊을 수 있더라고요.

아무리 학칙을 정해 놓고 외적인 통제와 물리적 방법을 써도, 부모님들이나 학교의 선생님들이 아무리 하지 말라도 강제해도 소용없습니다. 술과 담배를 끊으려면 그보다 더 좋아하고 사랑을 가지고 할 수 있는 것이 스스로에게 주어질 때 가능합니다."

교내 금연 문제로 한 학생과 나눈 이야기이다.

그대로는 아니지만… 정말 그렇다. 아무리 법과 규칙을 만들고 심리 전문가들이 달려들어도 세상에서 제일 어려운 일은 사람을 변화시키는 일인데… 그중에서도 중독자들을 정상인으로 회복시키는 일이라고 생각한다.

그런데 정말 신기하고 놀라운 것은 '사랑'하는 것이 생기면 그 사랑으로 인해 모든 것에서 자유로워질 수 있다는 사실이다. 그야말로 사랑은 거대한 힘을 지니고 있다. 사랑이 우리 친구를 변화시키고 나 자신을 변화시킨다.

학교를 사랑한 나머지 그 누구의 말도 듣지 않았던 친구가 술과 담배를 끊었다.

양업고 교훈이 "사랑으로 마음을 드높이자"이다. 양업고의 가장 큰 장점은 학생들 누구나 학교를 너무나 사랑한다는 것이다. 그래서 나는 장담한다. '우리 아이들의 학교 사랑 때문에 아이들 스스로가 참 좋게 행복하게 변해간다고.' 그러기에 양업고 아이들의 모든 문제의 해결점은 학교를 정말 좋고 사랑하도록 만드는 데 있다. 그리고 그 사랑만이 우리 아이들을 변화시킬 수 있는 명약임을 나는 믿는다.

"만일 내가 참으로
한 사람을 사랑한다면
나는 모든 사람을 사랑하고,
세계를 사랑하고,
삶을 사랑하게 된다.
만일 내가 어떤 사람에게
"나는 당신을 사랑한다!"고 말할 수 있다면
"나는 당신을 통해 모든 사람을 사랑하고,
당신을 통해 세계를 사랑하고,
당신을 통해 나 자신도 사랑한다!"고 말할 수 있어야 한다."

- 에리히 프롬의 「사랑의 기술」 中 -

우리 아이들이 소고기입니까!

2, 3학년 학생들과 학부모들이 모인 자리에 대학 진로 진학 전문가들이 와서 강의하는데, 너무 마음에 와닿지 않았다. 솔직한 마음은 이러했다.

"우리 학생들은 우리 선생님들이 더 잘 알고 있지 않는가. 부족함이 있더라도, 우리 진로 진학 상담 선생님이 우리 부모님들에게 우리 학생들의 진로 진학에 대해 말하는 것이 훨씬 더 이득이지 않은가… 무엇보다 우리 학생들이 정말 마음에서 원하는 꿈과 희망이 무엇인지? 그리고 그것을 어떻게 이루어 내야 하는지를 함께 생각해 보는 것이 더 중요하지 않은가? 본인이 원하는 꿈과 희망을 이루면서 행복을 누리는 삶이 학생들에게는 더 중요하다. 꼭 대학교를 가야 한다는 이유가 어디 있는가?"

여기까지 생각이 오가는 중에 한 학생과 마주쳤고 그를 불러 교장실 의자에 앉히고 대화를 시작했다.

"아 너 저번에 토론대회 보니까… 상당히 사색적이고 생각이 남다르던데… 위대한 철학자가 되어 보지 않을래…"

"글쎄요. 저는…"

늘 깊은 사색에 빠진 우리 위대한 철학자가 말한다.

"저는 하드 락(Hard Rock)을 좋아합니다. 임재범의 'The same old story'를 넘어서는 곡을 만드는 것이 저의 희망입니다.

그런데 저번 학교에서 있는 게릴라 콘서트에 나섰다가 목소리도 올라가지 않고 혼자 쇼하다 완전히 망해 버렸죠…"

그 순간 정말 크게 웃지 않을 수가 없었다.

"하하하. 그래 처음에는 그런 낭패를 경험할 수 있지. 처음부터 잘하는 사람이 어디 있겠니… 수많은 실패와 도전 끝에 꿈은 이루어지는 것이지. 열심히 잘해 봐."

정말 중요한 것은 이것이다. 아이들 나름대로 생각과 고민을 하고 꿈을 꾸며 살아가는 것을 소중히 여기는 마음이라 생각한다.

이날 저녁 몇몇 학부모님들과 저녁 식사를 하며 소주를 몇 잔 들이켜며 지나가는 말로 한마디 던져 보았다.

"오늘 대학 입학 전형 강의는 괜찮았나요?"

앞에 계시던 학부모님이 말씀하신다.

"우리 아이들은 이미 갈 길이 다 있습니다. 그것과 아무 상관 없습니다. 솔직히 우리 부모들 사이에서 이런 말을 했습니다. 자꾸 등급을 이야기하는데…

우리 아이들이 무슨 소고기입니까!"

정말이지 우리 소중한 아이들을 어떻게 9등급으로 나눌 수 있는가? 그것이 인간을 재는 잣대는 아니지 않는가? 아직도 이 소리가 귓가에 들려온다.

"우리 아이들이 무슨 소고기입니까!"

앗! 이 말을 듣는 순간 정말 속이 확 풀렸다.

감화양업(感化良業)

 요즘 일 학년 새내기들이 여러 가지 문제와 갈등을 드러내고 있다. 물론 이 시기의 모든 청소년은 누구나 문제와 갈등을 안고 있다. 그 문제와 갈등이 큰 위기이기도 하지만 우리 아이들이 긍정적으로 성장할 수 있는 절호의 기회이기도 하다.

 몇 명 학생들의 폭력, 음주와 흡연 문제가 생겼다. 교감과 생활부장 선생님들과 담임선생님들이 모여 회의 한 결과 '사회봉사 활동'을 내보내기로 하였다는 것이다.

 나는 마음이 언짢았다.

 첫째는 그동안 우리가 대안학교로서 고수해 왔던 교육방식이 아니었기 때문이다. 어떤 사건이 생겼을 때 학생의 의사와는 상관없이 외적 규제와 벌이 주어진다는 것은 그를 외적으로 통제는 가능할지 모르지만, 내적으로는 통제할 수 없게 된다. 사건 당사자인 학생 자신이 그 사건에 대해 깊이 생각해 보고 스스로 선택하여 책임을 지는 것이 중요하기 때문이다.

 둘째는 문제를 일으킨 학생들에게 접근하는 방식이다. 끝까지 우리가 지켜야 할 교육방식은 존중과 배려로 다가가야 한다는 것이다. 그 학생들이 어떠한 상태에 있던 그의 마음을 읽어 주고 그를 존중하는 방법으로 책임을 물어야 성장할 수 있고 변화할 수 있다는 것이다.

그러기 위해서는 선생님과 학생 사이의 좋은 관계 형성을 바탕으로 한 대화와 소통이 우선되어야 한다. 어찌 되었든 이러저러한 생각 끝에 학생 자치 시대를 맞아 우리 학교의 생활 주체인 학생들 스스로가 이런 교내 문제를 해결하길 원한다는 뜻을 밝혔다.

학생 자치회가 움직이기 시작했다.

그래서 그들 스스로 만든 해결 대책의 이름이 너무 뜻있고 멋지다. '학생이 만들어 가는 행복한 학교 만들기'라는 목표를 두고 "감화양업(感化良業)"이라는 학생 자치 전체 토론 프로그램이었다. 감화양업을 풀이하면 이렇다.

"좋은 영향을 받아 생각이나 감정이 바람직하게 변화여 좋은 일을 이룸"이다.

이 얼마나 좋은 생각과 발상인가! 감화양업을 통해 우리 아이들이 사람들을 존중하고 배려하는 것이 무엇인지? 왜 폭력을 써서는 안 되는지. 술과 담배가 학생 공동체 생활에서 누가 되는 것이 무엇인지. 서로 생각들과 의견들을 열띠게 나누어 주었으면 좋겠다. 단지 찬성과 반대의 기존 어른들의 대화나 토의 방식이 아니라 정말 행복한 학교를 만들기 위해 서로가 서로를 지켜 주고 존중해 주는 의미 있고 뜻있는 삶의 생각들을 나누어 주기를 바란다.

나는 항상 믿는다. 우리 아이들 안에 좋은 핵심이 있다는 것을. 물론 그들은 미숙하기에 약점과 불완전함이 있음을 안다. 그러함에도 불구하고 나는 믿는다. 우리 아이들 안에는 적어도 좋은 사람이고자 하는 갈망이 있음을. 내가 좋은 사람이기를, 가치 있는 사람이기를, 사랑받고 존중받는 사람이기를 갈망한다는 것을 비록 잘못된 길을 걸을 수는 있을지라도 그 순수한 갈망은 사라지지 않는다. 우리 아이들 안에 있는 이 순수한 갈망과 좋은 핵심이 그들을 변화 성장시킬 것이다. 내 사랑하는 친구들아, 일어나라. 감화양업(感化良業)을 통해서…

드라마(Drama)의 주인공

 금발 머리로 염색하고 진한 부산 사투리를 쓰는 아이. 수업 시간이면 으레 가장 뒷자리에 엎어져서 긴 휴식을 취하고 있는 아이. 아 지난번 동영상 사건의 주인공. 기회가 있어 그와 같이 산책하면서 이리저리 오가면서 주고받은 말이 많다.
 "저는 공부가 바닥이라 지금 해도 아무 소용이 없습니다. 저에게 맞는 일은 자동차 수리입니다. 전국에 조사해 보니 저의 실력으로도 갈 만한 학교가 다섯 군데나 있습니다. 아니면 졸업하자마자 군에 입대하겠습니다."
 이런 그가 어느 날 검은 머리로 염색했는데 머리 아랫부분은 이상야릇하게 금발로 남아 있었다.
 "염색이 독특한데…"
 내 말에 그가 응수한다.
 "다음 주에 학교에 면접을 보러 갈 거예요. 그래서 검은 염색을 했는데 검은 염색약이 모자라 이렇게 되었습니다."
 "아니 이 녀석도 면접관 앞에서는 잘 보이려고 하는군…"
 내심으로 생각하고
 "면접시험 볼 때 양업고 학생으로서 두려워하거나 겁먹지 말고 당당하게 대답하고 잘해라."
 며칠 후 면접시험이 끝난 날 우연히 그의 홈(home)에 들렸다. 그런데 면접을 망쳤다 한다. 정말 겁 없이 면접에 들어갔는데 예상치 못한 질문에 머뭇거리고 주저하다 죽을 썼다는 것이다. 그래도 나는 그에게 용기를 주었다.

"다른 아이들도 마찬가지일 것이다. 그러니까 너는 붙을 수 있다. 기다려 보자."

정말 그가 합격했다. '항공전문 학교'에…

내가 그를 또 한 번 만났을 때

"축하한다. 너는 이제 아주 고급 인력이니 그 학교에 들어가 열심히 하여라."

정말 예수님 말씀대로인가 "꼴찌가 첫째가 되었다." 우리 양업고 아이들에게 더 중요한 것은 '성적'이 아니라 '적성'이다. 일류대학이나 유명한 대학 들어가는 것이 부러운 것이 아니다. 자기가 가장 잘하고, 하고 싶은 것을 할 수 있는 것을 찾는 것이 중요하다. 아이들이 행복하고, 바르고 성실하게 인생길을 펼 수 있는 일이면 좋다. 그래서 나는 아이들에게 말한다. 지난번 '화통'이라는 TV 프로그램에서 '주철환 PD'가 했던 말과 일맥상통한다.

우리 양업고 학생 각자는 자기 삶의 드라마의 주인공이다. 자기 삶을 누가 대신 살아 주지 않는다. 내가 자발적으로 자기 주도권을 갖고 내 삶을 이끌어 나가야 한다. 이 시간의 선택이 얼마나 중요한지 알아야 한다. 자 DRAMA(드라마)의 어휘는 다음과 같은 합성어로 해석해 볼 수 있다.

D=Dreamer(꿈꾸는 자). 자기 삶의 드라마의 주인공이 되기 위해서는 꿈과 희망을 품어야 한다.

R=Romance(사랑). 자기 삶의 드라마의 주인공이 되기 위해서는 남을 자신처럼 사랑하는 자가 되어야 한다.

A=Action(실천). 자기 삶의 드라마의 주인공이 되기 위해서는 말만 하지 말고 구체적으로 준비하고 그것을 실천하는 자가 되어야 한다.

　M=Mistery(신비). 자기 삶이 자기 뜻대로 자기가 꿈꾸었던 대로 되는 것은 아니다. 우여곡절이 있고 산전수전을 겪어야 한다. 그러기에 자기 삶의 주인공이 되는 삶은 신비롭다.

　A=Adventure(모험). 자기 삶의 드라마 주인공은 쉽게 포기하지 않고 끊임없이 새로운 도전 정신을 가지고 자기 삶을 펼쳐 나간다.

　이와 같이 우리 아이들이 드라마(Drama) 같은 삶을 살기를 나는 바란다. 우리 아이들 각자가 자기 삶의 드라마의 주인공임을 잊지 않았으면 좋겠다.

　양업고는 지금, 이 순간도 120명 각자의 아이들이 자기 삶의 주인공이 되어 드라마틱한 삶을 펼치는 공연 현장이다.

아이들의 반란

 어머니의 계절 오월 양업학교 교정은 하얀색, 분홍색, 붉은 색 철쭉꽃의 향연이 펼쳐지고 있다. 푸른 잔디밭 광장에 서 있는 교사는 푸른 담쟁이 잎으로 덮여 가고 있다.
 "세상에 이런 학교가 다 있습니까? 너무 아름답습니다. 식약청장님을 한 번 모시고 오고 싶습니다"
 지하수 점검을 하러 왔던 식약청 직원의 사진을 찍으며 한 말이다. 정말 이때의 양업학교는 대한민국에서 가장 아름다운 풍경을 가진 학교라고 자랑하고 싶을 정도이다.
 양업 아이들은 갇혀 있는 교실이 싫다. 야외 잔디밭, 운동장, 노작을 하는 밭에서 맞이하는 햇볕이 좋다. 모두가 밖으로 뛰어나가 놀고 싶어 한다. 오월에는 행사도 많다. 전국체전과 견주어도 손색없는 체육대회, 지리산 산악 등반, 각종 글짓기 대회, 체험학습 등등 눈코 뜰 새 없이 바쁘다. 이 좋고 푸른 계절 오월 아이들의 반란이 시작되었다. 혈기 넘치고 이상과 꿈을 가진 우리 아이들의 반란이다. 이 반란은 몇몇 학생들이 요구하는 교내에서의 자유연애 사건도 아니다. 학교 폭력이나 음주나 흡연 문제도 아니다. 교복도 없이 늘 머리에 물을 들이고 귀걸이를 하던 아이들이 스승의 날을 맞아 스스로 하루 교복 입기를 한다는 사건도 아니다. 그 반란의 시작은 한 익명 학생의 글에 있다. 교무실 알림판에 붙여놓은 글을 그대로 옮겨 놓으면 이렇다.

"제가 건의하고 싶은 것은 양업고 선생님들의 수업 방식의 개선과 수업 중 학생의 인권 존중입니다. 자꾸 선생님이 학생들의 수업 시간에 집중하지 못한다고 나무라기만 하시는데, 학생들이 수업 시간에 집중하지 못하는 이유는 선생님들이 수업을 지루하게 하는 부분이 더 많다고 저는 생각합니다. 만약 양업고에서 이루어지고 있는 수업이 단순히 시험 점수를 잘 받기 위해 하는 진도 빼기용 수업이라면 과연 양업고를 대안학교라 할 수 있을까요? 특성화 교과가 아무리 있다고 한들 결국 하루에 7시간씩 들어야 하는 수업인데, 단지 무조건 들어야 하기 위해, 단순히 출석 도장을 찍기 위해 들어야만 하는 수업이라면 사실 우리가 양업고를 선택한 의미가 없지 않을까요? 수업 방식이 본질적으로 다르지 않다면 양업고는 대안학교가 아니라 겨우 특성화 교과 몇 개가 전부인 일반 인문계 고등학교, 야자가 없는 인문계 고등학교에 불과하지 않을까요? 이러한 이유에서 저는 선생님들이 좀 더 적극적인 수업 방식의 변화가 있을 때까지 저는 저 자신을 성숙시키기 위해 학교 공부 대신 책을 벗 삼으며 지낼 것입니다. 그것이 결국 나를 위한 길이라고 생각하기 때문입니다."

이 글을 읽고 많은 생각이 오고 갔다.

"교과별로 교실이 되어 있고, 수준별 맞춤 교육을 한다고 생각하고 있었는데… 전혀 교실 현장에서 이루어지지 않고 있다니… 이것 큰일이군… 아주 중요하고 핵심적인 문제를 이 학생이 나에게 던져 주었다… 이번 기회를 이용하여 선생님들을 교육하고, 수업 방식을 이 학생의 요구에 맞게 변화시켜야 하겠다."

섣부른 결론인지 모르지만, 학교장으로 더는 두고 볼 수만은 없는 일이다. 내년부터 새로운 교과 과정에 새로운 특성화 대안교육에 맞는 수업 방식을 적용하기로 결심했다.

그러면서 좋은 학교(Quality School)가 되기 위해서 좋은 선생이 필요하다. 좋은 선생이란 누구인가? 지난번 양업고 졸업생의 편지글이 기억난다.

"양업고는 선생님들에게서 진심을 배울 수 있으며 이 진심을 공유하며 성장할 수 있습니다. 선생님과 세상 보기를 하고 다니고, 지식 교과 외의 인생을 배울 수 있었던 '양업고 선생님'이야말로 양업 학교만의 자랑스러운 특성화 교과라고 말씀드리고 싶습니다."

양업고 좋은 선생님들, 우리 아이들의 반란을 겸허히 받아들입시다. 그리고 그들의 좋은 선생들이 됩시다. 사랑으로 마음을 드높여 그들을 감싸 안고 좋고 행복한 양업 학교를 이루어나갑시다.

힘내세요!!!

지리산 천왕봉(1915M)

맑고 푸르른 오월 대한민국의 대부분 고등학교 학생은 교실 안에서 좋은 대학을 가기 위해 수능 공부에 열을 올리고 있다. 하지만 매년 오월 셋째 주, 양업고 전교생은 지리산 천왕봉에 오른다.

산악 등반 중 한 조의 선생님에게서 비상 연락이 왔다. 첫날 등반을 하는 도중에 부상자가 생겼고 더 이상 올라가기 어려운 학생들이 있다는 것이었다. 그래서 아이들을 내려보내려 한다는 것이다.

"아! 선생님, 힘들고 어렵더라도 함께 끝까지 올라가도록 해 보세요. 나누어 업고 가더라도 어려움을 견디고 서로 함께하면서 정상까지 오르도록 해 보세요. 그래야 아이들이 고난을 이겨 내고 함께하는 성취감을 맛볼 수 있습니다. 아이들이 힘들다고 자꾸 내려보내면 그들이 나중에 돌아와서 얻는 것이 아무것도 없습니다. 죽든지 살든지 끝까지 함께 정상에 오르도록 하세요."하고 엄포를 놓았다.

"아! 정말 힘들어요. 네팔 히말라야 트레킹보다도 더. 네팔은 오랜 시간을 두고 오르지만, 지리산 천왕봉은 2박 3일 짧은 시간에 오르잖아요. 양업학교 특성화 교과 중에 가장 어려운 것 같아요. 그렇지만 산을 오르면서 우리 인생이 산을 오르는 것이 아닌가 생각되어집니다. 이성을 잃을 정도로 정신이 혼미해지고 숨이 차오르지만 여기서 그만둘 수 없었어요. 더 열심히 산을 올랐어요. 나 혼자가 아니라 앞에서 뒤에서 함께하는 친구들이 있었기 때문에 갈 수 있었던 것 같아요. 지리산 천왕봉을 올라서 떠오르는 태양을 맞으니 무엇인가 마음에 뿌듯함이 생겨요. 한 발짝 한 발짝 오르다 보니 이렇게 해낼 수 있다는 자신감을 얻었어요."

그렇다. 전교생 전체가 지리산 천왕봉을 오른다는 것은 상당히 어려운 일이다. 누구보다 귀한 우리 아이들에게 만에 하나 사고라도 나면 어쩌나 걱정이다. 하지만 그 걱정은 잠시뿐이다. 우리 아이들 모두는 정상에 올랐다. 매년 행해지는 지리산 천왕봉 산악 등반을 통해 아이들은 더욱더 '함께하는 공동체의 삶'이 무엇인지 깨우친다. 함께 산을 오르는 동안 깊은 친교와 우정을 쌓는다. 서로에게 될 수 있으면 짐이 되어 주지 않고 오히려 힘든 친구들을 배려하는 그 정신이 얼마나 아름다운지 모른다. 그리고 그 무엇보다도 정상을 오른 성취감은 그동안의 어려움과 고통을 한순간에 날려 버린다. 그들이 학교로 다시 돌아오면 얼마나 더 생동적이고 진취적으로 생활을 하는지 모른다.

가장 활력이 넘치는 젊고 푸른 시기에 지리산 천왕봉을 오르는 것은 그 누구도 빼앗아 갈 수 없는 기쁨과 자유를 체험하는 시간이다. 산을 오르며 각자가 느낀 체험은 천만금을 주고도 살 수 없는 귀한 가치들이다. 우리 양업고 아이들은 항상 어떤 일을 해낼 가능성을 갖고 있으며 틀에 박혀 있지 않아 젊음 그 자체만으로도 다른 모든 이들의 부러움을 산다. 나는 믿는다. 양업고 아이들은 이제 세상을 살아가면서 어떤 산을 만나더라도 그것을 넘어설 힘이 있음을… 그 어떤 것도 이겨 낼 수 있는 힘이 있음을… 그리고 세상에서 힘들어하는 사람들에게 힘이 되어 주는 진정한 양업인(良業人)이 되리라는 것을…

"어린 시절 산에서 자랐기에 산은 친구이자 놀이터.
지금까지 산에 기대 살아왔기에 나는 산의 일부분.

산을 떠난 삶을 꿈에도 상상 못 할 산은 나의 전부.

산을 오르는 것이 신이 나에게 허락한 운명이라고 생각.

산을 오를수록 겁나지만,

죽는다고 해도 포기할 수 없는 산.

등산가는 죽음이 두려워 산을 떠난다면,

존재 이유가 없기 때문이다."

- 엄홍길 -

좋아, 좋아

평생 기숙사 생활이다. 가톨릭 신부가 되기 위해 신학교 기숙사 생활 7년, 로마 유학 6학년 반, 대전가톨릭 대학에서 사제 양성을 위해서 9년, 다 합치면 20년이 훨씬 넘는 기간을 기숙사 생활을 하였다. 그러기에 별 것 다 부러워한다고 말하겠지만……. 내 밥그릇과 내 수저를 놓고 식사를 하는 다른 동료들이 부럽다. 그리고 양업고에서 또 학생들과 24시간 같이 사는 기숙사 생활을 하고 있다. 빨래는 세탁기가 해 주지만 가끔 세탁소에 맡기는 옷들이 있다. 학교가 의외로 산골이라 세탁소를 갈 때도 차를 타고 나갔다 와야 한다.

"선생님, 지금 나가세요?"

한 녀석이 달려오면서 묻는다.

"그래 왜 그러니?"

"저 좀 가경동 버스 터미널에 태워다 주세요."

조금 전 학교 2층 복도 홀에서 피아노를 치고 있던 녀석이었다. 매주 금주일 오후 양업 학교는 5, 6교시가 끝나면 학생들을 귀가시킨다. 2주에 한 번씩은 "가족관계 프로그램"을 각 학생의 가정에서 진행한다.

"그래 타!"

가면서 먼저 세탁소에 맡긴 옷을 찾았다.

"난 원래 가경 터미널에 갈 마음이 없었다. 너를 위해 가는 것이야. 교장 선생님이 학생이 바라는 대로 버스 터미널까지 태워 주는 일은 거의 없을걸."

아이가 머뭇거리며 이야기한다.

"앗! 제가 예의에 어긋난 일을 한 것 아닌가요?"

"아냐 괜찮아 이런 기회에 너와 내가 만나 대화도 하고 좋지, 뭐."

그랬더니 아이가 자기 이야기를 시작했다.

"양업고가 좋고 행복해요. 어느 책을 읽었는데요. 의자 하나를 놓고 열 명의 유명한 화가가 그림을 그렸는데요. 열 명의 화가가 그린 의자의 모습이 열 가지로 달랐답니다. 제가 그림을 못 그리는 줄 알았는데. 이 이야기를 읽고 자신감을 가지게 되었어요. 그리고 제 나름대로 그림을 그리고 있어요. 요즘 기분이 좋아요. 저의 그림 실력이 쑥쑥 늘어나고 있어요. 원래 피아노를 전공할까 했는데 미술이 더 좋아요. 아 그런데 음악과 미술 등 이런 예술을 하는 사람이 너무 많지 않나요?"

내가 대답했다.

"그래 맞아, 많은 사람이 음악을 하고 예술을 하지. 하지만 더 중요한 것은 겉만 흉내 내는 예술을 하는 것이 아니라 너의 색깔과 너의 삶, 너의 생각을 담아내는 것이 중요하지. 그것이 너만의 독특함을 지니게 되고 사람들의 공감대를 만들어 낼 때 좋은 미술이 될 수 있겠지."

그가 또 말한다.

"그러려면 여러 가지 인문 서적들도 읽고 나름대로 생각과 삶이 깊이가 있어야 하겠지요."

"그렇다고 봐야지."

터미널 가면서 양업고 1학년 학생과 차 안에서 나눈 이야기의 요지이다.

그러면서 오늘날 대학 수능에 목메는 교육의 현실을 생각해 본다. 마치 이런 꼴의 교육을 국가가 권장하고 있는 것이 아닌지 생각된다. 한 시험관

앞에 새, 원숭이, 펭귄, 코끼리, 어항 속의 물고기, 물개, 강아지가 서 있다. 그들에게 주어진 시험이 똑같다. 그들 뒤편에 있는 커다란 나무에 올라가는 것이다. 시험관이 생각하기에 그것이 공정한 시험이다. 이 얼마나 큰 불공정함인가. 새, 원숭이, 펭귄, 물고기, 물개, 강아지 다 다른데 똑같이 한 큰 나무에 오르라는 것이 공정한 시험인가. 말도 안 된다.

양업고에는 참으로 다양한 아이들이 있다. 위대한 철학적 머리를 가진 아이, 피아노를 잘 치는 아이, 그림을 잘 그리는 아이, 뮤지컬의 주인공이 된 아이, 톱질을 잘하는 아이, 기계 조작을 잘하는 아이, 글을 잘 쓰는 아이, 동물을 잘 기르는 아이, 기타를 잘 치는 아이, 작곡을 잘하는 아이, 이것저것에 재주가 없다면 인간관계가 좋은 아이, 체육을 잘하는 아이 등등 120명 모두가 독특하다. 그들이 모여 공동체 생활을 한다는 것 자체가 교육이다. 서로 다양한 성격과 재능을 나누는 것 그 자체가 너무 값지고 신기한 일이다. 이들 각자와 만나 대화하면서 지내는 일상의 삶이 나의 기쁨이고 행복이다. 다양한 아이들이 하나의 학교 공동체를 이루어 서로의 것을 잘 나누고 서로서로 키워 주면서 어느 사람 하나도 소외시키지 않는 교육이 이루어지는 곳이 진정한 학교이다. 양업고는 아이들 각자에게 주어진 개성을 살리며 자기 주도적이고 자발적인 아이들이 되도록 교육한다. 그들의 흘러넘치는 끼를 마음껏 살리려고 노력한다. 이 얼마나 좋고 행복한 일인가.

우리 양업 아이들아! 좋아, 좋아 정말 좋아. 너희들이 가장 하고 싶고 제일 잘할 수 있는 것을 선택하여 마음껏 해 볼 수 있는 자유가 너희에게 주어져 있단다.

어쨌든 누구의 인생인가?

"혁이니!"
"누구세요?"
"교장 신부(神父)다. 빨리 학교로 돌아와라."
"싫어요. 안 갈래요."
"왜?" "몰라요. 문제가 풀리면 갈래요."
"그래 난 네가 빨리 돌아오기를 기다린다."
"…네. 감사합니다."

아침 8시 교사 모임에서 혁이가 귀교하지 않았다고 숙직 담당 선생님의 보고가 있었다. 고3인 혁이는 몸무게가 장난이 아니고 키도 큰 편이라 덩치가 큰 씨름 선수 같다. 그 덩치에 검도하는 학생이다. 그런데 학교를 오지 않겠다는 것이다. 담임선생님이 말하기를 가정 문제로 몹시 괴로워하고 있다는 것이다.

담임선생님께 지시했다.

"선생님, 혁이 친한 반 친구들과 함께 한 번 찾아가 보세요." 혁이를 만나고 돌아온 반 친구들과 선생님이 말했다. 같이 만나 놀아 주고 이야기를 들어주었는데 현장학습 전까지는 학교에 돌아오겠다고 합니다. 그리고 혁이는 체험학습의 하나로 제주도 올레길을 떠났다는 것이다. 며칠 후 현장학습이 일주일도 더 남았는데 주일 밤에 혁이가 귀교했다는 보고를 받았다. 예상 밖으로 일찍 학교에 돌아왔다.

"다시 돌아와서 기쁘고 반갑다. 학교에 돌아오니 좋으니?"

"몰라요."

"너 이제 몇 살이니?"

"열아홉이에요."

"그래 이제 너도 다 컸으니… 아버지, 어머니, 학교, 그 누구도 탓하지 말고… 우선 먼저 마음의 평화를 찾기를 바란다. 그리고 너에게 주어진 시간을 잘 사용했으면 좋겠다. 네 인생의 책임은 자기 자신이 지어야 한다. 네가 선택한 모든 것에 대하여 너 스스로 책임을 져야 해. 지금부터라도 너 자신을 먼저 잘 다스리고 너에게 주어진 일을 하나하나 잘해 나갔으면 좋겠다. 알겠니?"

"모르겠는데요."

"아이고 이 녀석, 너는 대답이 그게 뭐니, 매번 '몰라요.'니…"

혁이는 속에 무엇인가 몹시 꼬여 있는지 늘 거부 조로 부정적인 응답을 줄 뿐이다. 그야말로 부모도 믿지 못하고, 학교 선생님도 믿지 못하고, 학교 그 자체를 거부할 정도로 마음이 뒤틀려 있다. 수업을 쉬는 시간 계단에서 마주쳤다. 어깨동무하며 학교 현관 밖으로 데려 나와 물었다.

"요번 휴일 동안 잘 지냈니?"

"몰라요." "이 녀석은 '몰라요.'가 뭐니, 집에서 지냈니?"

"규라는 친구 집에서 하룻밤 잤어요. 그리고 계속 찜질방에서 지냈어요."

"이런 너의 삶의 목적과 꿈이 뭐니?"

"몰라요. 아직 모르겠어요."

"빨리 너의 꿈과 삶의 목적을 찾았으면 좋겠어. 신부님은 네가 잘되기를 바란다.
　너무 늦었다고 생각 말고 지금부터라도 하나씩 해 보렴. 잘 지내."

　사실 혁이는 마음이 착한 학생임을 나는 안다. 무엇인지 모르지만 반항하고 싶은 것은, 무엇인지를 모른다고 자꾸 이야기하는 것은, 그가 생각을 깊이 하고 있는 학생이고 감수성이 민감한 학생이기 때문임을 안다.
　잠시 수업 하는 교실들을 둘러보다가 혁이 음악실에 홀로 앉아 무엇인가 작업하는 것을 보았다.
　"이 큰 방이 너의 방이네. 혼자 무엇 하고 있니?"
　"문학 공모전에 보내려고 소설 쓰고 있어요."
　"서릿골! 어디 실제로 있는 장소냐?"
　"아니요. 제가 만든 가상의 세계이고 그곳에서 이루어지는 일을 쓰는데. 좀 사회 비판 풍자 소설이에요."
　"재미있게 쓰는 거냐?"
　"재미없어요."
　"재미있게 쓰면서도 날카롭게 비판해야지.
　야! 너의 꿈은 소설가가 되면 되겠네. 열심히 해라…"
　나는 교실을 돌아 나오면서 속으로 말했다.

"혁아, 너의 꼬인 마음을 풀어라.
　그리고 누구의 탓도 하지 말아라.
　너의 인생에 지금 시간이 얼마나 소중한 시간인지 아니.
　누가 너의 인생을 대신 살아 주지 않는단다.
　어쨌든 너의 인생은 네가 만들어 가는 거야.

너에게 주어진 인생의 책임은 너한테 있는 거란다.
나는 네가 본래의 따뜻하고 착한 마음을 되찾고 너의 꿈을 찾아 행복하게 살기를 바랄 뿐이다."

파리 떼의 습격

 흐르는 강물과 울창한 나무숲에 자리 잡은 학교. 온갖 새들 소리가 들리고 개구리, 두꺼비와 부엉이 합창 소리가 잘 어우러져 자연이 살아 숨 쉬는 아름다운 학교가 양업 고등학교이다. 잘 가꾸어진 푸른 잔디밭 위에 우뚝 서 있는 교사는 담쟁이덩굴잎이 덮여 있어 그 젊고 푸름을 한껏 뽐내고 있다. 지난 5월 학교 교정에 하얀·분홍·붉은 철쭉꽃이 한창 피었을 때 식약청 지하수 물 관리하시는 분이 들렀다.
 "학교가 너무 아름답습니다.
 이 근처에 이렇게 좋은 환경의 학교가 있는지 몰랐습니다.
 식약처장님을 한번 모시고 싶습니다.
 언제든지 좋습니다. 모시고 오십시오." 하고 이야기를 나누었다.
 지나가는 말인 줄 알았는데 그 일이 실제로 성사되었다. 지난 6월 13일 오후 4시 식약처장님이 학교 급식실과 수질관리를 위한 시설을 둘러보려 방문하셨다. 식생활 안전 관리가 전문적으로 잘 이루어져 안심이라고 하시며 "학교가 너무 잘 가꾸어져 있고, 교육과정 운영이 특성화되어 있으니 '다시 태어나면 이 학교에 다니고 싶다.'"고 하셨다.
 그런데 이게 웬일인가? 귀한 손님이 학교를 방문하시기 이틀 전부터 파리 떼가 학교를 습격하고 있었다. 늘 여름이면 벌레들과 파리들과의 전쟁을 선포하고 학교 주위를 자주 소독하고 등불 관리에 신경을 쓰는 편인데 유독 더 많은 파리 떼의 습격에 당황하지 않을 수 없었다. 파리는 추운 곳과 바람 앞에서는 힘을 못 쓰니 식당에는 에어컨과 선풍기를 틀어 놓았다. 홈 킬러도 뿌려도 보았고 온갖 방법을 다 동원해도 소용이 없었다. 늘 이 맘때면 학교 맞은편 축사와 비료공장 시설, 쓰레기 폐기 시설 때문에 겪는 일이라 했지만, 너무 극성으로 달려드는 파리 떼는 어떻게 할 수 없었다.

　식약처장님 방문 당일 많은 수행 요원과 도 교육국장, 군 교육지청장, 도 교육 체육보건과장님 여러분이 오셨다. 현관문에서 방문록을 작성하고 홍보 동영상을 잠시 보신 다음 학교 급식 식당을 거쳐 급수 시설에 염소 소독기 설비를 둘러보신 후 교장실로 오셔서 환담하셨다. 그런데 그 곳 곳에 파리가 나타나 민망하기 그지없었다. 청정지역인 학교에 그것도 식약처장님이 방문하는 현장에 숱한 파리들이 있는 것이 너무 송구스러웠다. 방문이 있고 난 뒤 퇴근 시간 행정실 직원들과 함께 저녁 식사를 위해 학교운영위원장 차를 얻어 타게 되었다. 그런데 운영 위원장이 여름이라 차창을 열어 놓았는데 그 차 안에 아주 새까맣게 파리들이 둘러앉아 있는 것이 아닌가! 아뿔싸! 수천수만 마리의 파리 떼였다. 나는 연실 파리 떼 저 것들 때문에… 한숨을 내쉬고 있었다.

　이튿날 교무부장 선생님이 나한테 달려왔다. "교장 신부님! 파리 떼가 왜 이렇게 많은지 그 원인을 찾았습니다. 전화가 왔는데 맞은 편 축산 농가에서 소의 생 분비물을 넓은 밭에 뿌리고 살짝 흙으로 덮어 놓았다고 합니다." 그 이웃 주민이 참다못해 학교에 제보 전화를 준 것이었다. 그래서 그 현장을 방문해 보았다.

　정말 먹고 살기 위해 또 필요하기에 축사를 운영하겠지만 이것은 너무 비양심적인 처사였다. 제보대로 하천에 인접한 큰 밭에 비둘기 떼가 모여들어 구더기를 잡아먹고 있었다. 풀숲에 수많은 파리들이 있었다. 세상 태어나서 이렇게 파리가 많은 것을 본 것은 처음이다. 그 이후 면사무

소와 군청에 전화하고 빠른 대처를 요청했다. 그 이후 어떤 조처가 취해졌는지 확인할 시간이 없었지만, 일주일 후 아침에 면사무소에서 나와 소독하고 갔다. 글쎄 이것이 근본 대책일까? 면사무소에서 나온 소독 담당관이 말하기를 축사에 소독하면 되는데… 그곳에 꿀벌을 키우시는 분이 있어서 소독하면 꿀벌이 다 죽어 그 일에 책임을 질 수 없다고 말한다. 나 참! 정말 근본 대책이 없는 것일까? 파리 떼의 습격으로 학교의 학생들이 수업과 밥을 먹는 데에 큰 지장을 초래하는데 언제까지 지켜볼 수만은 없는 일이지 않은가? 나는 때아닌 파리 떼의 습격에 전쟁을 선포하는 교장 신부가 되었다. 한 번 끝까지 싸워 볼 작정이다. 여름밤 유난히 빛나는 달과 별을 바라보며 1급 청정지역인 양업학교를 지켜야겠다. 파리 떼의 습격 문제가 평화롭게 해결되었으면 좋겠다. 파리 떼보다 심각한 양심이 회복되는 세상이 되었으면 좋겠다.

보시니 참 좋았다.

"요즘 아버지하고 대화하며 잘 지내고 있니?"
"아니오, 아버지 싫어요."
"어머니는?"
"어머니 생각만 하면 화가 나요?"
 한국 교원대학교로 교장 연수를 가려고 막 나서는데 만난 '혁' 학생을 그냥 지나칠 수 없어 던진 질문이었다.
"야! 너 마음이 쩨쩨하게 살고 싶냐?"
"마음을 넓게 가져라. 이제 네 나이면 아버지, 어머니를 넓은 너의 품에 받아들일 줄 알아야 해."
"내가 왜 세상에 태어났는지 모르겠어요. 차라리 세상에 태어나지 않았으면 더 좋았을 것 같아요?"
"그래도 세상에서 가장 너를 사랑해 주는 사람이 누구니? 너의 어머니와 아버지란다. 내가 보기에 너는 참 좋은 사람이야. 너는 좋은 것을 많이 가지고 있어. 너는 훌륭한 작가가 될 수도 있고, 훌륭한 정치가가 될 수도 있고, 너의 예리하고 감수성 있는 비판 능력으로 신문 기자가 될 수 있다. 나는 네가 너무 많은 가능성을 가지고 있다고 본다. 늦었다고 생각하지 말고 지금부터라도 네 삶의 과정과 네가 겪고 있는 마음의 상처를 잘 기록하고 그것을 넘어서 살아야지. 언제까지 아버지와 어머니 미워하는 마음에 사로잡혀 미움의 노예로 살아야 한다는 말이니. 이제 마음의 평화를 찾고 너도 자유로워져야 하지 않겠니?"

"저도 그렇게 하려고 하는데, 집에만 가면, 어머니 얼굴만 보면 갑자기 다 흩어져 버려요."

"그래도 넌 할 수 있어. 네가 그 상처를 딛고 일어나 너와 같은 처지의 다른 아이들에게 힘이 되어 주지 않겠니. 나는 믿는다. 너는 정말 좋은 사람이다. 나는 네가 정말 잘될 것이라 믿는다."

이런 말을 주고받는 사이 안경 너머 '혁'이의 눈으로부터 아주 진한 큰 눈물이 한 방울 주룩 흘러내렸고 그 복스러운 두툼한 손으로 그 눈물을 닦는 모습을 보았다. '아! 얼마나 큰 치유의 눈물인가?', 나는 '혁'이의 그 눈물 안에 숨겨진 의미를 생각하며 연수 기간 내내 그를 위해 기도했다.

창세기에 첫 장에 보면 하느님은 일곱 날을 통해 세상을 창조하실 때 그날마다 하느님이 '보시니 좋았다'라고 기록되어 있다. 그런데 하느님은 당신 모상대로 사람을 창조하시고 난 뒤 '보시니 참 좋았다'라고 하신다. 하느님이 만든 세상에 부정적이고 나쁜 것 하나 없다. 당신 모습으로 만든 사람들이야 두말할 나위 하나 없다. 사람 그 자체가 하느님의 생명으로 들숨 날숨을 쉬며 하느님으로부터 사랑받는 존재이다. 그러기에 성 이레네오는 "살아 있는 인간은 하느님 영광이다(Gloria Dei est vivens Homo)." 하지 않았던가. 그 자체가 요즘 말하는 '긍정심리학'의 최고 근거임이 틀림없다. 하느님만큼 어떤 인간도 포기하지 않고 인내로 기다려 주시고 진실과 자애로 보살펴 주시는 분이 어디 있는가? 오늘도 나는 하느님의 그 큰 대자대비(大慈大悲)의 마음을 가져본다. '혁'이의 그 큰 눈물방울 안에서 나는 "보시니 참 좋았다"라는 참사람다운 모습을 보았다. '혁'아, 너는 젊다는 하나만으로, 살아 있는 사람이라는 하나만으로 사랑받기 충분하다. 너는 하느님의 사랑받는 귀한 존재야. 너는 무엇이든 할 수 있는 무한한 가능성을 가지고 있어. 너를 볼 때마다 '보시니 참 좋았다'라는 하느님 최고봉의 긍정적 마음이 '혁'이 마음이 되기를 기도한다.

   Hi-Five!!!

   나는 너를 믿는다.

가장 멋진 삶을 사는 아이들

"'대안교육'이 아닌 '정상적인 교육'이라고 말씀하신 신부님 의견에 공감합니다. 양업의 교육목표와 이념, 교육방식은 우리 아이들에게 제공해 주어야 할 지극히 정상적인 교육인 것을… 우리 아이들은 이렇게 건강하고 행복한 교육을 받을 권리가 당연히 있으며, 우리 어른들은 질(質) 좋은 교육을 제공할 의무가 있다는 것… 그래서 우리 아이가 이 학교에 입학하든 못하든, 저는 건강한 교육을 위해 늘 애쓰고 관심 가지려 합니다. 어른보다 의젓하고 용감한 아이들의 당당한 모습에 울컥했고, 사랑스러운 눈길과 손길로 아이들을 바라봐 주시고 격려해 주시는 선생님들의 모습에 감동했습니다. 진심으로 감사드립니다. 즐겁고 행복했던 이 시간과 경험을 집에 돌아가서도 아이들과 맘껏 나누려고 합니다. 그리고 하느님께서 맡겨 주신 소중한 우리 아이들을 사랑으로 가르치고 함께하겠습니다. 부디 이 학교 학부모가 되길 소망하며…"

올해로 10차를 맞이한 대안교육 연수회의 많은 감동적인 소감문 중에 한 참여자의 글이다. 지금까지 대안교육 연수를 하면서 대안교육의 전문가와 학교장이 주가 되어 프로그램을 이끌어왔다. 그러나 이번에는 '양업고등학교'의 생활의 주체인 학생들의 자발적이고 적극적인 참여로 대안교육연수가 이루어졌다. 사실 스스로 대안교육 프로그램에 적극적인 참여 의사를 밝힌 아이들이 너무 많아서 어떻게 하면 좋을까 고민했었다. 선착순으로 글을 내놓은 아이들이 우선이 되었다. 그런데 '우진'이와 '준형'

이가 대안교육에 관해 이야기한다는 것을 미심쩍어하는 선생님들도 있었다. 그러나 나는 끝까지 그 아이들이 얼마나 좋은 생각을 하고 있고, 대안교육에 대해 자기들이 살아온 그대로 생각을 말할 기회를 주는 것이 좋다고 보았다.

"학생들의 생생한 체험담이 인상적이었습니다. 자신의 상황이나 생각들을 솔직하게 구체적으로 자신감 있게 표현하는 걸 보고, 그들이 이 학교에서 참 소중하게 존중되고 있음을 느꼈습니다." "대한민국 고등학생의 입에서 행복이라는 말이 수없이 나오는 것을 보면서 별나라에 온 것 같았습니다." "특히 재학생들의 '생생한 말'들이 무엇보다도 가슴에 와닿았습니다. 꼭 우리 아이를 '양업고'에 보내야겠다는 마음과 대한민국에 좀 더 양업고와 같은 교육이념과 철학을 가진 학교가 많이 설립되었으면 좋겠다는 희망을 품어 봅니다." "학생들의 발표를 보고 신선한 충격을 받았다." "무엇보다도 재학생들의 발표 때 '세상에서 제일 행복한 고등학생'이라던 학생회장의 말이 가장 기억에 남네요." 등등 절대적인 다수 참여자의 호응을 가져왔다. 정말 예상했던 것보다 너무 놀라운 반응이었다. 아이들에게 이렇게 저렇게 하라고 지시한 적 한번 없었다. 각자마다 이런 주제로 하라고 주제를 정해준 것도 없다. 아이들 스스로가 참여하여 아이들 스스로 주제를 정하고 스스로 작성하고 계획하여 발표했다. 이렇게 양업의 학생들 각자는 자유와 자발성을 가지고 적극적으로 자기가 하고자 하는 일을 할 수 있는 능력을 갖춘 행복한 아이들이다. 양업고 아이들은 누가 뭐래도 각자가 지금, 이 순간을 가장 행복하게 누릴 줄 아는 멋있는 삶을 선택할 줄 알고 그 책임을 질 줄 안다.

이번 대안 연수에 적극적으로 스스로 참여해 준 우리 양업 친구들아! 나는 너희들을 너무 사랑한다. 너희들의 자발적인 참여가 좋은 학교 연수 참

여자들에게 큰 감동을 주었어. 정말 고마워. 내가 보기에 너희들 너무 멋있고 행복해 보였어. 너희들은 지금만이 아니라 미래에도 어디서든지 행복하게 살 수 있을 거라고 나는 확신한다. 너희들은 분명 대한민국 고등학생 중에 가장 멋진 삶을 사는 아이들이야. 방학 생활도 행복하게 잘 지내고 오기를 바란다.

아! 우리 멋진 양업 친구들 파이팅!!!

아버지의 기도

"가장 존경하는 분이 누구니? 너의 꿈이 무엇이니?"
"가장 존경하는 분은 아버지고요. 저의 꿈은 저희 아버지와 같이 되는 것입니다."

양업 한 학생의 꾸밈없고 확신에 찬 대답에 놀라워하면서 저런 아들을 둔 아버지는 정말 훌륭하고 행복하시겠다는 생각을 해 본 적이 있다. 오늘날 아버지들이 자식들 교육에 어떤 마음을 가지고 있는가? 아버지들 스스로 반성해 볼 일이다.

좋은 학교는 아이들에게 행복을 찾아 주는 학교이다. 가장 기초적인 생명의 학교는 가정이다. 가정이 행복해야 아이들도 행복을 누릴 수 있는 것이다. 가정에서 아버지의 역할은 행복 운전수이다. 자동차 운전자가 불안하면 집안 전체뿐 아니라 아이들까지 불안함과 초조함에 떤다. 좋은 학교에 좋은 선생이 있기 전에 가정에서 좋은 부모 밑에서 성장하는 아이들이 진정한 행복을 누릴 수 있다.

우리 양업학교는 행복을 주는 좋은 학교를 만들기 위해서 부모 교육을 하고 있다. 부모가 변화되지 않으면 그 아이가 아무리 학교에서 좋은 교육을 받는다 해도 그는 행복해질 수 없다. 학교생활의 주체인 학생들이 좋은 교육을 통해 행복한 학창 시절을 보내기 위해서는 가장 기본이 되는 것은 부모를 변화시키는 학부모 교육이라 생각한다. 학부모를 모아 놓고 아이들의 진로와 진학, 입시 사정관 제도와 수시에 어떻게 대응하는가 하는 것이 학부모 교육이 아니다. 그보다 먼저 행복하게 사는 부모가 되는 교육이 필요하다. 부모가 행복한 모습을 보여 주지 못하는데 어떻게 아이들이 행복해질 수 있는가?

나는 우리 아버지들에게 바란다. 적어도 자녀들을 위해 진정한 아버지가 되어 주기 위해 하느님 아버지 같은 넓은 마음과 깊은 생각을 가지시기를 바란다. 그리고 자녀들에게 축복을 빌어 주고 기도해 주는 아버지가 되어야 한다고 생각한다. 그러기에 우리 좋은 학교 교사들이 교실에 들어가기 전에 하루도 빠짐없이 '교사들의 기도'를 바치듯이 우리 아버지들도 하루도 빠짐없이 D. 멕아더의 "아버지의 기도"를 바치기를 적극적으로 권장한다.

주여, 내 아이를
약해질 때 자신을 아는 강한 힘을
두려움 앞에서는 용기를
올곧음으로 인한 패배에는 긍지를 가지며
승리하였을 때 겸허하고 온유한 자로 키우게 하소서.

내 아이가 자신의 의견만을 고집하지 않고
하느님을 알고, 자신을 아는 것을
가장 보배로운 가치로 삼고 살도록 키우게 하소서

비오니
내 아이를 평탄한 길로만 이끌지 마시고
고난과 역경의 삶으로도 인도하소서
하여

거센 폭풍우에도 견딜 줄 알게 하시며
패배한 이에게는
사랑으로 대할 줄 알게 하소서.

맑은 마음
드높은 목적으로 살며
남을 지배하려 들기 전에
자신을 지배하며
미래를 향해 발돋움하면서도
과거를 잊지 않는 아이로 키우게 하소서

내 아이가
이 모든 것을 이루게 된 후에도
주여, 나 당신께 청하오니
그가 풍부한 유머를 지니고
진지하게 인생을 살게 하시되
지나침이 없게 하소서

그에게 겸손을 주시어
참 위대함은 단순함이요
참 지혜는 마음의 개방이며,
참된 힘은 온유함임을 늘 기억하며 살게 하소서.

이렇게 된다면

먼 훗날
나는 그의 아비로서 헛되이 살지 않았노라고
당신께 조용히 말씀드릴 수 있을 것입니다.
아-멘

어느 교사의 기도

2학기를 맞이하여 또다시 선생님들과 개인 면담을 하고 있다. 좋은 학교(Quality School)를 이루기 위해서는 학교 교육의 주체인 선생님들이 학교장의 뜻을 알고 함께 힘을 모아 주어야 한다.

선생님 한 분 한 분을 만날 때마다 그동안 수업을 어떤 방식으로 진행했고 앞으로 수업 방법을 어떻게 변화시킬 수 있는지를 깊이 이야기한다. 학생들 자신이 재미있고 신나게 스스로 자발적으로 참여할 수 있는 수업 방식을 고안해 달라고 청한다. 그리고 학생들 각자의 눈높이에 맞추어 수업을 이끌어 주시고 학생들 스스로가 서로에게 선생님이 되어 주는 교실 분위기가 되기를 주문한다. 경쟁적인 교육이 아니라 자발적이고 협동적인 수업을 통해 모두가 함께 공부하는 수업의 질(Quality)을 높여 줄 것을 당부한다.

그리고 무엇보다 더 중요한 것은 학생들과의 생활이다. 선생님들이 먼저 다가가서 함께해 주고 대화하면서 사랑으로 좋은 친구가 되어 주시면 좋겠다는 부탁을 드린다.

진정 좋은 학교가 되기 위해서는 좋은 선생이 있어야 한다. 행복한 학교가 되기 위해서는 행복한 선생이 있어야 한다. 그런 면에서 양업고 선생님들은 참 존경스럽고 훌륭하시다.

어느 졸업생의 편지글에서처럼 말이다. "양업고등학교의 가장 큰 특성화 교과는 해외 이동 수업도 아니고, 현장학습도 아닌 바로 '선생님'입니다. 다른 일반 학교와 저희 학교의 가장 큰 차이점을 찾으려 노력했습니다. 노력 끝에 발견해 낸 것이 바로 선생님이었습니다. 일반 학교는 선생님들이 학생 모두에게 관심을 가지지 못하고 대학, 성적으로 한 아이의 가치를 판단합니다. 따라서 친해질 기회도 없고 같이 여행을 가거나 가치관을 나눌 시간도 없습니다. 하지만 양업고등학교는 선생님들에게서 진심을 느낄 수 있으며 이 진심을 나누고 가치관을 공유하며 성장할 수 있습니다. 선생님과 여행을 다니고, 행복을 느끼고, 교과 외의 인생을 배울 수 있는 '양업고등학교 선생님'이야 말로 양업고등학교만의 특성화 교과라고 생각합니다. 저는 선생님들께 인성, 사람, 경험, 진심의 가치를 배웠습니다. 이는 제가 살아가는 정말 큰 주춧돌이 될 것입니다."

이런 양업고 선생님들은 매일 아침 8시 교사 전체 조회에서 '교사의 기도'를 바친다. 그 기도의 내용이 얼마나 좋은지 모른다. 나는 그와 더불어 우리 양고 선생님 각자가 학교에 오기 전에 아니면 교실에 들어가기 전에 아침기도로 이해인 수녀님의 "어느 교사의 기도"를 바치기를 희망해 본다.

"이름을 부르면 한 그루 나무로 걸어오고
사랑해 주면 한 송이 꽃으로 피어나는
나의 학생들이 있어 행복합니다.

그들과 함께 생각하고 꿈을 꾸고
희망을 이야기할 수 있어 감사합니다.

힘든 일 있어도 내가 처음으로 교단에 섰을 때의
떨리는 두려움 설레는 첫 마음을 기억하며

겸손한 자세로 극복하게 해 주십시오

가르치는 일은 더 성실한 배움의 시작임을 기억하며
최선을 다하는 열정을 지니고 싶습니다

그 누구도 내치지 않고 차별하지 않으며
포근히 감싸안을 수 있는 너그러운 마음

항상 약한 이부터 먼저 배려하는
따뜻한 마음을 지니고 싶습니다

학생들의 말을 귀담아듣고
그들의 필요를 민감히 파악하여
도움을 주는 현명한 교사가 되게 해 주십시오

아무리 화나는 일이 있어도
충동적인 언행으로 상처를 주지 않으며
자신의 감정을 절제할 수 있는
인내의 덕을 키우도록 도와주십시오.

학생들의 잘못을 따끔히 나무라고 충고할 줄 알되
더 많이 용서할 수 있는 용기를 주십시오

항상 미소를 잃지 않는 얼굴

지식과 지혜를 조화시켜
인품이 향기로운 교사가 될 수 있도록
노력하고 또 노력하는 오늘을 살게 해 주십시오

기도하고 인내하는 사랑의 세월 속에 축복받은 나의 노력이
날마다 새로운 꽃으로 피어나는 기쁨을
맛보게 해 주십시오

어느 날 그 꽃자리에
가장 눈부신 보람의 열매 하나
열리는 행복을 기다리며
오늘도 묵묵히 최선을 다하는
아름다운 교사가 되게 해 주십시오"

하느님이 더 큰 길을 마련해 놓으셨겠지요!

"억울해서 펑펑 울고 있습니다. 그토록 원했던 꿈이 한순간에 무너져 내려 울고 있습니다."

이 순간 내 마음도 무너져 내렸다. 도대체 무슨 일인가? '연'이가 한국외국어 대학 글로벌 인재 전형에 지원하려 하는데 그 입학사정관 전형 조항에 '특성화'와 '대안학교'는 입시 원서를 못 내게 되어 있다는 것이다.

이 이야기를 듣고 나는 속에서 화가 끓어오르기 시작했다. 양업고는 대안교육 특성화 학교지만 일반계 고등학교의 교과 과정을 이수하는 학교로 인가받은 학교이다. 그리고 지난 수년간 대안교육 특성화고로서 특성화 과목을 통해 좋은 학교(Quality School)로 성공한 학교이다. 동시에 일반 고등학교의 교과 과정도 충실히 수행하여 학업성취도 성공적으로 이루어 내는 학교이다. 그런데 왜 '연'이의 입시 원서를 받아 주지 않는다는 말인가? 다른 어떤 대학에서도 볼 수 없었던 사상 초유의 일이다. 담임과 진로진학 선생님께 외대 입학사정관 담당자에게 전화해서 그 이유를 알아보고 우리 학교가 일반계 고등학교로 학력을 인증받기에 객관적으로 입시 원서를 내는데 아무런 결핍되는 것이 없음을 이야기하라고 하였다.

이튿날 아침 교사 전체 회의 시간에 도저히 이해하기 어려운 상황이 벌어졌고, '연'이 학생이 절실히 원했던 꿈이 무너져 내린 안타까운 사실을 이야기했다. 사실 '연'이는 양업고가 길러낸 가장 자랑스러운 학생 중에 하나이고 장래에 큰일을 할 수 있는 촉망받는 나무랄 데 하나 없는 현명

한 학생이다. 그는 지난 학기에는 러시아 상트페테르부르크(St. Petersburg, Russia)에 있었던 G20 포럼에도 참석하였고 '미래 교육'에 대해 많은 것을 생각하고 있는 학생이다. 교내에서는 '파르헤지아'라는 교양지를 만들어 학생 게시판에 올리고 매번 홈(Q-home) 미사 때마다 기타를 치며 반주했던 다재다능한 학생이다. 더욱이 지난여름에 있었던 '대안교육 연수'에 참석한 많은 교사와 학부모 앞에서 똑 부러지게 강의하여 대학교수보다 더 낫다는 평을 들은 학생이다. 이런 학생이 도대체 '특성화 대안'이라는 명패 때문에 글로벌 인재를 전형으로 하는 입학생 모집에 원서조차도 낼 수 없다니 말이 되는가? 이런저런 생각으로 몹시 화가 나 있을 때 '연'이 교장실로 들어왔다.

"저 때문에 큰 염려를 끼쳐 죄송합니다."

"외대는 저한테 적은 것 같아요. 그래서 하느님이 저에게 더 큰 길을 마련해 놓으셨겠지요!" 하며 오히려 나를 위로하는 '연'의 성숙해진 큰마음을 보면서 감격하였다.

'연'아! 너는 정말 큰 사람이야! 그래, 더 큰 세상으로 가는 거야. 그리하여 더 큰 사람이 되는 거야. 나는 네가 우리나라의 '교육부 장관'이나 '큰 정치가'가 되기를 희망한다. 아니 그보다 제2의 유엔 사무총장이 되리라 믿는다. '연'아! 너의 말이 맞다. 하느님께서는 한 길이 막히면 더 큰 다른 길을 너에게 마련해 놓으셨을 것이다. 이제 걱정하거나 두려워하지 말고 용기를 내자. 최선의 하느님은 최선의 길로 너를 이끌어 주실 거야.

나는 누구인가?

"잘 되어 가니?"
"쉽지 않은데요."
"그렇지 그래도 최선을 다해 잘해 보렴."

대학 입학 수시와 입시 사정관 전형에 응시하는 3학년 학생들이 자기소개서를 작성할 때 학교 복도에서 마주치면 하는 말이었다.

'내가 누구인가?'를 소개한다는 것이 쉬운 일이 아니다. 자기의 정체성을 분명히 밝히는 것이 어찌 쉬운 일인가? "대한민국에서 가장 행복한 학생 양업고등학교 ○○○입니다."라고 평소에 말하는 우리 학생들은 자기소개서를 보다 잘 쓰기 위해 이리저리 엄청나게 노력한다. 자기소개서를 쓰기 위해 고민을 하는 가운데 우리 아이들은 생각이나 마음이 무척 성숙해진다. 또한 양고(良高)에 입학하는 데 필요한 것 중의 하나는 '자기소개서'를 스스로 자필로 작성하는 것이다. 이팔청춘 16살에 '자기 자신이 누구인가?'를 자필로 써 보는 것은 매우 중요한 일이다. 당락(當落)을 떠나서 우리 아이들이 자신에 대해 생각할 수 있는 아주 좋은 교육과정이라 생각된다.

'양업 고등학교가 무엇을 위해 존재하는지', 거기서 '내가 누구로서 무엇을 해야 하는지', 질문을 항시 던지면서 교육의 비전을 개발하고 공유하며 적용하는 일은 우리가 멈추지 말아야 할 일이다. 그중 한 가지는 요즈음 학교가 잃어버린 것이 무엇이고, 학교가 정상적인 길로 가기 위해 회복시켜야 할 것이 무엇인지에 대한 문제이다. 대학에 가는 지름길만 생각해서 '시험 보는 기계'로 만드는 경쟁과 스트레스를 쌓이게 학교는 있을 수 없다. 학교 경영 선진화 과정 연수에서 한 강사가 한 말이 그 정답이 아닐까 한다. 그 강사는 요즘 학교가 잃어버린 그것을 알파벳 B로 표현하였다. 아름다운 자연의 소리(Bird), 맛있는 음식(Bread), 아름다운 사람(Beautiful), 탁 트인 바닷가(Beach), 아름다운 음악(Beethoven), 좋은 책(Book), 푸른 하늘(Blue Sky) 기타 등등이다. 양고는 이 모든 것이 갖추어져 있다고 하겠다. 탁 트인 바닷가 대신 큰 개천이 있지만. 하긴 탁 트인 바닷가보다 더 큰 자유의 세상이 주어져 있는 곳이 양업고이지 않은가.

그러나 이런 잃어버린 B보다 더 중요한 것은 '나는 누구인가?'를 찾는 일이다. 이 가을 초엽에 우리 삶의 깊은 곳을 바라보며, 우리 자신이, 우리 학교가, 우리 국가가, 잃어버린 것을 회복하는 풍요와 감사의 계절이 되었으면 좋겠다. 그리하여 깊은 생각 속에서 우리를 값지게 성숙시켜야 하지 않을까?

'나는 누구인가?'

나 스스로에게 물어본다.

좋은 학교(Quality School)

학생들의 중도 탈락, 왕따나 학교폭력, 학교 규정이나 규칙 위반, 삶의 목표와 가치관 결여, 공부하지 않는 학생들의 증가와 학력 저하, 학교를 싫어하는 학생의 증가, 최근 몇 년간 학교에 대한 문제를 이야기할 때 들려오는 말들이다. 이런 학생들을 받아들여 시작한 양업학교가 이제 좋은 학교(Quality School)로 인정받았다. 참으로 기적 같은 일이다. 이제 양업학교는 교육의 주체인 선생, 학교생활의 주체인 학생, 학부모와 학교 관리자들이 다 함께 행복한 학교가 되었다. 더 이상 학교 폭력이니 규칙 위반이니 학교가 싫다는 말이 사라진 학교가 되었다. 진정 가고 싶고 머물고 싶고 배우고 싶은 행복한 교실을 이루는 좋은 학교(Quality School)로 성장하였다. 이 말이 믿어지지 않는다면 우리 학교를 방문했던 아랫글을 보아서라도 믿어줬으면 좋겠다. 매년 수많은 사람들이 찾아와서 이를 확인해 가고 있다.

어제 오후에 양업고에 다녀왔습니다.

5시에 교감 수녀님과 만나기로 약속이 되어 있었기에 중3인 아들과 아들 친구네 가족과 학교 수업을 마치자 출발했습니다. 기대가 많이 되었습니다. 도대체 어떤 학교일까? 책을 읽어 알고 있는 학교, 홈페이지를 통해 알고 있는 학교와 내가 직접 가서 보고 듣는 학교는 어떻게 다를까?

교정에 들어서자마자 제 마음은 행복으로 가득 찼습니다.

일반 학교에서는 느끼지 못한 것을 느낄 수 있었습니다.

첫째는 아름다운 교정이었습니다.

입구로 잘못 알고 들어선 차는 장승이 서 있는 기숙사 입구까지 가게 되었습니다. 푸르른 나무들, 각양각색의 꽃들, 봉오리를 머금은 연꽃이 있는 연못, 푸른 잔디밭, 벽을 타고 올라가 건물을 온화하게 감싸 하나가 되어버린 담쟁이덩굴, 지지대에 의지하고 있지만 굵은 줄기를 자랑하며 노란 꽃을 연거푸 피우는 토마토와 땅속에서 알알이 영글어가고 있을 연보랏빛 꽃을 피운 감자, 도심 속에서는 보기 힘든 넓은 운동장, 우리를 환영하듯 꽁지깃을 활짝 편 공작새, 학생들이 만들어 세웠다는 장승, 그리고 무엇보다도 신선하고 깨끗한 공기가 너무 좋았습니다. 폐 속 깊이 깨끗하고 신선한 공기를 들이마셨습니다. 자연과 함께, 자연과 하나가 되어, 자연과 공생하며 살아가는 양업고의 모습이었습니다.

둘째로는 학생들의 반듯한 인성과 행복한 모습이었습니다.

교정에 들어서자 지나가는 학생이 "안녕하세요?"라고 처음 보는 우리에게 인사를 했습니다. 그 학생에게 교무실이 어디인지 물었더니 "제가 안내해 드리겠습니다."라며 직접 우리를 교무실로 안내해 주었습니다. 보통의 학교에서는 보기 힘든 일이었습니다. 방문객에게는 물론 자기를 가르치지 않는 선생님께 인사도 안 하고 쓱 지나가는 게 요즘 보통의 아이들인데 양업고 학생들은 그렇지 않았습니다. 학교 설명을 들으며 한 바퀴 돌 때 만나는 학생들은 모두 인사를 했습니다. 선생님과 함께 배드민턴을 치던 아이들, 동향에서 온 우리를 위해 달려와 인사해 주던 황동하 학생, 연못가에 앉아 무엇인가 골똘히 생각에 잠긴 학생, 운동장에서 선후배가 모여 축구를 하던 학생들, 도서관에서 도우미를 하는 듯 보이는 학생, 우리가 방문한 것을 아는 듯 힘차게 울려 퍼지는 피아노 소리에서 느껴지는 행복해하는 학생의 모습, 그리고 우리에게 학교 학생들과 학교 교육과정…

모두가 행복한 모습이었습니다. 많은 자유가 주어짐과 동시에 책임감도 함께 한다는 것을 알고 있는 양업고 학생들의 모습은 자율적이고 자발적이었습니다. 자기 삶이 남에 의해 끌려가는 것이 아니라 자기 스스로 개척하고 주도적으로 이끌어가기에 행복감이 넘치는 듯 보였습니다.

셋째로 방문을 마치고 돌아오는 길에 우리 차에 합석한 김동희 학생.

3학년임에도 불구하고 아픈 친구를 만나기 위해 자기의 일은 잠시 미루고 시내로 향하는 동희 학생에게서는 요즘 아이들의 이기적인 모습은 전혀 찾아볼 수 없었고, 어른들에게 대하는 모습이 너무도 정중하여 다시 한번 양업고의 교육에 감동했습니다. 이것저것 궁금한 사항들을 물어보았을 때 정중히 그리고 자세히 설명해 주었고, 꼭 학교에서 다시 볼 수 있기를 바란다고 동생들에게 말해 주는 센스와 예쁜 마음을 가진 친구~행복했습니다.

이런 곳에서 아이들이 행복하게 살아 있는 교육을 받으며 발돋움해 가는 모습을 상상하니 아들의 입학이 너무도 간절해졌습니다. 아들도 너무 행복해하였습니다. 꼭 이 학교에 입학하고 싶다고.

꿈이 자라는 학교, 자유와 책임이 공존하는 학교, 자연을 벗 삼아 자라나는 학교, 인성이 중요시되는 학교, 사제간의 정이 돈독하고 서로를 신뢰하는 학교, 종교에 상관없이 가톨릭 행사를 치러도 모든 학생이 기쁘게 참여하는 학교, 가족관계의 중요성을 무엇보다도 강조하는 학교.

"이런 학교가 대한민국에 많아졌으면 좋겠습니다."

쌍무지개 뜨다

"저 하늘을 바라보세요. 쌍무지개가 떴어요."
...
노란 스카프를 하고,
노란 풍선을 하늘로 띄워 올리면서
건강하고 행복한 학교로 선포되는 날
양업고 하늘에 쌍무지개가 떴다.
과연 최양업 신부님의 전구에 힘입은 사랑의 징표가 아닌가 한다.
또한 삼 일 후 관내 기관장 회의가 갔더니 면장님이 인사 말씀을 하신다.
"지난 28일 양업고에 좋은 학교 인증 선포식에 있었습니다. 비가 내리지도 않았는데 그 시간에 하늘에 무지개가 떴습니다. 하느님 축복이 내린 것 같습니다."

10월 28일 오후 3시에 좋은 학교(Quality School) 인증 선포식을 시작할 때 쌍무지개가 양업고 하늘에 떴다. 무지개는 한국어로는 '빨주노초파남보 일곱 색깔로 물이 진다'라는 뜻이고, 영어로는 'rainbow'로 '비 온 뒤의 활'이라는 뜻이다. 성경에서는 인간의 죄에 지치신 하느님께서 의로운 사람 노아와 그 가족 말고는 온 인류를 홍수로 멸하신 다음 다시는 이런 일을 안 하시겠다는 표시로 사람에게 보여 주신 것이 무지개이다. 무지개는 하늘(하느님 세계)과 땅(사람의 세계) 사이를 잇는 다리이다. 무지개가 떴다는 것은 하느님과 사람 사이에 영원한 평화가 이루어졌다는 것이다. 그런데 양업고 하늘에 나타난 무지개는 하나가 아니라 한 쌍이다. 물론 자연 과학적으로 설명할 수 있는 일이지만, 그날 그 시각에 쌍무지개가 양업고 하늘에 떴다는 것은 상당히 뜻깊게 해석할 수 있을 것이다.

양업고는 빨주노초파남보 다양한 색깔과 무늬를 지닌 아이들이 모여 산다. 때로는 오목렌즈를 통과하여 무색이 되어 하나 됨을 이루고, 때로는 볼록 렌즈를 통과하여 다양한 색깔을 드러내는 아름다운 무지개 꽃이 된다.

비도 오지 않았는데 양업고 하늘 위에 쌍무지개가 떴다는 것은 분명 길조임이 틀림없다고 말하는 것은 나만의 착각일까. 그래도 좋다. 좋고 나쁜 것은 나의 선택에 달려 있는데 이왕이면 사랑의 기적으로 생각하면 어떠랴.

이제 양업고는 하느님과 사람이 만나는 사랑의 교육을 만들어 가면서 아이들의 마음을 사랑으로 드높일 것이다. 양업고 하늘에 드러난 쌍무지개가 그 새로운 계약의 징표이다. 모든 것을 정화 시켜 새롭게 만들어 주시는 하느님 사랑이 양업고와 함께한다는 징표가 쌍무지개이다. 이 가을에 희망의 학교, 행복한 학교, 하느님 사랑의 학교인 양업고로 무지개 구경하러 오세요. 양업고 하늘에 쌍무지개는 사라졌지만, 하루 24시간 내내 떠 있는 아이들의 쌍무지개를 어서 오셔서 봐주시기를 바랍니다.

첫눈이 내려오다

하얀 솜처럼 첫눈이 내린다. 모든 것을 하얗게 덮어 버린 순백의 세계를 만나는 것 자체가 좋다. 가끔가다 생각해 본다. 어린아이는 언제부터 순수하지 못해지는 걸까? 언제부터 욕을 배우고 거짓말을 시작하는 것일까? 언제부터 용서하지 못하는 것일까? 언제부터 부정적인 것이 그 틀 안에 자리하게 되는 것일까?

양업고 내에 최근 몇 주간 여러 가지 어려운 문제가 일어났고 아직도 진행 중이다. 늘 공동체에 생기는 문제지만 이번에는 너무 심하다 할 정도이다. 서로를 신뢰하지 못하고, 서로를 용서하지 못하는 것이 얼마나 공동체를 행복하지 못하고 평화스럽지 못하게 만드는지를 실감하게 한다. 서로 고집불통의 상태에서 서로에게 상처를 주고 의심스러운 눈으로 바라보는 것이 얼마나 큰 고통인지를 안다. 이런 세계에서 원수까지 용서하는 예수님의 사랑이란 과연 가능한 것일까?

첫눈이 내려 쌓인다. 모두가 동심으로 돌아가 하얀 순백의 세계로 돌아갔으면 좋겠다는 기도를 바쳐본다. 예수님의 십자가가 하얀 눈 위에 선명하게 새겨지는 느낌이다. 나는 우리 양업고 아이들이 자신이 인정받고 싶어 하며, 사랑받고 싶어 하는 원의를 알고 있다. 그 인정받고 싶어 하고, 사랑받고 싶어 하는 만큼 남을 배려 할 줄 안다면 얼마나 좋을까를 생각해 본다. 하얀 첫눈이 내린다. 하얀 첫 마음의 순수함으로 돌아가 모두를 평화스럽게 받아들일 수 있는 우리 아이들이 되었으면 좋겠다.

때 묻지 않는 깨끗한 순백의 세계를 바라는 것은 나만의 동경은 아닐 것이다. 지금도 창밖에 하얀 첫눈이 내려오고 있다. 하얀 눈꽃보다 아름다운 영혼을 지닌 양업고 아이들이 세상에서 제일 높은 행복지수를 지닌 순백의 아이들로 피어나기를 간절히 바란다.

세상은 아름답다(The world is Beautiful)

'저 하늘을 날고 싶다'는 사람들의 꿈과 열망이 비행기를 만들었습니다. 저 하늘 끝에 다다르고자 사람들은 탑을 쌓고 우주 비행선을 만들고자 합니다. 저 하늘 아래는 아름다운 세상이 펼쳐져 있습니다. 빨주노초파남보 무지개 색깔처럼 다양한 민족과 문화가 하늘 아래 아름다운 세상을 이루고 있습니다. 그러나 우리 각자의 삶의 공간 세계는 시간과 공간 안에 한계를 지니고 있습니다. 우리는 지금 그 시간과 공간의 한계를 벗어나 또 다른 아름다운 좋은 세계를 체험하러 해외 이동 수업을 떠납니다.

우리는 가고 오면서 긴 시간 동안 비행기를 탈 것입니다. 누군가에게는 기분이 신나고 좋은 시간일 수도 있지만, 누군가에게는 지루하고 힘든 시간일 수도 있습니다. 누군가에는 설렘으로 깨어 있는 시간일 수도 있고, 마냥 잠을 자는 시간일 수도 있습니다. 비행기를 타고 나는 시간이 우리 각자에게 자유롭고 행복스러운 소중한 시간으로 다가왔으면 좋겠습니다. 하늘을 날면서 우리 마음도 자유의 날개를 날았으면 좋겠습니다. 또한 프라하, 비엔나, 잘츠부르크에 머물면서, 현장학습으로 우리 또래의 학생들이 다니는 학교를 방문 할 것이고, 봉사 체험으로 복지 시설에도 갈 것이고, 또 다른 세상의 큰 호수를 지나는 아름다운 산악 트레킹도 할 것입니다. 무엇보다 새로운 세계 사람들을 만나고 문화를 체험할 것입니다. 우리는 새로운 아름다운 좋은 세계를 보고 듣고 체험할 것입니다. 우리가 함께 하는 이 시간은 다시 돌아올 수 없는 소중한 시간입니다. 우리에게 주어진 귀한 시간이 보고도 보지 못하고 듣고도 듣지 못하는 무의미한 것이 되지 않기를 바랍니다. 해외 이동 수업 동안, 우리 모두 모든 것 안에서 새로운 가치와 의미를 찾아내는 참된 양업인(良業人)이 되기를 바랍니다.

늘 새벽에 깨어서 찬물로 세수하는 어떤 수사님의 세숫대야 밑에는 "The world is Beautiful"이 씌어 있다고 합니다. 하느님이 만들어 주신 세상은 참으로 아름답고 좋은 세상입니다. 해외 이동 수업을 통해서 '세상은 아름답다'는 것을 우리 마음에 아로새겨 놓는 좋은 시간(Quality time)이 되기를 기도합니다.

또한 우리 양업고 2학년 학생 모두에게 잊을 수 없는 참으로 소중한 추억을 쌓고, 아름답고 행복한 가치를 발견하여 좋은 세계(Quality world)를 이룰 수 있는 소중한 체험학습이 되기를 바랍니다.

눈에 넣어도 아프지 않고

꽃보다 아름다운 우리 양업고 2학년 학생 여러분!!!

사랑으로 마음을 드높이고 새로운 아름다운 세상을 향해 갑시다. 하느님이 우리에게 주시고자 마련하신 세상은 참으로 아름답습니다.

The world is beautiful!!!

행복은 어디에 있을까?

사람들은 저마다 행복에 대한 기준이 다르다. 돈, 친절하게 행동하는 것, 긍정과 자존감, 의미와 목적, 잠, 취미활동, 로또 당첨, 명성, 우정, 결혼, 교육, 외모, 종교 등 수많은 것에서 행복을 찾고자 한다.

최선의 선택을 하고, 최고의 결과를 얻었을 때 행복하다고 한다. 그러면 최선의 선택을 했는데 결과가 충분하지 못하면 불행하다는 말인가? '자신을 스스로 행복하게 만드는 선택'은 없을까?

'꿈'과 '끼'를 키워 주는 행복한 학교를 생각해 본다. '꿈'을 가지고 있는 것이 얼마나 사람을 행복하게 만드는지 모른다. 더욱이 본인이 간절하게 원하고 하고 싶은 '꿈'을 가진 젊은이를 만나는 것만큼 신나는 것이 없다. 거기에다 더하기 자기가 원하는 방향으로 나가는데 '끼'가 충만하다면 이 얼마나 금상첨화인가! 그러나 여기에 빠지지 말아야 할 것이 있다. 그것은 '노력'이다. 아무리 '끼'가 넘쳐나고 '꿈'이 있어도 '노력'하지 않으면 아무 소용이 없다. 반면에 아무리 노력해도 가고자 하는 방향에 '끼'가 없다면 그것도 아무 소용이 없다. 더 나아가서 자기 혼자만 행복해지고 잘 살겠다고 노력하는 것은 불행이다. 사람은 혼자만 행복해질 수 없고, 행복해지기 위해서는 모두가 함께 서로 이롭게 살아가는 '꿈'을 가지고 노력해야 할 것이다.

오늘 하루 살아가는 것이 얼마나 새로운 일인지 모른다. 오늘 하루를 살아가는 것이 얼마나 감사한 일인지 모른다. 우리가 행복해지기 위해서는 지금, 이 순간부터 최선의 선택을 하고 노력하며 결과에 연연하지 않는 것이 아닐까 한다. 내게 주어진 것을 최선을 다해 노력했다는 것만으로도 행복해하는 우리가 되면 얼마나 좋을까 한다. 지인사대천명(至人事待天命)이라 하지 않았던가! 사람으로서 할 도리를 다하고 하늘의 뜻을 기다리는 것이면 족하다. 잘되면 하느님의 뜻이요 잘못되면 내 탓으로 돌릴 줄 아는 것이 만사형통의 행복이라 생각해 본다. 그러나 나는 믿는다. 최선의 하느님은 최선의 선택을 가지고 노력하는 이를 최선의 길로 이끌어 주시고 그들에게 행복을 주신다는 것을… 왜냐하면 하느님은 언제나 성실하신 분이시기 때문이다.

+. 있는 그대로 '가'와 'A' 그리고 '△'

2013년도 얼마 남지 않았다. 하얀 설경이 펼쳐진 양업교정에 새소리가 정겹다. 아기 예수님의 성탄을 맞이하는 캐럴 송보다는 눈꽃 핀 나무 위를 날며 부르는 이름 모를 새의 노래가 더 마음을 끌어당긴다.

"양업학교가 좋은 점이 무엇이니?"
"내가 가진 개성을 있는 그대로 인정받는 곳이죠. A는 A이고 B는 B라는 것을 있는 대로 받아 주는 곳이라 할까?"
"그래."
"제가 뮤지컬을 한 번 출연했는데 전교생 120명이 한 명도 빠짐없이 격려해 주고 지지해 주고 칭찬해 주는 것이 양업고의 좋은 점이죠."

양업고 졸업을 앞둔 한 학생과의 대화 내용이다. 졸업을 얼마 앞두고 3학년 학생들과 일일이 면담하였다.
"이제 그동안 정들었던 양업 교정을 떠나야 하는데 아쉬운 점은 없니? 양업고가 좋았니? 양업고의 가장 좋은 점은 무엇이니? 양업고를 마무리하면서 꼭 하고 싶은 말이 있니?" 하며 대화를 하였다. 그리고 양업고를 졸업하는 양업인들의 자존심과 자부심을 가지고 살아갈 것을 이야기하며 축복을 빌어 준다.
진정 그렇다. 가·나·다·라·마·바·사…A·B·C·D·E·F·G… △·□·○·◇…

있는 대로 받아 주어야 한다. '가'보고 '가'가 아닌 '나'나 '바'가 되라고 하면 어떻게 하나. 말도 안 된다. 'A'보고 'B'나 'C' 그리고 'F'가 되라 한다. 정말 안 되는 일이다. 세상에 많은 경우는 천편일률적으로 '△'보고 'ㅁ'나 'ㅇ'이 되라 한다. 물리적인 힘으로야 얼마든지 가능하나 그 얼마나 사람의 개성과 특징을 없애는 일인가 말이다. 양업고의 최고 좋은 점은 이것이다. 아이들의 하나하나의 개성과 특징을 발휘하고 그것이 공동체 안에서 다양한 아름다운 모습으로 조화될 수 있도록 이끌어 주는 사랑과 배려이다. 그리고 서로를 인정해 주고받아 주는 가운데 함께 행복해지는 것이다. 그리고 무엇보다 그 누구도 소외시키지 않고 격려해 주며 지지해 주고, 믿어 주는 것이 양업고의 가장 좋은 점이 아닐까 한다.

   성탄을 맞이하면 말구유에 가난하게 오시는 아기 예수님을 구세주로 맞이하는 성탄이다. 어떻게 하느님이 가장 초라한 말 밥통에 누워 오신다는 말인가? 그 엄청난 강생의 신비를 어떻게 이해해야 하나? 아마 그것은 우리가 있는 그대로 받아들이는 마음의 가난을 가질 때 이해 가능한 사랑의 신비이다.

   주 하느님 어서 오소서. 그리고 저희에게 가난한 마음을 주소서. 우리 모두에게 있어 서로서로가 하느님의 주신 귀한 존재의 선물이라는 것을 깨닫게 해 주는 사랑의 성탄이 되게 하소서. 그리하여 하늘엔 영광이며 땅엔 마음 착한 이들이 평화를 얻게 하소서.

슬퍼도 웃을 수밖에 없었다

 마음이 이렇게 무겁고 슬픈지 모르겠다. 세월호 침몰로 희생된 학생들을 생각하면 정말 부끄럽고 머리를 들 수 없다. 학생 전체 회의에서 이 주제를 다루었다.
 "절대로 잊지 말고 우리가 어른이 되면 이런 세상을 만들지 말자. 정치도 언론도 어른들도 못 믿겠다."
 부정적이고 불신의 어두움의 여파가 우리 학생들 모두에게 퍼져나가는 안타까움을 참을 수 없었다. 그래서 학교장으로서 어떻게 할까 하다 한마디 하였다.
 "어른들, 정치, 세상을 우리가 바꾼다는 것은 쉽지 않습니다. 그보다 먼저 우리 자신이 변화되고 우리가 서로서로에게 신뢰를 주고 좋은 친구가 되어 믿을 만한 사람이 되어야 합니다. 우리가 먼저 변화되어 우리 시대에 더 이상 이런 일이 없도록 합시다…"
 무거운 마음으로 학생 전체 회의가 끝나고 복도에서 어제 홈 미사 때 나를 웃겼던 한 친구를 만났다. 그 친구를 보는 순간 슬퍼도 웃을 수밖에 없었다. 언제나 천진난만한 솔직성과 표현력을 가진 맑은 미소의 사나이 민군은 만날 때마다 기분이 좋다. 처음부터 그랬던 것은 아니지만… 보면 볼수록 참 매력적인 순수성을 지닌 학생임이 틀림없다.
 민군 홈의 미사가 어제저녁에 있었다. 강론을 마치고 학생들이 기도를 바쳤다. 마지막으로 민군이 순수하고 맑은 목소리로 이렇게 기도하였다.

"소나무 홈 학생들과 지송근 선생님을 위하여 기도합시다.
사랑이신 하느님
잘 생기고 섹시하고 미끈한 소나무 홈 학생들이
마지막 한해 즐겁고 행복하게 자신의 진로와 꿈을 향해 나아갈 수 있도록 도와주시고
송근 샘이 현모양처 같은 짝을 찾을 수 있게 도와주소서~"

민군과 같은 우리 아이들이 세월호 침몰로 희생되었다. 그 순수한 아이들이 무슨 죄가 있다고… 하느님 그들의 순수한 영혼을 당신 품으로 받아들여 영원한 안식과 평화를 주소서. 그리고 이렇게 슬퍼도 웃을 수밖에 없는 저를 용서하소서.
하느님은 하나도 웃기지 않나요???!!!

행복 운전수

"어머니와 네가 가장 많이 닮은 점이 무엇이니?"
"발가락입니다."
"하 하 하… 발가락 말고!!! ???"

신입생 가족 면담에서 지금 양업고 학생이 된 한 학생과 나눈 대화이다. 참으로 신기하다. 부전자전(父傳子傳) 모전여전(母傳女傳)이라 했던가? 남학생들을 보면 그 아버지의 모습을 알 수 있고, 여학생들의 모습을 보면 그 어머니의 모습을 보지 않아도 알 수 있다. 다는 아니지만 붕어빵인 경우가 많다.

지난 주말 "하느님, 제가 행복 운전수입니다."라는 주제로 '양업 어머니 학교'가 있었다. 청주교구 가정 사목국 주관으로 봉사자들이 기쁘고 알차게 '어머니 학교'를 꾸며 주시어, 아주 행복하고 감동적인 어머니 학교가 되었다. 미사 파견 예절 전에 '행복 운전수 면허증'을 수여하면서 '운전 잘 하세요.'라고 하며 나 자신에 대해 생각해 보았다. 나는 행복한가? 지금 여기 양업고를 운전하고 있는 교장인 나는 행복한가? 요 몇 달 사이 행복하지 못했다. 학교의 이러저러한 일로 인해 행복하게 웃지 못할 때가 많았다. 내 자신이 먼저 내 생각과 마음 그리고 몸을 잘 다스리는 운전수가 되어야 하지 않을까? 공자, 맹자, 순자. 묵자 위에 '웃자'가 있다고 하지 않았는가? 가슴 시원하게 박장대소해서 웃어 본 지가 오래되었다. 그리고 보니 웃음을 잃은 세계는 행복할 수 없다.

　올해도 반이 지났다. 올해 초 프란치스코 교황님의 새해 다짐 10가지 〈① 험담하지 않기 ② 음식 남기지 않기 ③ 타인을 위하여 시간을 내기 ④ 좀 더 가난하게 살기 ⑤ 가난한 사람들을 찾아가기 ⑥ 타인들을 판단하지 않기 ⑦ 반대자들에게 친절하게 대하기 ⑧ 교리들에 대하여 헌신하기 ⑨ 기도하는 습관을 들이기 ⑩ 행복하게 살기〉를 학생 자치회에 가서 이야기하였다. 그리고 교황님의 새해 다짐 10가지를 살고자 하였다. 내 스스로 중간 평가를 해 본다.

　우리는 언제 행복한가? 오감의 만족을 얻어 쓸 때, 무엇인가를 이루어 성취감을 느낄 때, 남에게 베풀고 봉사를 할 때, 글쎄 나에게는 있어 가장 행복 때를 묻는다면 나는 이렇게 말하고 싶다. 이 세상에서 가장 완전하게 소통하고 공감하는 유토피아적 이상 세계는 없다. 그러함에도 불구하고 행복 운전수가 될 수 있는 것은 우리가 하느님 안에서 기도하고 평화를 얻고, 서로 이해하고 용서할 때이다. 십자가의 예수님이 가장 행복한 사나이셨다면 나도 그분을 따라 내게 주어진 십자가를 지고 행복하게 양업학교를 운전해야겠다.

　"교장 신부님과 예수님하고 가장 많이 닮은 점이 무엇입니까?" 하고 누가 묻는다면 "발가락입니다."라고 엉뚱하게 대답해야겠다. 그래야 "하 하 하" 하고 한번 시원하게 웃을 수 있지 않을까.

돌직구!!!

홈 미사 때의 일이다.

"너의 인생철학이 무엇이니?"

"최선을 다하자." … "긍정적으로 살자."

"은아, 너희 인생철학이 무엇이니?" 질문을 던졌을 때, 옆에 있던 한 학생이 지나가는 말로 이렇게 말했다. "돌직구를 날리시는 질문이네. 참 근본적인 것을 묻고 계시네요. ㅜㅜ"

빈자의 벗 프란치스코 교황님이 한국방문 동안 우리는 맘에 큰 위로와 평화를 느꼈다. 가시는 곳마다 우리 마음을 전율케 하는 '복음'을 전해 주셨다. 우리 사회가 아픔과 원망이 큰 만큼 용서와 화해, 평화를 갈망이 크다는 것을 볼 수 있었다.

프란치스코 교황님이 한국에 머물면서 한 말씀과 행동하신 모습을, 하나하나를 보면 정말 가슴이 뭉클해지는 큰 울림을 주는 것이었다. 항상 낮은 데로 임하시는 그분의 평소 소신대로 약하고 힘없고 가난한 이들에겐 한없는 사랑과 애틋함과 따뜻함을 보여 주셨다. 그런데 늘 낮은 곳으로 임하시는 겸손한 교황님께서는 가는 곳마다 '돌직구'를 날리셨다. 성직자나 지도자들에겐 청빈과 함께 무한한 책임을 강조하는 '돌직구'를 던지셨다.

"희망은 얼마나 큰 선물입니까? 평화는 단순히 전쟁이 없는 것이 아니라 '정의의 결과'입니다."(청화대서)

"영적 웰빙의 유혹에 빠질 때, 가난한 이를 위한 가난한 교회가 될 수 없습니다."(주교회의에서)

"봉헌 생활에서 청빈은 '방벽'이자 '어머니'입니다. 청빈 서원을 하지만 부자로 살아가는 봉헌된 사람들의 위선이 신자들의 영혼에 상처를 입히고 교회를 해칩니다. 또한 순전히 실용적이고 세속적인 사고방식을 받아들이려는 유혹이 얼마나 위험한 것인지 생각해 보십시오… 여러분이 할 수 있는 것을 매우 겸손하게 하십시오."(수도자들과의 만남에서)

젊은이들에게도 큰 깨달음의 '돌직구'를 던지셨다. "우리는 깨어 있어야 합니다. 성덕의 아름다움과 복음의 기쁨에 대한 우리의 감각을 무디게 만드는 우리 자신과 다른 사람들의 죄와 유혹, 그러한 압력을 허용하지 말아야 합니다. …잠들어 있는 사람은 아무도 기뻐하거나, 춤추거나, 환호할 수 없습니다."(아시아 청년대회 폐막미사에서)

저도 교황님을 말씀을 인용해서 양업(良業) 가족에게 한 번 '돌직구'를 던지겠습니다.

잘 받으십시오.

"뒷담화만 하지 않아도 성인(聖人)이 됩니다."

-스트라이크!!!-

죽고 싶다

"양업학교 교장선생님입니까?"

"예."

"손자 때문에 마음이 조마조마합니다. 언제 한 번 찾아가도 되겠습니까?"

"무슨 일로 그러시나요?"

"우리 손자가 말할 때마다 '죽고 싶다'고 그럽니다. 입에서 늘 나오는 말이 '더 이상 살기 싫다'고 합니다. 그때마다 심장이 철렁 내려앉습니다. 학교에서는 선생님이 말하는데 손자가 우울과 무력감에 빠져 있다고 합니다. 아무 것도 하려 하지 않고 의욕 상실의 상태입니다. 어떻게 하면 좋겠습니까?"

'오죽 답답하고 힘이 들면 할머니가 이렇게 전화를 했을까?'라는 생각이 들어 손자를 데리고 오라고 하였다.

며칠 후 손자를 데리고 학교를 방문하셨다. 먼저 같은 처지의 삶을 경험했던 학생 하나를 할머니 손자와 만나게 하였다. 일종의 또래 상담을 시켰다. 그리고 나는 할머니를 만났다. 아들이 이혼하고 나서 손자는 새로 결혼한 아버지 집에 살기도 하였고, 그 집을 나와 이혼한 어머니 집에 가서 살기도 했다는 것이다. 그러나 여기서도 저기서도 안정되게 살지 못하여 할머니가 손자를 데리고 산다는 것이다. 아들은 자기가 이혼한 것이 어머니 탓이라고 늘 원망을 하고 있다는 등 여러 가정사 이야기를 늘어놓으셨다.

아 그렇지! 그 사이에서 아이는 얼마나 큰 상처를 받았고, 어머니와 아버지에 대한 분노감이 극에 달하지 않았을까 하는 직감이 다가왔다. 이럴 때는 항상 양업학교의 교육 방법인 현실선택이론을 적용해서 아이와 상담한다.

"만나서 반갑다. 우리 친구 아주 멋있네."

한 번 밝은 미소를 지어 준다.

"그래 무척 힘들지. 양업고 형하고는 좋은 이야기 많이 나누었니?" "예. 앞으로 '카-톡'으로 서로 연락하기로 했어요."

"그래 좋아. 아버지나 어머니, 그리고 누가 너의 삶을 대신 살아 주는 것이 아니지? 너의 생각과 너의 마음과 너의 몸은 주인은 바로 너 자신이다. 그러니 부모 때문에 그 삶을 그렇게 살아가면 되겠니? 너의 삶의 주인공은 너야. 할머니가, 아버지가, 어머니가, 아니 내가 너의 삶을 대신 살아 줄 수는 없잖니?…"

한참 이야기를 나눈 후 돌려보냈다.

한 달 후에 할머니가 전화를 하셨다.

"교장 선생님! 감사하고 고맙습니다. 이제는 우리 손자가 '죽고 싶다'는 말 안 해요. '더 이상 살기 싫다'는 말을 하지 않아 살 것 같습니다. 이제 의욕적으로 공부도 열심히 하고 있습니다."

이럴 때는 기분이 너무 좋다. 사실 우리 학교의 생활 교육 방법인 현실선택이론의 내용 중의 하나는 이렇다. 모든 사람은 이것이든 저것이든 하나를 선택한다. 그리고 그들은 그것에 책임을 져야만 한다. 자기 불행의 원인을 다른 사람이나 환경에 탓을 두어서는 안 된다. 물론 우리는 다른 사람들로 인해 상처를 받을 수는 있다. 그러나 내가 행복하고 불행한 것은 나의 결정적인 선택에 달려 있다. 그러기에 부모의 탓, 친구의 탓, 선생님의 탓하는 것으로 삶을 살아서는 안 된다. 다시 말해 '못되면 조상 탓이고 잘 되면 내가 잘난 탓이다.'라거나 '서툰 춤꾼은 고르지 않은 바닥을 탓한다.'는 삶의 자세를 버려야 한다는 것이다.

그보다는 "인생의 날 수는 우리가 결정할 수 없지만 / 인생의 깊이와 넓이는 결정할 수 있다.

얼굴의 모습은 우리가 결정할 수 없지만 / 얼굴 표정은 결정할 수 있다.

날씨는 우리가 결정할 수 없지만 / 마음의 날씨는 결정할 수 있다.

우리가 어떤 운명적 환경에 놓여 / 고통을 겪는다 해도 /

여전히 선택할 여지가 있다."는 삶의 자세이다.

인류가 지닌 가장 친밀한 생명과 사랑의 관계를 잃어버린 삶의 상실감 때문에 방황하는 우리 아이들이 우리 주변에 얼마나 많은지 모른다. 매번 이런 아픔 때문에 우리 학교를 방문하는 아이들이 많다. 그리고 다른 학교 생활 지도 선생님들, 교감, 교장 선생님들이 방문하여 우리 학교 생활 지도 방법의 비결을 알아 가고자 한다. 이럴 때마다 우리 양업학교가 그들을 위한 작은 치유의 샘 역할을 하고 있다고 생각한다. 이런 치유의 샘의 역할을 하는 좋은 학교가 우리나라에 더 많이 설립되기를 희망해 본다.

진정한 공부가 무엇인가?

연둣빛 새싹들이 새로움을 더하고
산새의 노랫소리가 더욱 청아하게 울려 퍼지는 아침이다.
양업고 교정의 잔디밭도 푸르러졌고 겨우내 숨어 있었던
담쟁이덩굴 싹이 하나둘 자기 모습을 드러내고 있다. 교화인 목련도 피었다 졌고, 진달래꽃, 벚꽃 한참 즐겨 피다 지니, 연산 홍과 철쭉이 손대면 터질 듯이 꽃망울 한껏 뽐내고 있다.
"나의 살던 고향은 꽃피는 산골" 그곳이 양업고이다.
어머니의 품 같은 우리 좋은 학교의 학생들은 목련 백일장, 소(小)체육대회, 게릴라 콘서트, '형 언제 와' 등 여러 활동과 교과수업 등으로 눈코 뜰 새 없이 바쁘게 지낸다.

어느 1학년 새내기 학생이 1달 동안 자기 학습활동에 대해 기록한 노트를 들고 교장실에 들어왔다.
"네가 바라는 것이 무엇이니?"
"전학을 가고 싶습니다."
"왜 그렇게 마음을 먹었니?"
이유인즉 자기는 공부하고 싶고, 서울대를 가고 싶다는 것이다. 그런데 양업고에서 공부해서는 자기 꿈을 이룰 수 없다는 것이다. 양업고는 대한민국에서 가장 행복하고 참 좋은 곳이라는 것을 본인도 알고 느끼지만, 그리고 자기의 기존 생각들이 함께하는 홈 친구들을 통해 아주 많이 깨어졌지만, 아이들이 너무 놀기 때문에 공부할 시간이 없다는 것이다. 1교시에서 7교시까지 일반고 일반계 과목의 수업을 듣지만, 노트에 적어 온 한 달간의 교육 내용이 자기 성에 안 찬다는 것이다. 자기는 대한민국 고등학교의 일반 학생들이 하는 공부를 하는 것, 즉 시험을 받아 점수를 높이고 성적을 좋게 받는 것에서 기쁨을 느낀다는 것이다. 그리고 양업고 특성화 교과나 체육, 음악, 이런 과목들은 시간이 자기 공부 시간을 빼앗아 가는 느낌이라는 것을 은연중에 말하고 있었다.

"그래 그동안 그런 상황을 극복하려고 어떤 일을 시도하여 보았니?"
"교실에 엎어져 있던 학생 혹은 친구들을 모아 스터디 그룹(Study Group)도 만들어 해 보았고, 혼자 공부에 열중하기 위해 시간과 공간을 찾아보았습니다."
"그래, 어떻게 되었니?"
"이젠 포기입니다. 힘을 다 잃었습니다. 스터디 그룹은 하다 말았고, 친구들은 나를 이상한 사람으로 봅니다. 그리고 그들이 모여서 하는 것을 보니 신부님이나 수녀님, 선생님들을 별로 공경하지 않는 것 같습니다. 그래서 전학 가서 내가 원하는 공부를 실컷 하겠습니다."

한참 이야기를 나누고 돌려보냈다. 양업고는 성적 위주와 입시경쟁 중심의 공부에서 벗어나 자연 체험적이고 현장 학습적인 인성·지성·영성의 삼위일체의 조화로운 교육을 하는 곳인데… 과연 공부가 무엇인가?를 생각해 본다. 그 학생 말대로 수능시험을 잘 보기 위해 시험 문제를 푸는 능력을 기르고 점수를 잘 따는 것이 공부인가? 아니면 좋은 삶의 관계를 익히고 배우는 것이 공부인가? 무엇이 진정한 공부인가를 생각해 본다. 우리 중고등학교 학생들이 학교에서 배우는 공부는 무엇인가? 양업고에서의 공부는 수능시험과는 무관하며 세상을 잘 모르고 하는 현실성 없는 공부인 것일까? 우리 아이들이 생각하는 공부는 무엇인가? 정말 공부가 맛있고 재미있고 하고 싶은 것이고 우리 삶에 꼭 필요한 것이 되었으면 좋겠다. 두뇌를 개발하는 공부만이 아니라 마음에 새기는 심뇌를 키우는 마음의 공부가 되었으면 좋겠다. 양업고는 언제나 '인간다운 좋은 관계를 형성하는 인성교육(善)', '참되고 올바른 지혜를 배양하는 지성교육(眞)', '아름답고 행복한 삶을 살게 하는 영성교육(美)'의 삼위일체적 조화로움을 중심으로 진정한 공부를 시키는 하느님 사랑의 학교이지 않은가? 지금 우리 아이들에게 필요한 공부는 무엇인가?

감!
. . .

 저녁노을처럼 붉은 담쟁이넝쿨이 양업교정을 불태우고, 눈부시게 푸른 가을 하늘 아래 새빨간 돌 사과가 주렁주렁 매달려 있을 때, 낙엽이 떨어진 가을 나무 사이에 매달린 감이 아름다운 시기에 양업고는 신입생을 선발한다.
 최양업 신부님께서는 전국 5도 방방곡곡을 찾아다니셨는데, 이제는 전국 5도에서는 물론이요, 해외에서까지 양업학교를 찾아온다. 양업학교에 꼭 들어오고 싶다는 것이다. 우리 학교에 교육 내용이 정말 마음에 들고 믿을 만하다는 것이다.
 "여러분 모두가 양업학교에 들어오고 싶지요."
 "예."
 "누구나 원하면 조건에 상관없이 받아 주어야 합니다. 그러나 안타깝습니다. 40명밖에 수용할 수가 없습니다. 혹시 떨어져도 실망하지 마십시오. 좋은 체험과 교육을 받았다고 생각하시고 어느 곳에서라도 양업학교의 정신을 가지고 살아가십시오."

 우리 학교에 지원하는 학생들에게 늘 하는 말이다. 속으로 마음이 아프다. 너무 많은 학생이 선택받지 못하고 떨어져 나가기 때문이다. 이런 양업고가 도별(道別)로 있으면 얼마나 좋을까 생각한다.
 우리 학교 운영 위원장님이 모 지역 교육장으로 있던 시절 학부모 모임에 초대받으셨다. 갑자기 한 말씀 해 달라고 하는데 준비가 되어 있지 않았다. 때마침 창밖에 빨간 홍시가 매달려 있는 것을 보고 영감을 받으셨다. 그래서 이렇게 말씀하셨다.

"오늘 저는 여러분에게 감을 가득 선물로 드리겠습니다.
제가 드릴 감은 행복감(幸福感)·만족감(滿足感)·자존감(自尊感)입니다.
감(感) 많이 받아 가세요."

왜 이처럼 양업고가 인기가 좋은 것인가? 기존에 학교에서는 상상할 수 없는 '한 명의 학생도 소외되지 않는 교육', '교육의 방법과 내용에 있어 최고의 질적인 교육'을 시키기 때문일까? 글쎄, 무엇이라 할 수 없지만 확실한 것 한 가지는 이것이다. 만날 때마다 늘 하시는 학교 운영위원장님 말씀에 그 해답이 있다. 양업고는 학부모, 교사, 학생 모두에게 행복감(幸福感)·만족감(滿足感)·자존감(自尊感)을 듬뿍 안겨 주는 감(感)이 많이 달리는 학교이기 때문이다.

은총(恩寵)-수능대박?

새벽 아침 약간의 눈이 내렸다. 수능 한파로 날씨가 쌀쌀하다. 해마다 이맘때면 우리네 어버이들은 자녀의 '수능대박 인생 역전'을 위해 애끓는 기도를 바친다.

우리 사회는 학생들에게 등급을 매겨 학벌의 노예화를 시켜왔다. 학교에서 수능에 출제되지 않는 내용을 공부하는 것은 바보 같은 짓이고, 대학 진학에 도움이 되지 않는 일은 해서는 안 되는 것이 상식이 되어왔다. 아이들의 의식과 몸은 오래전부터 그런 제도에 익숙해져 왔고, 남들과 다른 꿈을 꾸는 아이는 '문제아'나 '학교 부적응아'로 낙인을 찍는 경우가 많다. 지금 대한민국의 학생들이 살아가는 이유가 수능 때문이라는 사실이 서글프다.

양업고등학교는 사제 최양업의 크신 교육의 정신을 이어 받은 좋은 학교(Quality School)로써 학벌 위주의 한국 사회 풍토와 입시경쟁 중심의 불모지에서 싹트고 자라 아름답게 피어난 기적의 한 송이 꽃이다. 그러함에도 불구하고 현실을 비켜 나갈 수 없다. 수능기원 미사를 보면서 우리 학생들을 위해 무슨 말을 해 주어야 하나 고민이 많았다. 무엇보다도 대입수능제도가 개선이 되어 한 번 수능시험에 모든 것이 좌지우지되는 상황이 사라졌으면 좋겠다는 바람을 가지고 기도했다. 대학 입학이 끝이 아니라 진정한 공부의 시작이 될 수 있도록 이 나라 대학입시 문화가 건강해질 수 있기를 기도했다. 그러면서 우리 양업의 수험생들에게는 '은총(恩寵)'에 대해 강론했다.

'은총'에 대한 잘못된 이해와 태도의 극단적인 두 모습이 있다.

하나는 지나치게 은총에만 매달리는 태도이다. 자신의 꿈을 위해 노력을 해야 하는 것의 중요성을 잊어버리고, 오직 하느님의 은총만이 모든 걸 해결해 준다고 생각하는 사람들이 많다. 하늘만 바라보고 땅은 쳐다보지도 않는 태도를 말한다. 무조건 하느님께 은총과 복을 청한 나머지, 먼저 자신이 해야 할 일을 소홀히 하는 것이다.

반대로 다른 하나의 태도는 은총에 무관심한 것이다. 인간 자신이 주도면밀하게 계획을 세우고 그 계획에 따라 움직이는 태도이다. 이는 땅만 쳐다보고 하늘을 보지 않는 사람이다. 지금 당장 눈에 보이는 것이 중요하기 때문에 보이지 않는 하느님의 손길이 존재함을 잊어버린 태도라 할 수 있다. 수능 때문에 하느님은 저편에 있다.

성 아우구스티노는 하느님의 은총과 노력, 이 양자가 결합 될 필요성을 이렇게 말한다. "하느님의 은총에 의탁할 때는 마치 인간의 노력은 아무 도움이 되지 않는 것처럼 생각하여 온전히 하느님께 의지하십시오. 또 인간의 노력에 의지할 때는 마치 하느님의 은총이란 아예 없는 것처럼 생각하여 최선을 힘을 기울이십시오." 이 말은 결국 무엇을 의미하는가? 하느님의 은총에 온전히 의지할 뿐만 아니라 누구나 자신의 노력을 최대로 기울이라는 뜻이다. 만일 어떤 농부가 1백 석의 밀을 거두어들였다면 인간 외부의 요인(은총)-태양의 열기, 비와 바람, 토양, 양분-과 인간 자신의 노력에 그 열매를 얼마만큼 돌려야 할 것인가?

무엇보다 중요한 것은 우리의 삶의 자세이다. 진인사대천명(盡人事待天命)이라 하지 않았던가? 우리 인간이 아무리 뜻을 세워도 하늘에서 도와주지 않으면 헛되다 하지 않았던가?

'수능대박 인생역전'을 위해 기도하며, 자녀나 본인의 좋은 성적을 바라는 것도 좋지만, 어떤 결과에도 행복하게 살아갈 수 있는 용기를 청했으면 좋겠다. 자신의 꿈과 삶을 위하여 하느님의 은총에 온전히 의지할 뿐만 아니라 누구나 자신의 노력을 최대로 기울인 것으로 만족하면 좋겠다.

10대의 성공적인 행복한 삶을 위하여

10대의 꽃은 이팔청춘에서 시작되는 고등학교의 생활이다. 10대에도 성공적인 행복한 삶을 살아야 한다. 10대도 삶에 실패하면 안 된다. 누군가가 나에게 10대도 성공할 수 있는 최고의 비결이 무엇이냐 묻는다면, '좋은 습관'을 가지는 것이라고 대답하겠다. 왜냐하면 좋은 습관은 좋은 인생을 만들기 때문이다. 성공한 사람과 보통 사람의 차이는, 지능이나 재능, 능력이 아니라 '습관의 차이'에 있기 때문이다. 그러기에 "습관은 성공한 사람의 하인이며 실패한 사람의 주인이다."라고 말한다.

우리가 매일 행동하는 것의 90퍼센트가 습관이라면, 우리의 삶을 효과적으로 변화시키는 유일한 방법은 습관을 바꾸는 길밖에 없다는 말이 된다. 대부분 인생에서 가장 성공한 사람들 – 운동선수, 변호사, 정치가, 의사, 사업가, 음악가, 세일즈맨 등 – 은 모두 보통 사람과는 다른 단 하나를 갖고 있다. 그것이 바로 '좋은 습관'이다. 그럼 좋은 습관을 어떻게 만들 수 있을까?

사람들은 공부를 잘하는 방법이나 인생에서 성공하는 방법을 몰라서 실패하는 것은 아니다. 누구나 그런 방법들은 잘 알고 있다. 알고 있으면서도 실패한다. 왜 그럴까? 그것은 그 방법을 실천하는 방법을 모르기 때문이다.

문제는 여러분이 성공하기 위해서 무엇이 필요하냐를 아는 데 있는 것이 아니라, '성공하기 위해서, 필요한 것을 지속하려면 어떻게 해야 하는가?' 하는 것을 알아야 한다.

'성격'은 기본적으로 습관의 합이다. '습관적인 행동 방식'이 바로 '성격'인 것이다. 이 세상에는 두 종류의 사람이 있다. 바로 꿈꾸는 사람과 실천하는 사람이다. 꿈꾸는 사람은 말하고, 생각하고, 꿈꾸며 희망한다. 어떤 거창한 일을 해내겠다는 계획을 세우기도 한다. 하지만 실천하는 사람은 그 모든 것을 실제 행동으로 실천한다.

그런데 습관을 바꾸기가 왜 그렇게 어려울까? 습관이 우리의 무의식 깊숙한 곳에 들어와 있기 때문이다. 그래서 의식적 의지만으로 습관을 바꾸기는 거의 불가능하다. 의식적 노력은 항상 깨어 있을 때만 경고를 발하고 힘을 발휘한다. 항상 경계 태세를 갖추고 있어야 의식이 무의식을 이길 수 있다. 무의식은 절대로 잠을 자지 않는다. 우리는 자기에게 닥치는 모든 일들을 통제할 수 없다. 사실 우리가 실제로 통제할 수 있는 유일한 부분은, 우리가 매일 하는 일들이다. 문제는 우리가 선택하지 않기로 한 일을 선택하는 경우가 너무 많다는 것이다.

사실은 습관은 버려지지 않는다. 다른 것으로 교체될 뿐이다. 나쁜 습관을 없애는 것이 아니라 좋은 습관으로 바꾸는 것이다. 나쁜 습관을 행할 때마다 그에 상응하는 부정적 조처를 함으로써 자기의 무의식을 훈련한다. 성공한 모든 사람은 실수를 경험해도 이를 패배로 받아들이지 않는다. 실수는 적극적으로 행동하는 사람만이 경험할 수 있는 소중한 것이다. 계획을 세우지 않는 것은, 실패를 계획하는 것과 같다. '내일'은 꿈꾸는 사람의 가장 강력한 무기이다. '오늘'은 실천하는 사람의 가장 강력한 무기이다. 아주 간단하다. 수많은 사람이 나름대로 좋은 아이디어를 갖고 있지만, 실제로 지금 당장 그 아이디어를 실현하기 위해 어떤 일을 결심하는 사람은 별로 없다. 내일이 아니다. 바로 오늘이다.

'내가 바로 내 인생의 주인공이다' 세상에는 주도적인 사람과 대응적인 사람, 자기 삶에 책임을 지는 사람과 다른 사람을 탓하는 사람, 삶을 만들어 가는 사람과 삶이 만들어지기를 기다리는 사람, 즉 두 종류가 있다. 적어도 희생자 바이러스에 감염되어서는 안 된다. 이는 자신의 문제가 다른 사람들 때문이라고 생각하게 만드는 바이러스다. 온 세상에 책임을 돌리는 것이다.

'주도적이 되라(Be Proactive)'는 습관의 문을 여는 최고의 열쇠다. 선택은 자신의 몫이다. 하루에도 수없이 일어나는 상황에 대해서 자신은 어떻게 반응하는가? 시험을 망친 날, 여자 친구와 헤어진 날, 친구가 내 욕을 하는 것을 알아버린 날, 부모님과 다툰 날 등 현재에 겪은 일부터 앞으로 일어나는 일까지 수없이 많은 상황이 우리 주변에 도사리고 있다. 그럴 때마다 당신은 어떻게 반응하는가? 대응적인 사람은 충동에 따라 행동하기 때문에 쉽게 흥분하고 일을 망쳐버린다. 주도적인 사람은 가치에 따라 행동한다. 세상에서 일어나는 모든 일들을 자기 맘대로 할 수는 없지만, 적어도 주도적인 사람은 자기에게 일어나는 일만은 자신이 책임을 진다. 약간만 흔들어도 거품이 쏟아지는 콜라와 같이 '대응적인 사람이 하는 말'을 사람과 달리 물과 같이 조용하고 '차분한 사람의 말'을 하는 습관을 지니자.

주도적인 사람들의 특징은 이렇다.
- 쉽게 상처받지 않는다.
- 자신의 선택에 책임을 진다.
- 생각한 후에 행동한다.

- 나쁜 일이 생기면 한 걸음 물러선다.
- 항상 일을 해낼 수 있는 방법을 찾는다.
- 자신이 뭔가 할 수 있는 일에 집중한다. 할 수 없는 일은 걱정하지 않는다.

좋은 습관은 더 나은 생활로 나아가기 위해 자기 자신을 연마하는 것이다. 즉, 생활의 네 가지 중요한 활동을 신체, 머리, 마음, 정신과 관련된 활동으로 각각 나누어 이를 정기적으로 쇄신하고 강화해야 한다는 것이다. 균형이 중요하다. "지나친 것은 좋지 않다"는 그리스의 유명한 속담이다. 삶의 네 가지 요소 모두를 골고루 갖추어야 한다는 것을 이 속담은 강조한다. 공부는 뒷전이고 몸만들기에만 열심인 사람이 있는가 하면, 운동을 해야겠다고 생각만 할 뿐 전혀 실행에 옮기지 않고, 사람을 만나는 일도 전혀 하지 않는 사람도 있다. 자기 능력을 최대한 발휘할 수 있으려면, 네 가지 영역이 조화를 이루어야 한다. 마치 자동차의 바퀴와 같아서 하나만 문제가 발생하면 나머지 3개도 영향을 받는다. 재정비하는 시간을 가져라. 자동차와 마찬가지로 사람도 정기 검사나 오일 교환을 할 필요가 있다. 자신이 가지고 있는 최고의 재산, 즉 자신을 재정비할 시간이 필요한 것이다.

10대라는 시기는 인생의 출발점이지만, 나가는 각도가 정해지지 않은 시기다. 화살은 처음에는 같은 위치에서 출발하지만, 궁수의 손을 떠나면 조준된 각도로 날아간다. 조준이 잘못되면 화살은 과녁의 중앙을 벗어나던지 혹은 과녁도 맞추지 못한 채 엉뚱한 곳으로 가게 된다. 태어나서 죽을 때까지 인생의 시기가 모두 중요한 순간들이지만 10대의 시기가 더욱 중요하다는 말은 바로 여기에 있다.

'희망이 살아 숨 쉬게 하라.' 10대에 성공적인 행복한 삶을 살아야 한다. 10대는 가장 크게 성공적으로 변화할 수 있다. 나쁜 버릇을 끊고, 중요한 인간관계를 발전시킬 수 있는 희망, 문제를 해결하고, 숨은 능력을 최대한 발휘할 수 있다는 희망을 좋은 습관에서 찾자. 우선 무엇보다는 자기 주도적인 10대의 삶을 살자.

사람들은 대부분 자기 불행의 원인이 다른 사람이나 환경에 있다고 생각한다. 옛말에 '못되면 조상 탓이고 잘 되면 내가 잘난 탓이다.' 또는 '서툰 춤꾼은 고르지 않는 바닥을 탓한다.'라는 말이 있듯이 인간은 자기 삶에 대한 책임이 자기에게 있다는 사실을 잊어버린다. 성공한 사람, 행복한 사람의 공통점은 '3비(비평, 비난, 비교)'를 않는다. 그리고 인사를 잘하고 웃음을 잃지 않는 자세를 가진다. 공자·맹자·순자·묵자 위에 '웃자'이다. 어떤 경우에는 내 상처가 다른 사람 때문에 생긴 것은 사실이다. 하지만 그 상처 때문에 불행하게 사느냐 그렇지 않으냐는 선택은 내 책임이다. "인생의 날 수는 우리가 결정할 수 없지만 인생의 깊이와 넓이는 결정할 수 있다. 얼굴의 모습은 우리가 결정할 수 없지만 얼굴 표정은 결정할 수 있다. 날씨는 우리가 결정할 수 없지만 마음의 날씨는 결정할 수 있다. 우리가 어떤 운명적 환경에 놓여 고통을 겪는다 해도 여전히 선택할 여지가 있다." 10대부터 행복한 선택을 해야 한다. 그래야 10대도 성공적인 행복한 삶을 살 수 있다.

"Sow a thought, and you reap an act,
생각을 바꾸면, 행동이 달라지고,
Sow an act, and you reap a habit,

행동을 바꾸면, 습관이 달라지며,
Sow a habit, and you reap a character,
습관을 바꾸면, 성격이 달라지고,
Sow a character, and you reap a destiny.
성격이 바꾸면, 운명이 달라진다."

- 새뮤얼 스마일스(Samuel Smiles) -

돈이 뭐길래?

만물의 근원을 '물'이라 했던 탈레스(Thales of Miletus)에 관해서는 이런 일화도 있다. 어느 날, 탈레스의 친구가 "이 세상은 너무 불공평해! 돈 있는 사람만 잘 살고, 돈 없는 사람은 못 사는 더러운 세상 같으니!"하고 말했다. "친구! 돈을 잘 벌 수 있는 방법은 널려 있어. 머리를 한 번 써 보게."라고 탈레스가 되받아쳤다. 그러자 그 친구는 "넌 자신이 똑똑하다고 생각하지? 어디 내가 여행 다녀올 때까지 돈을 많이 벌어 보게나."라고 말했다. 탈레스는 그 말을 듣고, 돈 버는 일에 몰두하게 됐다. 그리고 친구가 돌아와서 보니, 탈레스는 친구가 상상도 하지 못할 정도의 엄청난 돈을 갖고 있었다. 과연 탈레스는 무슨 방법을 썼을까? 그때 당시에는 올리브가 아주 귀한 것이었다. 쓰는 용도가 많았기 때문이다. 그런데 친구가 여행을 떠난 후, 올리브의 급격히 생산량이 줄어들기 시작했다. 그것을 유심히 관찰한 탈레스는 올리브의 생산량이 좋을 때와 좋지 않을 때에는 규칙이 있는 것을 알게 됐다. 이 사실을 알게 된 탈레스는 마을을 돌아다니면서 기름 압축기를 사들이기 시작했다. 사람들은 마당만 차지하는 기름 압축기를 기꺼이 팔았다. 올리브가 풍작일 때, 탈레스는 마을의 거의 모든 압축기를 소유하고 있었다. 탈레스는 기름 압축기를 사람들한테 빌려 주면서, 큰돈을 벌 수 있었다고 한다.

"왜 학교에 안 가니?"

"재미 하나도 없어요."
"그래 무엇을 하고 싶으니?"
"지금부터 돈이나 벌려고 해요."
"어떻게 돈을 벌려고 하니?"
"닥치는 대로 아무 일이나 하면 되지요. 뭐…"
"돈을 벌어서 무엇을 하려고 하니?"
"실컷 쓰고 나머지는 저금할 거예요."

엊그제 엄마 따라왔던 고등학교 1학년 결석생과 주고받은 이야기의 일부이다.

"사람은 (   )이다."
"가로 안을 나름대로 채워 보세요."
…
"사람은 (돈을 버는 기계)이다."
"사람은 (돈 쓰는 기계)이다."

'인간학' 강의 시간에 두 여학생이 연달아 했던 말이다.

요즘 젊은이 가운데 한 부분의 이야기지만 마음이 씁쓸하다. 돌고 돌아서 '돈'이고, 술술 넘어가서 '술'이며, 살고 살아서 '삶'이라 하지만 '돈'을 최고의 우상으로 여기고, '돈'의 노예가 된 우리 어른들의 삶에서 배운 요즘 젊은이의 일그러진 '자화상'이라 생각된다.

한 사람이 '어떤 인격이나 어떤 인품을 가진 사람이 되느냐?' 그리고 '어떤 인생을 실현하느냐'를 결정하는 것은 그의 '가치관'이다. 사람은 어떤 것에서 가치를 발견하고, 그것을 선택하고 거기에 자기를 바치느냐에 의해서 그가 어떤 '자아(自我)'가 되고 어떤 인생을 만드는지가 결정되는 것이다. 그러므로 사람은 '가치 선택적 존재'이다. 어떤 사람이 교육에서 가치를 발견하여 거기에 자신을 바치면 교육자가 되고, 어떤 사람이 정치에서 가치를 발견하여 거기에 자신을 바치면 정치가가 되고, 어떤 사람이 예술에서 가치를 발견하여 거기에 자신을 바치면 예술가가 된다. 그러나 모든 교육자가 모두 같은 가치관을 갖는 것은 아니다. 정치가와 예술가도 마찬가지이다. 예를 들어 만일 교육자가 오직 돈을 벌기 위해서만 교육에 종사하면, 그는 교육을 위해서 교직에 종사하고 거기에 따라 봉급을 받는 것이 아니라, 봉급을 위해서 교직에 종사하게 된다. 그렇게 되면 봉급이 목적이 되고, 교직은 봉급을 받기 위한 수단으로 전락해 버리고 만다. 그런 사람은 교육에서 의미와 보람을 발견하지 못하며, 따라서 교육에 그의 전 존재를 바칠 수 없게 된다. 정치가도 예술가도 의사도 그 어떤 직업에 종사하는 사람도 마찬가지이다. 우리가 아무리 돈을 많이 벌어도 그것이 우리에게 보람을 줄 수 없는 것이라면 아무 의미가 없다. 물론 돈은 우리에게 기쁨을 가져다줄 수 있다. 그러나 그것이 우리에게 행복을 가져다주지는 못한다. 오히려 우리는 우리 주변에 돈에 대한 욕심 때문에 불행하게 되는 경우를 많이 볼 수 있다. 기왕 내가 선택한 인생, 의미가 있어야 하고 보람이 있어야 한다. 그렇다면 나의 소명을 발견하고 이에 투신함으로써 '자아를 성취'할 수 있어야 한다.

파스칼(Pascal)의 말처럼, 천사처럼 아름다운 영혼을 소유하고 있는 사람이 있는가 하면, 또한 악마보다도 더 못된 사람들도 있다. 사람은 돈을 어떻게 사용하느냐에 따라 천사가 될 수 있고, 돈의 노예인 악마가 될 수 있다.

도대체 돈이 뭐길래!!!

'정상경험'(頂上經驗)

"孝 한마음 축제의 연극 대회보다 우리 학교의 연극제가 훨씬 좋아요."
"그래 맞아. 나도 그런 것 같았어. 무엇이 훨씬 좋았니?"
"전체 학생 중 하나도 빠지지 않고 역할을 맡아 연극을 하긴 쉽지 않죠. 다른 학교에서 한다면 몇몇 잘하는 아이들만 모아서 연극이 이루어질 거예요. 창작극 주제를 정하고, 대본을 쓰고, 배역을 맡아 연극을 완성하는 것이 쉽지는 않았지만, 연극제 준비하기 위해 손발을 맞추면서, 평소에 모르던 친구들의 새로운 모습을 알게 되었고, 서로를 이해하고 배려하며 하나가 되어가는 것을 느꼈어요."
"맞아! 평소에 수줍고 잘 드러나지 않던 아이들의 새로운 모습을 볼 수 있었지."

수선화가 노란 꽃잎을 드러내고, 진달래와 개나리가 피고, 산유화와 하얀 목련이 꽃잎을 피운 4월 1일 국어과에서 주최하는 제1회 '양업 연극제'가 있었다.
1학년 '인내사랑' 반 친구들은 학교폭력에 대한 재판 과정을 극화하여 '폭력은 폭력을 낳는다.'를 공연하였다. 2학년 '온유진실' 반 친구들은 '비행기-촌놈들의 수난시대'로 세상에서 벌어지는 수많은 일들을 모아, '비행기' 안에서 일어나는 코믹 풍자극으로 재밌고 유쾌하면서도 시사성 있게 꾸며 주었다. 1학년 '기쁨평화' 반 친구들은 '교내 이성교제'를 소재로

'소문'과 관련된 해프닝을 교훈적으로 꾸민 '풍문으로 들었소'를 공연하였다. 3학년 소망반 친구들은 사회에 처음 나간 '착하고 순진한 어린양'이 점점 자신감을 잃고 실패 속에서 적응하게 되는 과정과 그 순환의 반복을 풍자적으로 그린 '늑대의 유혹'으로 큰 호응을 받았다. 2학년 '친절절제'반 친구들은 '심규문 대통령 프로젝트'라는 제목으로, 대통령이라는 소재를 선택하여 목적을 이루기 위해 달려온 삶을 반성하고 실제 자신의 삶의 정체성에 대해 깨달아 가는 모습을 사실적으로 그려 주었다. 3학년 '믿음반' 친구들은 '환상속의 그대'라는 제목으로, 70~80년대의 삶을 살지 못한 친구들인데도 불구하고 너무도 사실적으로 극을 만들었다. 마치 그 시대를 살아본 부모님들의 모습을 바로 앞에서 보는 것 같았다.

창작 극복을 쓰고, 친구들 개개인의 캐릭터에 맞게 각자의 배역을 정하고, 무대 배경을 만들고, 연출을 하고, 배경음악과 조명 그리고 분장과 소품에 필요한 부분을 양업 친구들 각자가 분담하였다. 연극제 후 평가회에서 학생들 전체가 정말 행복하고 만족감에 가득차 있는 것을 보니 이것이 진정한 '국어 수업'이라 생각하였다.

이와 같은 동기에 따른 성취와 만족의 경험을 미국의 심리학자 매슬로우(A. Maslow, 1908-1970)는 '정상경험'(頂上經驗)이라고 한다. 예컨대, 등산을 할 때 땀이 흐르고 고통스럽더라도 그것을 참고 산을 올라 정상을 정복하면 대단히 큰 기쁨과 만족감을 느낀다. 바로 이처럼 정상을 정복했을 때의 성취감과 같은 마음의 상태가 '정상 경험'이다. 사람이 느끼는 행복이란 이러한 '정상 경험'을 얼마나 자주 하는가에 달렸으며, '정상 경험'은 자기 성장에도 도움이 된다. 우리 아이들도 이번 연극제를 통해 '정상 경험'을 얻은 것이다.

매슬로우는 '정상 경험'을 자주하여 행복을 얻은 사람들에게 발견되는 행동 특징들을 다음과 같이 말한다.

- 현실을 보다 정확히 지각하며 현실과 보다 안정된 관계를 유지한다.
- 자기 자신을 수용하는 동시에 타인과 자연을 있는 그대로 수용한다.
- 자발적으로 자연스럽게 행동하며 나름대로의 자주적인 윤리 강령을 갖고 있다.
- 자기중심적이기보다 문제 중심적으로 활동한다.
- 호젓한 자기만의 세계를 즐긴다.
- 보다 독립적, 자율적으로 행동하며 자기 성장에 대한 신념과 의지가 강하다.
- 신기함, 신비스러움에 대한 호기심이 강하고 신선한 감정을 유지하면서 자연에 대한 감상을 즐긴다.
- 인간에 대해 풍부한 애정과 동정심을 가지고 있다.
- 대인관계에서 가급적 방어를 하지 않고 순수하게 다정한 관계를 맺는다.
- 누구와도 우호적 관계를 맺을 수 있는 민주주의적 태도를 가지고 있다.
- 고결한 도덕성을 가지고 있다.
- 유머 감각을 가지고 있다.
- 독창성과 창의성이 있다.
- 현실에 안주하기보다는 끊임 없이 이상을 추구한다.
- 인간 본성과 그들의 철학적 체계 근거하여 사회적, 실제적 가치를 평가하는 경향이 있다.

금번 '연극제'를 통하여 우리 아이들이 느낀 '정상경험'은 우리 아이들의 일상생활도 많이 변화시킬 것이다. 더 나아가 '정상체험'은 우리 아이들의 인생 전체의 방향을 바꿀 수도 있는 체험일 될 것이다. 모든 것이 그대로 있으면서도 모든 것이 바뀌는 것이다. 우리 아이들은 '정상 경험'을 하는 동안 이전에는 의식하지 못했던, 현실의 자기의 여러 가지 모습을 지각하게 되었을 것이다. 우리의 아이들이 '연극제' 통하여 서로를 만나며 서로를 나눔으로써 새로운 관계를 형성하고 새로운 삶의 의미를 발견할 수 있었을 것이다. 앞으로도 계속 '양업학교'라는 무대에서 우리 아이들 각자가 자가 맡은 '삶의 극'에 주인공이 되어 '정상경험'을 계속 이어나기를 희망해 본다.

"우리 사랑하는 양고 친구들! 고맙다.

정말 가슴이 찡하도록 감동을 받았다."

행복한 고민

배산임수(背山臨水)! 뒤 북쪽에는 산이 있고, 앞 남쪽에는 하천이 흐르는 형태의 명당 터, 청주시 흥덕구 옥산면 환희길 277에 자리 잡은 양업고는 오월 맑고 푸른 천국(天國)이다. 푸른 녹색의 숲 사이 새들의 둥지에는 새 생명으로 태어날 새 알로 차 있고, 푸른 나뭇가지와 새 둥지를 날아오르는 온갖 새들의 자유로운 노랫소리는 천상의 오케스트라의 음악이다.

유토피아(Utopia)! 이상으로 그리는 가장 완벽하고 평화로운 공동체 교육에 근접한 곳이 양업고가 아닐까 생각한다. 개성이 강한 아이들이 모여 사는 양업공동체 안에서 펼쳐지는 매일의 일상들은 작은 것 하나 소홀히 넘어갈 수 없는 깨우침을 준다.

"승현아! 별일 없니?"
"우울해요."
"왜 우울하니? 무슨 슬프고 마음 아픈 일이 있니?"
"뭔데. 이야기해 봐. 우리 예쁜 승현이를 우울하게 하는 것이 무엇이니?"
평소 아주 편하게 웃는 얼굴로 인사하며 다가오던 아이가 조금 심각해 보여 던진 질문들이다. 자꾸 캐어물으니 할 수 없다는 듯이 이야기한다.
"한 학년 아래 은유가 '부채 선물'을 했어요. 나는 아무것도 해 준 일이 없는데. 나도 은유를 위해 무엇인가를 해 주어야 하는데. 제가 할 수 있는 것이 없는 것 같아 고민이고, 그것이 우울해요."

"그 고민에서 벗어나기 위해 너는 어떤 일을 했니?"
"은유에게 편지를 썼어요. 좋아한다고…"
"그 편지 받고 은유가 감동했을까?"
"글쎄요? 진심을 담아 썼는데 잘 모르겠어요."

3학년 1명, 2학년 학명, '1학년 학명'이 한 조가 되는 '세 녀석'이라는 학생자치회 주관 프로그램 중에 일어난 하나의 일화다. 후배가 선배를 생각해서 자기 손수 부채를 만들고 그 위에 아름다운 글을 적어 선물하고, 선배가 후배를 위해 무엇을 해 주어야 하는지 고민하는 것, 이 얼마나 아름답고 행복한 마음인가! 서로를 아끼고 배려하며, 나의 것을 선물해 주는 그 마음이 얼마나 좋은가? 좋기도 좋을시고 이다. 현대 사회의 가장 큰 병 가운데 하나가 '우울증'이라 한다. 그런데 늘 보지만 양업의 아이들은 '행복한 고민증'에 걸린 것이 가장 큰 병중에 하나이다.

"승현아! 야! 너 또 '행복한 고민증'에 걸렸구나."

J 닮았네요

"왜 신부(神父)가 되셨나요?"

"음……. 예수님을 따라 살고 싶어서……."

"신부(神父)가 되면 무엇이 좋은가요?"

"어린이, 청소년, 어른들 모두와 우정을 나눌 수 있는 친구가 될 수 있어서 좋아."

"신부(神父)는 왜 혼자 사나요?"

"신부(神父)는 결혼하지 않아서 혼자 산다고 하는데, 나는 지금까지 혼자 살아 본 적이 없어. 항상 함께 살았지. 하느님, 예수님, 사람, 하늘, 바다, 산, 강, 별들과 함께 살아서 심심하게 지낼 틈이 없었지."

"왜, 너도 신부(神父)가 되고 싶니?"

"아니요. 저는 꼭 예쁘고 아름다운 여자와 결혼해서 살 거예요."

성모상 앞에서 오고 가며, 양업고의 한 학생과 나눈 이야기이다. 우리 양업고는 땀의 백색 순교자인, 머리 둘 곳 없이 길에서 살다가 길에서 숨을 거두시면서 예수님의 삶을 보여 주신 '최양업 토마스 신부'의 존함을 딴, 전 세계의 하나밖에 없는 학교이다. 이곳 출신으로 사제성소와 수도성소의 꿈을 꾸는 이들이 있다. 이미 서울가톨릭대학교, 수원가톨릭대학교, 대전가톨릭대학교에 입학하여 '신학생'으로 살면서, 매 방학마다 학교를 찾아온다. 또한 지금도 '신학교'에 입학하기 위해 열심히 노력하고 있는 적지 않은 '예비 성소자'들이 있고, 장래 희망이 '수녀'라고 당당하게 말하는 졸업생들이 일반대학교에 들어가서 열심히 공부하고 있다. '하느님의 거룩한 부르심'에 "네."하고 응답하는 학생들이 양업고에 있다는 사실이 참으로 놀라운 은총이다. 그들 모두가 얼마나 마음이 넓고 순수하며 젊은 '하느님의 일꾼'인지 모른다. 이들 모두가 착한 목자 예수님을 닮아 세상과 이웃과 위해 자기 목숨을 바칠 수 있는 참된 예수님의 제자가 되기를 기도한다.

"어디서 많이 본 얼굴이시네요?"
"그래요."
"젊은 아이들과 같이 살아서 그러신지 참 젊고 행복해 보이십니다."
"고맙습니다."

가끔가다 학교를 찾아오는 분들이 저에게 하시는 말씀이다. 그때마다 저는 속으로 이렇게 나 자신에서 말해 본다. '내가 가장 듣고 싶은 말은 그것이 아니에요. 이렇게 말해 주세요. 신부님! 예수님 닮았네요.'

메르스(MERS)는 물러가라

"사랑이신 주님,

홈 장(Quality-Home)

주원이는 홈장 역할을 더 잘 할 수 있도록 도와주세요.

석우는 더욱 해 맑게 웃을 수 있게 도와주세요.

현구는 말수를 늘릴 수 있게 도와주세요.

원준이는 시간을 잘 지킬 수 있게 도와주세요.

재윤이는 영어 공부를 열심히 하게 도와주세요.

동진이는 몸을 만들 수 있도록 도와주세요.

재현이는 흥을 더 돋울 수 있도록 도와주세요.

제노는 노력하고 있는 것을 신청하게 도와주세요.

장훈이는 정상체중으로 돌아갈 수 있게 도와주세요.

재우는 사투리를 줄일 수 있게 도와주세요.

규준쌤이 홈담당, 1학년 대표로서 모든 역할을 충실히 이행할 수 있도록 도와주세요."

소나무 홈 미사 때 드린 아이들의 기도이다. 그러나 지금 우리는 이보다 더 큰 기도가 필요하다. 요즘 메르스(MERS)와 가뭄으로 우리 삶의 불안이 엄청나다. 메르스(MERS, 중동호흡기증후군)는 새로운 변종 코로나바이러스 감염으로 일어난 중증급성호흡기질환의 이름이다. 주로 중동지역을 중심으로 유행해 메르스(MERS, Middle East Respiratory Syndrome)라는 이름이 붙었다. 메르스를 일으키는 바이러스는 '중동호흡기증후군 코로나바이러스(Middle East Respiratory Syndrome Coronavairus)'로, 간단하게 메르스 코로나바이러스(MERS-CoV)라 부른다. 발병하면 38℃ 이상의 발열을 동반한 기침, 호흡곤란 등의 호흡기 증상을 일으키며 심해지면 급성신부전 등의 합병증이 동반되어 사망에 이른다. 메르스가 더 무서운 것은 사람과 사람 사이의 관계를 깨어버리게 되고, 사람들을 고립시켜 일상적인 모든 삶이 파괴되고 사회를 마비시킨다는 사실이다. 정말 나쁜 바이러스이다. 빨리 퇴치하는 방법이 나왔으면 좋으련만 아직도 확산일로에 서 있어 2차 3차 감염자가 나온다 하니 국가적인 비상 상태이다. 우리 학교도 현장테마 학습을 연기하고, 학부모 교육도 취소하였다. 재학생 부모님이 마련해 주신 마스크를 학생들에게 지급하고, 메르스 예방과 치료에 대해 교육하였다.

성경에 보면 예수님은 나병환자를 구해 주시며, 마귀를 물리치시고, 앓고 있는 이들을 도와주시고, 보호해 주셨다. 나는 지금, 이 순간 예수님의 십자가를 들고, 예수님 이름으로 호령한다.

메르스(Mers) 이 놈!
어서 빨리 썩 물러가라!!!

행복한 양업학교(Quality School)의 꿈

"학교가 좋으니?"
"좋아요!"
"행복하니?"
"행복해요!"

얼마 전 우리 학교로 둥지를 옮긴 학생과의 짧은 대화이다.

세상에서 가장 '좋은 학교(Quality School)'는 시설이 좋은 학교나 우수한 학생이 오는 학교가 아니라 학생들이 행복한 학교이다. 미래의 희망인 젊은 학생들이 우리나라뿐만 아니라 전 세계의 주인이 되고, 그 학생들이 다른 나라 사람들과 같이 어우러져 함께 이 세상을 평화롭고 행복하게 만드는 일을 하도록 가르치는 학교가 좋은 학교이다. 우리 양업고는 행복이 가득하고 평화로운 참 '좋은 학교(Quality School)'이다. 왜냐하면 양업고는 '학벌 위주의 한국 사회 풍토와 입시경쟁 중심의 불모지에서 싹트고 자라 아름답게 피어난 기적의 한 송이 꽃'으로서 국제적으로 공식 인증된 사랑이 가득한 '행복한 학교'이기 때문이다.

좋은 학교란? 배움이 우리 삶에 유익하고 의미 있는 가치를 더하여 준다는 사실을 학생들이 발견하는 학교이다. 왜냐하면 '의미 있는 일을 하는 사람들은 행복한 사람'이기 때문이다. 그러기에 그 의미 있는 일을 스스로 찾아서 함으로써 학생들 각자가 마음의 행복을 느끼고, 그 행복을 다른 이들과 나눌 줄 아는 사람이 되게 만드는 것, 그것이 사랑이 가득한 '좋은 학교 교육의 목적'이다. 그런데 그것을 가장 잘할 수 있으려면 아이들이 스스로가 자신의 삶에 있어 좋은 선택을 할 줄 알고 그 행동에 책임을 지는 주인공이 되도록 하는 것이다. 행복한 좋은 학교를 만들 수 비결은 무엇일까? 그 비결은 단순하다. 우리 각자의 '좋은 선택'에 달려 있다. 왜냐하면 행복은 운명이 아니라 선택이기 때문이다. 행복은 우리가 만들어 가야 하는 것이고, 자꾸 연습해야만 되는 것이다. 사랑이 가득한 행복의 달인이 되는 것은 책에만 있는 것을 바라만 보는 것도, 상상 속에서 나래를 펴는 것만도 아니다.

많은 사람들은 보통 상식을 벗어난 일은 비웃음의 대상이 되기 쉬우므로 새로운 일이나 새로운 꿈에 전하는 것을 망설이고 쉽게 포기할 수 있다. 무선 전화, 비행기, 잠수함 등 모두 지금은 당연한 상식으로 통하고 이용하고 있지만 처음 그 일을 생각하고 그것을 시험할 때는 정신병자로 취급당하여 정신 병원에 실려 간 일도 있다. 상식을 뛰어넘는 꿈을 갖고 그 일을 실제로 행하는 것이 쉽지 않지만, 문화나 인류의 발전은 그런 꿈을 통하여 이루어져 왔다는 것을 기억해야 한다. "남도 못했는데 내가 어떻게 해… 많은 사람들이 꿈조차 꾸지 않는 일을 내가 어떻게 해"하는 생각을 버려야 한다. 남들이 가지 않은 길이라도 걸어가는 용기를 가져야 한다. 왜냐하면 첫걸음을 내딛고 나면 얼마나 많은 가능성과 넓은 세계가 펼쳐져 있는가를 알게 될 것이기 때문이다.

양업고는 온 세상과 바꿀 수 없을 만큼 귀중한 존재인 학생 한 사람 한 사람을 존중하고 사랑하며, 하느님이 각자에게 선물로 주신 재능과 개성을 계발하여 극대화하는 행복한 학교로 살아 숨 쉬고 있다. 지금도 그렇지만 미래에도 양업고(良業高)의 꿈은 학부모, 학생 그리고 선생님들이 우리나라에서, 세상에서 가장 사랑이 가득한 행복한 학교를 만드는 것이다. '대한민국의 좋은 학교는 바로 이런 사랑이 가득한 행복한 학교다!'라는 것을 온몸으로 보여 주는 것이다.

그 꿈을 위하여 오늘도 양업(良業)은 깨어(wake up) 있다.

세 가지 이유

한 송이 꽃이 저절로 피는 것이 아닙니다. 매서운 추위와 비바람을 맞고 핀 꽃일수록 오래가고 향이 짙습니다. 오늘 졸업 미사에 서른아홉 송이의 꽃이 피었습니다. 바로 양업고 16기 졸업생 여러분들입니다.

"한 송이 꽃을 보더라도 환한 미소로 끌어안고 싶다. 한 개의 돌을 보더라도 고요한 시선으로 바라보고 싶다."라는 글처럼, 지금, 이 순간 저는 졸업 미사에 참여하고 있는 16기 졸업생 한 명 한 명을 환한 미소로 끌어안아 주고 싶습니다. 여러분 각자를 고요한 시선으로 바라보고 싶습니다.

지난 3년 양업고에서 기억들은 여러분의 인생에서 가장 아름다운 추억이 될 것입니다. 처음에 양업고에 들어왔을 때를 생각해 보십시오. 양업고를 선택한 이유는 크게 세 가지입니다. 첫째는 자유롭고 싶어서요. 둘째는 꿈을 찾기 위해서요. 셋째는 특성화 교과, 특별히 해외 이동 수업 때문이라고 합니다. 지난 3년 동안 양업고에서 자유로웠나요? 꿈을 찾았나요? 신나고 행복한 해외 이동 수업이었나요?

돈과 쾌락을 우선하는 물질주의 시대, 소비를 통해 자기 존재 가치를 확인하는 소비주의 시대, 바른 가치관과 신앙을 위협하는 세속주의 미명아래 출세 성공지향 주의에 매몰된 시대, 특별히 학벌 위주의 한국 사회 풍토와 입시경쟁 중심의 불모지의 시대에 싹트고 자라나서 아름답게 피어난 기적의 한 송이 꽃이 양업고등학교입니다. 이 학교를 졸업하게 된 것에 자존감과 자부심을 가지시기를 바랍니다. 그럴 만한 특별한 이유 세 가지가 여기 있습니다.

그 첫째로 양업고는 만국 공통어를 가르쳐주는 학교입니다. 언젠가 여러분들에게 몇 년 전 암으로 안타깝게 세상을 떠난 서강대 영문과 장영희 교수의 〈내 생애 단 한 번〉이라는 책에서 읽은 이야기를 한 적이 있습니다.

장영희 교수는 선생으로서 겪는 어려움 중 하나가 학생들 성적을 매기는 일이라고 고백합니다. "학기 말이 다가올 때마다 고민 중 하나가 학생들에게 학점을 주어야 한다는 것이다. 어차피 학생들 실력이라는 게 도토리 키 재기인 데다 문학적, 언어적 소양을 몇 등급의 우열로 나눈다는 것 자체가 참으로 어려운 일이다."

특히 그녀는 A나 B, B나 C의 경계선에 있는 학생들을 두고 많이 고민했습니다. 하루는 병진이라는 학생의 성적을 매기며, B+와 A-중 무엇을 줄지 망설였습니다. 그러다 결국 포기하고 성적표를 책상 위에 둔 채 집으로 돌아왔다고 합니다.

다음 날 아침, 학교에 가는데 지하철역 입구에 앉아 부채와 스카프를 팔고 어떤 한 할머니를 보게 됩니다. 어림잡아도 여든은 되어 보였습니다. 많은 이가 지하철역을 오갔지만, 할머니에게 눈길 주는 사람은 없었습니다. 어쩌면 당연한 일이었습니다. 한겨울에 부채라니, 할머니는 무거운 물건은 운반할 수 없어 비교적 가벼운 부채와 스카프를 팔고 있었던 것입니다. 팔겠다는 의지를 잃은 듯 웅크리고 앉은 할머니는 추위에 떨며 지나가는 이들의 발만 보고 있었습니다. 그런데 한 젊은이가 할머니 앞에 멈춰 섰습니다. 바로 병진이었습니다. 병진이는 물건을 잠깐 살피다가 부채 두

개를 집어 들었습니다. 병진이를 보는 할머니의 얼굴에 따뜻한 미소가 흘러넘치는 것을 목격했습니다.

학교에 도착한 장영희 교수는 책상 앞에 앉아 조금의 망설임도 없이 병진이의 성적란에 'A'라고 선명하게 썼습니다. 그녀는 그때의 심정을 다음과 같이 표현합니다.

"영어는 기껏해야 지구상의 3분의 1정도 인구가 알아듣는 말이지만, 불쌍한 노인을 측은히 여겨 도와주는 마음, 남을 배려하는 마음이야말로 A+ 마음이 아닌가, 그 마음은 지구상 모든 인간이 알아듣는 만국공통어다. 누가 학문적 자질 외의 다른 근거로 병진이에게 좋은 점수를 주었다고 비난한다면 나는 할 말이 없다. 그러나 내가 가르친 적 없는, 아니 가르칠 자격이 없는 만국 공통어를 그렇게 능숙하게 구사하는 병진이에게 A보다 더 좋은 학점이 있다면 그거라도 주고 싶은 심정이다."

여러분에게 그 만국 공통어를 가르쳐 준 학교가 양업고였음을 잊지 마시기 바랍니다. 자기를 존중하고 남을 배려하는 사람이 되라는 교육목표를 두고 지난 3년간 여러분을 가르쳐주었습니다.

양업고를 졸업하며 자존감과 자부심을 가지고 가져달라는 그 둘째 이유는 지난 3년간 여러분 곁에는 진정한 선생님들이 있었습니다. 어느 졸업생의 편지글에서처럼 말입니다. "양업고등학교의 가장 큰 특성화 교과는 해외 이동 수업도 아니고, 현장학습도 아닌 바로 '선생님'입니다. 다른 일반 학교와 저희 학교의 가장 큰 차이점을 찾으려 노력했습니다. 노력 끝에 발견해 낸 것이 바로 선생님이었습니다. 일반 학교는 선생님들이 학생 모두에게 관심을 가지지 못하고 대학, 성적으로 한 아이의 가치를 판단합니다. 따라서 친해질 기회도 없고 같이 여행을 가거나 가치관을 나눌 시간도 없습니다. 하지만 양업고등학교는 선생님들에게서 진심을 느낄 수 있으며 이 진심을 나누고 가치관을 공유하며 성장할 수 있습니다. 선생님과 여행을 다니고, 행복을 느끼고, 교과 외의 인생을 배울 수 있는 '양업고등학교 선생님'이야 말로 양업고등학교만의 특성화교과라고 생각합니다. 저는 선생님들께 인성, 사람, 경험, 진심의 가치를 배웠습니다. 이는 제가 살아가는 정말 큰 주춧돌이 될 것입니다."

마지막으로 여러분이 양업고 졸업생이라는 자존감과 자부심을 가져야 하는 그 셋째 이유는 양업 친구와 가족들에게 있습니다. 여기 있는 졸업생 모두는 앞으로 멋진 일들을 성취해 나갈 것입니다. 저는 그것을 의심하지 않습니다. 양업의 여러분 선배가 그렇게 하고 있기 때문이고, 여러분도 그렇게 할 것이고, 여러분의 후배들도 그러할 것입니다. 그런 삶의 중심에 늘 함께할 가장 중요한 이들이 가족과 친구들입니다.

지난 3년 동안 동고동락한 친구들은 여러분의 평생 동지들입니다. 그렇기 때문에 양업은 해병대처럼 몇 회 졸업생이라 하지 않고, 몇 기 졸업생이라고 합니다. 앞으로의 양업 친구들과 가족들이 여러분의 인생길에 영원한 동행자가 될 것입니다. 여러분이 시집 장가갈 때, 아이를 낳고 기를 때, 직장을 구할 때 도와주기도 하고, 같은 동업을 하고, 속상하고 힘들 때, 부모님의 장례식 등 여러분의 삶의 모든 순간 즉, 여러분의 생로병사에 함께 있어 줄 귀한 사람들이 양업의 친구들이고 양업의 가족들입니다. 그러기에 양업인으로서 당신 주위에 있는 사람들과 손을 꽉 잡으시기를 바랍니다. 놓치지 마세요. 지난 3학년 양업 학교가 준 가장 큰 자산은 친구와 가족입니다. 그들은 당신의 인생에 있어 평생 옆에 두고 배울 수 있는 사람이자, 함께 해 줄 도반들입니다.

양업고는 참으로 행복하고 참 좋은 학교입니다. 그렇다고 이상적인 유토피아의 세계는 아닙니다. 그러나 지난 3년을 돌아보면 하느님의 은총이었습니다. 기쁨과 희망, 고통과 슬픔 모두가 아름다운 꽃이 되었습니다.

"나에게서 배우고 받고 듣고 본 것을 그대로 실천하십시오."(필리 4,9) 성경의 말씀처럼 양업에서 배우고 받고 듣고 본 것을 잊지 마시고 살아가길 바랍니다. 여러분의 아버지이자 어머니, 여러분의 스승이자 벗으로서 양업은 항상 그대들과 함께할 것입니다.

새봄 편지

"아이들이 사라졌습니다."

'히말라야' 트레킹 이튿날, '로찌'라 부르는 곳에 이르러 쉬고 있는데, 인솔 교사가 와서 한 말에 불길한 예감이 들었다. 해가 진 이 시간, 이 산 높은 곳에서 어디로 사라졌다는 말인가?

"아이들이 돌아왔습니다."
"어디들 갔다왔대요?"
"술 파는 데를 찾으러 갔다 왔다고 합니다."

해외 이동 수업으로 양고 1학년 40명을 데려왔는데 그중에 반 이상이 술을 마셨다. 그중에는 술은 절대 마시지 않았다 하며 끝까지 버티며 선생님을 속이려 했던 여학생도 있었다. 고구마 줄기처럼 연이은 실토로 인해 그날 밤 일망타진 되었다. 이런 보고를 받고 참 마음이 차갑고 심란했다. 더욱이 추운 '로찌'에서의 밤잠도 설쳤다. '이 녀석들을 어떻게 해야 하나?' 밤새 고민하다 깨어 새벽 주일 아침 미사를 드리는데 분심이 얼마나 생겼는지 모른다. 파견 강복 주기 전 말했다.

"성경에 보면 '간음한 여인'이 예수님 앞에 붙들러 왔을 때 예수님은 아무것도 묻지 않고 이렇게 말했습니다. '다시 죄를 짓지 마라.' 새롭게 살라고 말씀하셨습니다. 나는 어젯밤에 여러분에게 무슨 일이 있었는지 아무 것도 모릅니다. 더 이상 아무것도 묻지 않겠습니다. 새롭게 출발합시다."

그 이후 40명 중 한 명의 낙오자 없이 히말라야의 푸닐 전망대에 올라갔다 왔다. 벌써 3년 전에 일이다. 이미 그 학생들은 졸업을 했다.

"홍훈 신부님께

신부님 안녕하세요!… 신부님과 함께 입학한… 저희가 졸업을 한 지 어느새 한 달 가까이 되어 갑니다. 방학이 끝나면 다시 기숙사 짐을 한가득 싸서 학교로 돌아갈 것만 같은데, 이제 다시는 양업의 재학생으로 생활할 수 없다니 아직 실감이 잘 안 나요.

3년 동안 저는 양업에서 참 행복했습니다. 절대 풀지 못할 것 같은 갈등을 만나기도 하고, 내 뜻대로 따라주지 않는 상황에 혼자 끙끙 앓기도 했지만, 힘든 일을 발판으로 다시 일어서는 방법을 배웠습니다. 또 교실 안과 밖에서 다양한 경험을 해 보고 제 한계에 부딪혀도 보면서 세상을 배우기도 했습니다. 그리고 3년 동안 42명의 친구들, 선배들과 후배들, 부모님들과 선생님들을 만나면서 평생 이어갈 소중한 인연을 얻기도 했습니다. 이외에도 여러 가지가 있지만. 이런 이유들도 양업은 제 삶의 전환점이자, 참 고마운 학교입니다…"

마음을 찡하게 울리는 그때 그 학년 한 학생의 편지글을 읽으며, 이제는 그때 그 시절 히말라야의 이야기를 해도 되겠지 하며, 글을 적어 보았다. 그래 더 이상 헤매고 아프지 말고 모두들 각자의 자리에서 행복하고 즐겁게 아름다운 삶을 살아가기를 바란다. 새봄에 새 시작을 알리는 그대들에게 김영랑 선생님의 시 한 편을 띄워 보낸다.

돌담에 속삭이는 햇발같이
풀 아래 웃음 짓는 샘물같이
내 마음 고요히 고운 봄 길 위에
오늘 하루 하늘을 우러르고 싶다.

새악시 볼에 떠오는 부끄럼같이
시의 가슴 살포시 젖는 물결같이
보드레한 에머랄드 얇게 흐르는
실비단 하늘을 바라보고 싶다.

"주님과 함께라면"

　세상에서 제일 맛없는 라면은 "~ 했더라면"이라 한다. "그때 그랬더라면" 하고 나중에 후회해야 소용없다. 반면에 세상에서 제일 맛있는 라면은 "주님과 함께라면"이다. 지금, 이 순간마다 "주님과 함께"라면 얼마나 행복할까!

　일곱 명의 제자가 일상적인 고기 잡는 일에 열중하였지만, 헛수고가 되었다. 밤새도록 고기 한 마리도 잡지 못하고 허탕을 쳤다. 절망! 좌절! 허망한 밤이었다. 아침 무렵, 물가에 서 계셨던 부활한 예수님께서 그들에게, "그물을 배 오른쪽에 던져라. 그러면 고기가 잡힐 것이다."라고 하셨다. 예수님이 시키는 대로 하였더니 큰 고기가 백 쉰세 마리나 잡혔는데도, 그물은 찢어지지 않았다. 예수님께서 그들에게 와서, "아침을 먹어라."하고 말씀하셨다. 제자들 가운데서 "누구십니까?"라고 감히 묻는 사람이 없었다. 그분이 '주님'이라는 것을 알고 있었기 때문이다.

　부활한 예수님께서 우리의 일상 세계에 들어오신다. 그분께서 함께하시니 '암울한 아침'이 '희망 가득한 아침'으로 변화된다. 예수님께서는 우리에게 특별한 것을 요구하시지 않으신다. 우리는 늘 하던 일상의 일을 똑같이 하면 된다. 하지만 그분의 지시에 따라 오른편에 그물을 던져야 한다. 그러니까 우리 일상의 한가운데서 부활하신 분을 깨닫게 되기를 주님은 바라신다. 내가 일하는 일터에서, 책상에서, 밥상에서, 바쁘게 움직이는 차 안에서, 각자가 있는 자리에서 부활한 주님을 깨닫고 만나야 하는 것이 중요한 일이다.

새 학기가 시작되고 한 달이 넘게 지났다. 학생들의 푸르고 밝은 웃음소리가 끊이지 않고 흘러넘친다. 자유로운 영혼을 꿈꾸는 아이들, 별들 중의 별들로 별의별 아이들이지만, 참 순수하고 맑다. 때론 더 큰 사랑과 도움을 필요한 아이들도 있다. 게임 중독 현상과 심한 정서 불안정을 가지고 있는 아이, 혼자만의 방에서 지내다가 대여섯 명의 아이들과 부대끼며 사는 것이 힘든 아이, 아이들과의 관계가 어렵다는 아이들, '가지 많은 나무에 바람 잘라 없다' 했던가? 이 일 저 일로 학교는 조용할 날이 없다. 이러한 일상에서 아이들 안에 있는 예수님을, 우리와 함께 계신 예수님을 더 뜨겁게 만날 수 있는 것이 내 일상의 행복이다.

부활한 주님께서는 우리와 함께 늘 현존하신다. 그분의 현존을 깨닫기 위해서는 사랑의 시선이 필요하다. 주님 부활의 증인인 제자들은, 우리가 헛된 노력이나 일상의 진부함 속에서 주님을 깨달을 수 있도록 우리의 눈을 열어준다. 주님께서는 우리의 삶 한 가운데 함께 현존하신다. 그분께서 함께하는 곳에는 우리의 삶이 성취되는 것이다.

"와서, 아침을 먹어라."

주님께서 그들 가운데 함께 계시기에 암울한 아침은 친밀감과 사랑의 분위기로 변하였다.

오늘 아침, "주님과 함께라면"을 아이들과 함께 아주 맛있게 먹어야겠다.

9101

"교장선생님, 우리 아이 좀 구원해 주세요."
"왜 그러시나요?"
"…( )중독에 걸려 있고, 연속적인 범죄행위로…
이 학교에서 우리 아이를 받아 주신다면 무엇이든지 다 하겠습니다.

저는 종교가 없습니다만… 이 아이 때문에 구원이란 말을 생각하게 되었습니다."
 어느 주말에 외부에서 학교를 방문한 부모님의 간절한 청원의 이야기이다. 딱 하나밖에 없는 아들놈이 부모님의 속을 갈기갈기 찢어 놓고 애타게 만든다. 오죽했으면 이곳 학교까지 달려와 보자마자 '우리 아이 좀 구원해 주세요.'라고 말했겠는가!
 요즘 양업고는 '좋은학교(Quality)'로 인증된 후 아이들이 품위가 상당히 높아진 양질(良質)의 학교가 되었다. 문제는 외부에서 찾아오는 청소년들이다. 그들은 학교 밖 아이들로 대한민국 청소년 문제의 표본을 보여 주는 것 같다. 폭력, 자살, 성(性)·게임·스마트 폰 중독, 집중력이 전혀 없는 극도의 정서불안의 아이들, 아무것도 하기 싫은 무기력한 아이들, 학교 자체를 거부하는 아이들, 어른들을 믿지 못하고 모든 것을 부정적으로 보는 아이들, 무엇보다 성적으로 인한 극도의 스트레스를 받는 아이들 등 가지각색이다. 그들의 고쳐주는 '만병통치법'이 나에게 있었으면 좋겠다. 참으로 안타깝고 어려운 일이다.

"교장 신부님, 정말 대단한 분이세요."
"뭐가요?"
"구원도 하나도 영원한 생명도 하나요. 그렇게 생각하셔서 스마트 폰 번호 끝 네 자리 숫자를 '구하나 영하나(9101)'로 하신 것 맞죠… 딱! 교장 신부님에게 맞는 번호입니다."

우리 양업고 부모님 중에 한 분과의 대화 내용이다. 참 내가 생각지도 못한 것을 어떻게 상상해 내었는지, 그러고 보니 정말 꼭 맞아떨어진다. 한 주간 학교의 이런저런 일로 시달리다가 주말에 낮잠 한 번 자보려고 하면 스마트 폰이 울린다. 맛있는 식사를 같이 하자거나, 등반이나 운동을 하자거나, 즐겁고 행복한 뉴스를 전해 주는 소식이면 얼마나 좋겠는가? 많은 경우 '구원'을 청하는 것이다. 그래 어쩌라고 내 번호가 운명처럼 9101인 것을… 오! 예수님의 스마트 폰 번호이니 '예수님께서 지니셨던 마음'으로 기쁘게 상처받은 우리 청소년들을 맞아들여야지… 내 번호가 구원과 영원한 생명의 번호인 걸 어쩌랴!!! 그래도 좋습니다. 그래도 행복합니다.

행복헌장

행복 헌장

1. 좋은 음식을 필요한 만큼만 먹기: 결식, 과식 말 것
2. 아침에 거울 보고 밝게 3번 웃기
3. 15분 이상 운동하기: 맨손체조 · 허리체조 · 걷기
4. 이웃에게 먼저 인사하기
5. 이웃이나 자신에게 선행하기: 좋은 글귀 · 생각 · 봉사
6. 하루에 15분 이상 긍정적으로 몰입 경험하기
    (책 읽기, 음악 듣기, 화초 가꾸기, 청소하기, T.V. 시청시간 줄이기)
7. 자연 새소리, 꽃향기를 감상하고 나누기
8. 감사한 마음을 직접 전하기, 기도하기
9. 잠들기 전에 그냥 좋았던 일 3가지 이상 떠올리기: 긍정적 명상
10. 오늘보다 더 잘 할 수 있는 내일 계획하기

양업 학교가 설립되고 교육철학과 교육이론의 기초를 놓아 주신 '한국 심리상담 연구소' 김인자 소장님의 '행복 헌장'이다. 우리 학교의 명예 교장을 맡고 계신 소장님은 윌리암 글라서(William Glasser)의 현실 선택이론(Reality Theory / Choice Theory)에 근거한 "좋은학교(Quaility School)"의 교육 방법과 내용을 전수해 주신 아주 고마운 분이시다. 명예 교장님은 '좋은

(Quality) 선택의 7가지 점검기준'을 항상 말씀하시며 누구나 행복해질 수 있다고 하신다.

1. 기분이 좋다.
2. 유용하다.
3. 자신의 욕구충족이 된다.
4. 타인의 욕구충족을 방해하지 않는다.
5. 파괴적이지 않다.
6. 항상 발전지향적인 변화를 추구한다.
7. 나의 하느님과 나의 양심 앞에 부끄럽지 않다.

이 7가지 좋은 선택의 기준은 양업학교 곳곳에서 잘 볼 수 있다. 우리 양업고 아이들이 생각과 말 그리고 행동에 있어 늘 '좋은(Quality) 선택'을 하고 그 선택에 책임지는 아이들로서 행복해지기를 바라는 소망을 담아 놓은 것이다. 문제 행동을 하는 아이들에게 생활 지도를 할 때는 꼭 이 좋은 학교 점검기준을 적용시켜 자신의 삶을 성찰하도록 만든다. 일전에 한 학생이 '가정 학습'을 다녀오면서 이 좋은(Quality) 선택 기준에 따라 자신을 성찰하고, 학교의 귀교하기 전 '행복 헌장'을 만들어 오라 했더니 이렇게 작성해 왔다.

YJ의 행복 헌장

1. 동기와 선후배 그리고 선생님들께 웃으며 인사하기.
2. 눈치 있게 행동하기 (공과 사를 구분할 줄 알기).

3. 아침밥을 1주일에 2번 이상 먹기.

4. 1주일에 한 번은 나를 돌아보는 시간 갖기 (혼자 산책하기, 책상에서 10분간 생각하기)

5. 주일미사 빠지지 않기

6. 1주일에 3번 운동으로 나를 다지기 (헬스, 배드민턴, 탁구)

7. 하루에 한 번 크게 웃어보기

8. 앞으로의 꿈을 위해 중국어 공부에 미쳐보기

9. 항상 감사하는 마음 갖기

10. 나 자신을 인정하기 (좌절하거나 상심할 때도 스스로 받아들이기)

이대로 잘 지켜 행복한 학생이 되기를 기원해 본다.

그럼 나는 어떠한가? 나는 행복한가? 몇 해 전 오는 9월 4일 성인품에 오르는 인도 콜카타의 마더 테레사의 수녀님이 살던 방을 가보았다. 한두 평밖에 되지 않는 아주 자그마한 방에 작은 침대와 책상이 있었다. 그 작은 책상 위에는 성경과 십자가 하나가 있을 뿐이었다. 참으로 빈자(貧者)의 성녀였음을 느끼게 하는 순간이었다. 진정한 행복은 무엇을 많이 가지고 있는 것이 아니다. '하느님의 작은 몽당연필'로서의 도구 역할을 하였을 뿐이라고 하셨던 그 가난하고 겸손한 마음에 참 행복이 있음을 깨닫는 순간이었다. 지금은 캘커타라 하지 않고 '콜가타'라고 말하는 그곳에서 마더 테레사 수녀님 무덤을 참배하고 나왔을 때 사랑의 선교 수녀회의 한국 수녀님 한 분이 주셨던 작은 상본에 이런 글귀가 있다.

1. 깊이 생각하기(Think deeply)

2. 온유하게 말하기(Speek gently)
3. 많이 사랑하기(Love much)
4. 많이 웃기(Laugh a lot)
5. 열심히 일하기(Work hard)
6. 자유롭게 내어 주기(Give Freely)
7. 친절하기(Be Kind)

살아 계셨을 때부터 성녀(聖女)였던 마더 테레사 수녀 님의 말씀이다. 이 일곱 가지 말씀을 오늘 나의 '행복 헌장'으로 하려 한다. 가장 아름다운 성모성월에 우리들의 보호자 성모님의 전구에 의탁하면서 은총이 가득한 행복을 나도 누리고 싶다.

행복의 비결

"매우 화가 난 생활 지도 선생님이 그 주간 주번 학생을 호출했다. 그 학생이 오자마자 엎드리게 하고 엉덩이 매질을 하였다. 맞고 있던 학생이 맞다가 벌떡 일어나 왜 때리는지 이유를 물었다. 생활 지도 선생님이 말했다. '너 주번이지?' 하고 묻는 순간 그 학생이 말했다. 저는 '주번'이 아니라 '9번'인데요."

아침 조회 때 '교사들의 기도'를 마치고 조금 웃겨 보려고 했던 이야기였다. 교사들이 조금 웃을 줄 알았는데 거의 썰렁한 수준이었다. 이-크! 괜한 이야기를 했다 싶었다. 그 이후 '유머 울렁증'이 생겼다. 아무튼 웃음을 잃어버린 공동체는 아무런 힘도 창의성도 없는 죽음의 공간이다. 그래서인지 우리 교육청 표어는 "아이들이 웃으며 세상이 행복합니다."이다.

많은 경우 문제 학생이 있으면 그 뒤에 문제 부모가 있다. 행복한 학생이 있으면 그 이면에는 누가 있는가? 분명 행복한 부모가 있다. 마찬가지로 교사가 행복하면 학생이 행복하다.

긍정심리학자 셀리그만(Seligman)에 의하면, 행복한 삶은 즐거운 삶, 몰입하는 삶, 의미 있는 삶, 성취하는 삶, 그리고 좋은 관계를 맺는 삶이 합쳐져서 이루어지는 삶이다. 또 다른 긍정심리학자 소냐 루보머스키(Sonja Lyubomirsky)는 12가지 연습을 하면 행복을 얻는다고 한다. 그것은 이것이다.

1. 목표에 헌신한다.
2. 몰입 체험을 한다.
3. 삶의 기쁨을 음미한다.
4. 감사를 표현한다.
5. 낙관주의를 기른다.
6. 과도한 생각과 사회적 비교를 피한다.
7. 친절을 실천한다.
8. 인간관계를 돈독히 한다.
9. 스트레스 대응 전략을 개발한다.
10. 용서를 배운다.
11. 종교 생활과 영성훈련을 한다.
12. 몸을 보살핀다.

내 스스로에게 물어본다. '나는 지금 웃고 있는가?' '나는 지금 행복한가?' 학교장인 내가 웃어야 교사들도 웃고, 교사들이 웃어야 학생들이 웃지 않을까? 학교장이 행복해야 교사들도 행복하고, 교사들이 행복해야 학생들도 행복하지 않을까? 이런 혼자만의 행복 산책을 즐기고 있는 나의 마음속에 이런 노랫말이 떠오른다. "그대 사랑 받는 난 행복한 사람… 그대를 생각해 보면 난 정말 행복한 사람…" 나의 그대는 누구일까? 내가 희망하고 믿고 따르는 그분 안에서 나는 정말 행복한 사람이다.

'오(五) 씨'

한 알의 사과 속에는

- 구상 -

한 알의 사과 속에는
구름이 논다
한 알의 사과 속에는
대지가 숨쉰다
한 알의 사과 속에는
태양이 불탄다
한 알의 사과 속에는
달과 별이 속삭인다.
그리고 한 알의 사과 속에는
우리의 땀과 사랑이 영생(永生)한다.

좋은 학교 양업고가 지향하는 것은 '더불어 사는 행복한 삶: Happy together'입니다. 더불어 행복하게 살기 위해서는 좋은 관계(Quality relationship)가 형성되어야 합니다. 우리 사이의 좋은 관계가 형성되기 위해서는, 우선 사람으로서 꼭 갖추어야 할 5가지 덕목인 인의예지신(仁義禮智信)이 요구됩니다. 인의예지신(仁義禮智信)이라는 한자의 음과 뜻은 이러합니다. 어질 인, 옳을 의, 예도 례, 슬기 지, 믿을 신자입니다. 사람이 항상 갖추어야 하는 다섯 가지 도리(道理) 즉, 어질고, 의롭고, 예의 있고, 지혜로우며, 믿음이 있어야 한다는 것입니다. 사람으로서 꼭 갖추어야 할 5가지 덕목인 인의예지신을 순수한 우리말로 바꾸어 보면 맘씨, 말씨, 맵씨, 글씨, 솜씨로 전환해 볼 수 있습니다. '~씨'로 끝나는 순수 우리말은 엄청난 생명력을 가지고 있는 놀라움이 들어 있습니다.

말을 잘하면 천 냥 빚도 갚는다고 했으니, 말에도 씨가 있는 셈이고, 손에도 씨가 있어 솜씨가 빛나면 악기를 연주하든, 요리를 잘하든 좋고 아름다운 일이고, 몸매에도 씨가 있어 바른 몸의 맵씨는 눈여겨 볼 일입니다. 그러기에 우리는 예로부터 '오씨(맘씨, 말씨, 맵씨, 글씨, 솜씨)'에 대해 관심을 가져왔습니다. 철학자 안병욱 교수는 성숙한 인간의 모습을 솜씨, 맵씨, 말씨, 맘씨, 글씨의 '오씨'라고 하면서 다음과 같이 말합니다.

> "솜씨는 조직 관리를 잘 하는 일, 잘 가르치는 일 등 주어진 일을 능숙하게 처리하는 것이고, 맵씨는 단정하고 깨끗한 인상을 주는 것을 말하며 이는 첫인상을 좌우한다. 말씨는 정확하고 바르며 따뜻한 말을 하는 것이며, 마음씨는 명심(明心)과 온심(溫心)을 가리키는데 명심이란 밝은 마음, 밝은 생각, 밝은 음색을 말하며, 온심은 따뜻한 마음, 따뜻한 생각, 따뜻한 음색을 말한다. 글씨는 인물과 교양을 나타낸다고 하였으며, 옛날에는 글씨가 그 사람의 성격을 나타낸다."

황금벌판 벼 이삭은 머리를 숙이고, 붉은 사과 열매 영글어 가는 가을입니다.

나의 머리는 풍부한 상상력으로
나의 두 눈은 예리한 관찰력으로
나의 가슴은 뜨거운 열정으로
나의 두 다리는 목표를 위해
전력 질주해야 할 것입니다.
단풍들고 낙엽지며,
만물이 옷을 갈아 입는
사색의 계절 가을입니다.

이 가을, 나를 표현해 주는 '오씨[맘씨 + 말씨 + 맵씨 + 글씨 + 솜씨]'를 새롭고 바르게 하는 양업인이 되기를 희망합니다.

'잡초를 뽑아 주세요.'

"양업고에 꼭 들어오고 싶어서 준비한 말이 있거나,
마지막으로 교장 선생님께 이 말은 꼭 해야 하겠다는 말이 있니?"
"잡초를 뽑아 주세요."
"그 말이 무슨 뜻이니? 잡초는 뽑아서 버리는 것 아니니?"
"뽑아 달라는 뜻인데요."
"그래 뽑아서 버리라고?!!!"

양업 심층 면접에 왔던 다수 아이의 응답은 "잡초를 뽑아 주세요."였다. 그런데 그 뜻이 무엇이냐고 묻자 제대로 대답하는 학생이 하나도 없었다. "잡초란? 아무도 이름을 불러주지 않는 쓸모없는 것이지. 그런 것이라도 누군가가 이름을 붙여 주고 불러주면 '잡초'가 아니지. 아마 양업고가 나를 선택하여 뽑아 주면 나는 더 이상 잡초가 아니라 내 이름을 가진 양업고 학생으로 제대로 성장할 수 있으니 그렇게 해 달라는 뜻 아닐까?" 하고 거꾸로 면접 온 학생들에게 되물어 보았다. 우리 미래의 희망인 젊은이 한 명 한 명이 얼마나 소중하고 아름다움을 지닌 생명인데 그들을 어찌 잡초로 여길 수 있겠는가?

"아무도 찾지 않는 바람 부는 언덕에 이름 모를 잡초야, 한 송이 꽃이라면 향기라도 있을 텐데, 이것저것 아무것도 없는 잡초라네, 발이라도 있으면 님 찾아갈 텐데, 손이라도 있으면 임 부를 텐데, 이것저것 아무것도 가진 게 없어, 아무것도 가진 게 없네."

한때 풍미했던 어떤 가수의 노래 가사처럼 젊은이 스스로가 자기를 '잡초'라 생각하며 뽑아 달라고 하니, 참 마음이 아프다. 왜 우리의 아이들이 이런 '잡초'라는 '자격지심'을 가져야 하는가 말이다.

"우리 아이는 양업고 외에는 다른 학교를 바라보지도 않고 재수한다고 합니다. 어떻게 하죠? 우리 아이를 양업고에 받아 줄 수 있는 다른 방법이 없나요?" "참으로 미안하고 죄송합니다. 우리에게 누구 하나 소중하지 않고 귀하지 않은 아이들이 누가 있겠습니까? 원해서 오는 누구나 다 받아 줄 수 있으면 저도 좋겠습니다. 그러나 교육부 정원이 딱 40명이라, 이렇게 아이들에게 상처를 주네요. 실망하지 마시고 언제 어디서나 양업고의 정신을 가지고 살아가기를 바랍니다…"

최종합격자가 발표되고 뽑히지 못한 부모님들이 구구절절한 사연의 편지를 보내오고, 다시 학교를 방문하며, 전화가 걸려 온다. 그때마다 간절한 열망에 비해 '간에 기별도 가지 않는' 미미하고 애매한 응답을 얼버무리는 내 모습을 본다. '양업고에 들어오는 기준이 무엇이 있겠는가? 우리 아이들의 자격 기준이 얼마나 차이가 나겠는가? 누구나 오면 받아 주어야 한다.' 아니면 이런 '양업고는 없어지고 다른 일반고가 양업고처럼 되면 안 될까? 교사가 한 명 한 명의 학생의 이름을 불러주고 진정한 삶의 멘토가 되어 주는 학교, 누구도 소외시키지 않고 한 명 한 명의 학생의 이야기를 들어주는 학교, 학생들 스스로가 자기 삶의 드라마의 주인공이 되게 해 주는 학교, 긍정적인 마음으로 맘껏 춤추고 노래하고 대화할 수 있는 학교가 우리 대한민국에 많아지면 되지 않겠는가?' 다시 되뇌어 본다.

우리 젊은 아이 중에 '잡초'는 아무도 없다. 그저 그들의 이름과 마음을 담아 주고, 받아 주는 삶의 이야기를 만들어 주는 학교가 없어서 문제이다. 다시 한번 시원치 않은 위로의 말을 해 본다.

"다 받아 주지 못해 송구합니다. 너무 섭섭하거나 슬퍼하지 마세요, 한 번 좋은 체험학습 잘했다고 생각하세요. 그리고 응시했던 모든 분은 이미 양업 가족입니다. 힘내세요. 어디서든 양업의 정신을 지니고 긍정적이고 기쁘게 살았으면 좋겠습니다. 하느님이 보시기에 우리 각자의 인생에는 '잡초'란 없습니다. 하느님 안에서는 누구나 소중한 존재입니다. 하느님께서 또 다른 좋은 길을 여러분의 자녀들에게 열어 주실 것입니다."

거기 누구 없소?

　말보다 빨리 달리지 못하는 사람, 개보다 냄새를 맡지 못하는 사람, 사자보다 힘이 약한 사람, 소나무처럼 늘 푸르지 못한 사람, 그런데 왜 사람이 말, 개, 사자, 소나무보다 위대하다 하는가? 누가 사람인가? 아브라함 요수아 헤셸은 말한다. "짐승들은 그들의 충족될 때 만족한다. 사람은 만족할 수 있어야 할 뿐 아니라 만족시킬 수도 있어야 한다. 사람은 필요한 것을 소유할 뿐 아니라 스스로 필요한 존재가 되어야 한다. 나는 누구에게 필요한 존재인가?"

　올 한 해를 살아오면서 우리는 우리 자신을 되돌아보는 자기반성을 해봐야 한다. 원자력 발전소가 가까운 곳에 일어난 지진, AI 조류 독감으로 수천만 마리의 닭과 오리의 살처분, 독감의 유행, 그리고 역사의 큰 오점인 대통령의 탄핵 등등 엄청난 충격을 주는 일들이 곳곳에서 일어났다. 이런 가운데 많은 사람들이 무감각해졌다. 무덤덤해졌다. 그래서인지 한 개인이고, 한 가정이고, 한 나라이고, 자기반성을 할 줄 모른다.

　초·중·고등학생들의 교육도 혁신학교, 행복학교, 대안학교 등등 저마다 자기 목소리를 내왔다. 그러나 근본 뿌리부터 바뀌는 교육을 하지 못하고 있다. 우리는 흔히들 '공부한다' 하면 시험 준비를 한다는 것, 무슨 기술을 익히는 것으로 안다. 사실 '공부한다'라는 것은 '몸을 닦는다(修身)'라거나 마음을 잡는 일 또는 사람답게 살아가는 길을 찾는 것(求道)이 우선이 되어야 하는데 말이다. 하긴 이런 식의 공부가 아쉽기 짝이 없는 시절에 우리는 살고 있다. 먹고 입고 돈 쓰는 일에 비하여, 묵상하고 반성하고 전망하는 일을 너무나도 등한시하며, 판단과 결단을 SNS상 정보와 소비주의 문화, 자본에 맡기고, 여론에 맡기고 있는 형편이다. 이래도 되는 것일까?

참으로 오늘날 심각한 문제는 하느님의 죽음이 아니라 사람의 죽음이다. 터무니없는 테러와 전쟁, 속임수와 폭력으로 사람이 사람이기를 스스로 포기하고, 나아가서 사람답게 살고자 하는 남은 자들까지 압살하는 마당이다.

이런 시대에 "구원의 빛살"은 어디에서 어떻게 비쳐오는 것인가? 암흑 세상에 빛이 왔지만, 그 빛을 알아보지 못한다.

천만 사람이 그르다 해도 옳은 것은 끝내 옳다고 말할 수 있는 사람, 온 세계 인구가 압도적 다수결로 하느님이 없다 해도 하느님은 살아 있노라고 말할 수 있는 사람, 주위의 사람들이 모두 돈, 돈 하며 돌고 돌아 마침내 미쳐 간다고 해도 홀로 초연할 수 있는 사람, 모든 사람이 자기만 아는 자기중심주의에 빠져 있어도 자기 몸과 마음을 이웃에게 내놓을 수 있는 사람을 찾습니다.

거기 사람 냄새나는 그런 사람, 거기 누구 없소?

빛나는 졸업장

석·박사보다 높은 것이 무엇이 있나요? 밥사라 합니다. 밥사 위에 봉사이고, 봉사 위에 감사이고, 감사 위에 천사이겠지요. 세상에서 가장 사랑받는 사람은 모든 사람을 칭찬하는 사람이요, 가장 행복한 사람은 감사하는 사람입니다.

오늘 17기 졸업생들은 지금, 이 순간까지 받은 사랑에 감사하고 이웃을 칭찬할 수 있는 여유로운 사람들입니다. 그러기에 가장 사랑받는 사람이고 가장 행복한 사람입니다.

미국 하버드대 입학하기 위해 입시 면접관이 중요시하는 것이 있다고 합니다.

1. 사람 됨됨이가 바르고 인정이 있는가?
2. 타인과 조화하며 조직에 융화할 수 있는가?
3. 남을 배려하고 어려운 이를 도울 줄 아는가?
4. 실패하거나 좌절했을 때 극복할 수 있는가?
5. 지인들로부터 어떤 신뢰를 받고 있는가?
6. 창의성과 리더십, 유머와 센스를 갖고 있나?
7. 새로운 도전 상황에서 어떻게 대처하는가?

위와 같은 하버드대 입학 기준에 비추어 볼 때, 17기 양업 졸업생들은 이미 하버드대에 입학하고도 남을 학생들입니다. 양업학교 17기 학생들은 합창과 밴드 부분에서 탁월했습니다. 또한 창의성과 유머와 센스, 새로운 것에 도전하고자 하는 적극적인 사고를 가졌고, 이웃을 위해 봉사를 많이 했던 학생들입니다. 17기 졸업생들은 항상 좋은 선택을 하고 그 가치 있는 좋은 선택을 통해 행복하게 살 줄 아는 학생들로 저에게 기억될 것입니다. 무엇보다 지난 3년 동안 여러분들은 영원히 기억될 삶의 이야기를 만들어 왔습니다. 그 삶의 이야기에 제가 함께할 수 있었음에 감사합니다.

여러분은 제가 마음을 두고 양업고에 입학을 시킨 첫사랑이었습니다. 평생 양업고에 대한 애교심을 잊지 않기를 바랍니다. 하느님의 축복과 은총이 여러분 안에 늘 충만하길 기도합니다. 여러분 모두가 양업고 졸업장을 받을 자격이 합당하기에 빛나는 졸업장을 수여하겠습니다.

양업(良業)의 봄

언 땅이 풀리고, 겨우내 움츠렸던 나무 사이로 새 기운을 담은 봄이 살며시 얼굴을 내밀고 있다.

대한 독립 만세를 외쳤던 삼일절은 양업학교의 주보(主保)이신 최양업 토마스 신부님의 탄생일이기도 하다. 겨우내 닫혀 있던 양업고가 20기 새내기와 18기 19기 젊은이들의 활기찬 웃음소리로 봄의 기지개를 켜고 있다.

"사람이 온다는 건
실은 어마어마한 일이다.
그는 그의 과거와
현재와
그리고
그의 미래와 함께 오기 때문이다.
한 사람의 일생이 오기 때문이다."

- 정현종〈방문객〉중에서 -

40명의 20기 양업 신입생과 18기 19기 양고생들 한 명 한 명이 얼마나 소중하고 귀한 존재들인지 새삼 새롭게 느껴지는 순간들이다. 2017년 입학 미사와 입학식에서 학부모님들의 솔직하고 담백한 축사가 또 하나의 양업공동체 모두의 감동 물결이 되었다.

정범모라는 교육자는 현재의 청소년들이 허우대는 좋으나 조금만 힘들면 허덕이는 신체적 심약자, 조금만 화가 나면 노발대발하고 조금만 슬퍼도 대성통곡하는 정서적 심약자, 조금만 수학 문제가 어려우면 답부터 뒤지는 지적 심약자, 조금만 욕심이 동하거나 유혹이 있으면 쉬 빨려드는 도덕적 심약자라고 신랄하게 꼬집고 있다. 우리 양업고 학생들은 이런 학생들이 없을 것이다. 혹시 그런 학생들이 있다면 그것을 벗어 던져야 한다고 입학 미사 때 강론하였다. 특별히 성년이 된 양업고에 입학하는 20기 새내기들에게 양업인(良業人)이 되는 세 가지 자격(3S)에 대해 힘주어 말했다.

첫째는 좋은 습관(덕행德行-Sanctitas)을 3년 동안 양업고에서 배우고 익혀야 한다고 하였다. 좋은 습관이 덕행이니, 양업고 학생은 양업인(良業人)이 되기 위해 누구나 좋은 습관을 여러 해 동안 배우며 또한 죽기까지 습득하여 자기 삶을 아름답게 만들어야 할 것이다. 양업학교에 들어올 때부터 마음이 밝고 착하고 순결했으며 부지런한 학생들이라 이미 이 덕행의 좋은 싹을 가지고 있다고 칭찬해 주었다.

둘째는 좋은 몸(건강健康-Sanitas)을 가꾸라고 하였다. 3년 동안 있을 양업의 힘든 교육과정을 잘하기 위해서는 마땅히 육신 기질이 튼튼하고 아무 병도 없어야 한다. 몸을 튼튼하게 하여야 맘도 튼튼해지기 때문이다.

마지막으로 셋째는 총명(聰明-지혜-Scientia)을 추구하라고 하였다. 양업고 학생 각자가 출중한 재주가 있으면 더욱 좋겠지만, 그렇지 않더라도, 적어도 자기가 가장 잘 할 수 있고, 좋아하는 한 가지를 찾고, 그것을 힘써 부지런히 할 수 있는 용기 가지기를 바라는 마음을 비추었다. 그러면서 양업고 생활의 크고 작은 것들 안에서 많은 것을 깨달을 수 있는 명오(明悟, 깨달음)와 그 깨달음을 잊지 않고 실천하는 기억(記憶)을 갖는 양업인(良業人)이 되길 당부하였다.

이 세 가지 것은 사실 양업고 20기 신입생들에게 하는 당부가 아니라, 내가 내 자신에게 부탁하는 간절한 청이라는 것이 더 솔직한 고백일 것이다. '나지작반'이다. 나부터, 지금, 이 순간부터, 작은 것 한 가지부터, 반복해서 지속적으로 해야 할 나의 일상(日常) 삶에 대한 자기충고(自己忠告)이기도 하다.

양업(良業)은 어질고 선하고 뛰어나고 아름답고 좋을 양 '良'에, 일 그리고 기초와 시작을 뜻하는 업 '業'이다. 어질고 선하고 뛰어나고 아름답고 좋은 일이 시작되었다. 우리의 수호자이신 가경자 최양업 토마스 신부님의 전구에 힘입어, 한없이 좋으신 하느님께서 우리 양업고 공동체를 이끌어 주시고 보호해 주실 것이다.

새 생명이 약동하듯 젊음이 약동하는 양업에 봄이 왔다.

내 맘 다 알지?

"얘들아 내 맘 다 알지?"
"네."
"내 맘이 뭔데?"
"사랑이에요. 하 하 하!!!"

천국의 잔치가 따로 없다. 홈 미사(Home-mass) 때 우리 아이들의 모습은 너무 밝고 행복하다. 내가 아이들을 통해 맘을 치료받고 새로운 힘을 얻는 시간이다. 목청껏 울려 퍼지는 성가와 아이들의 활어처럼 뛰어오르는 생동감은 하느님이 보시기에도 참 아름답고 좋으실 것이다.

양업공동체는 여러 구성원으로 이루어져 있다. 다양한 색깔로 자기 모습을 드러내는 학생들, 열성을 다해 아이들과 함께하는 선생님들, 늘 튼튼한 버팀목으로 학교를 지지해 주는 학부님들, 보이지 않게 열심히 기도해 주시는 수녀님들이다. 때로는 그 구성원들이 나에게 커다란 십자가와 짐이 되지만 그 또한 예수님의 마음을 닮아가기 위한 큰 사랑의 선물이다. 그들과 함께 지낼 수 있다는 그 자체가 나에게 행복이고 감사한 일이다.

예수님은 세 번이나 자신을 배반한 베드로에게 물으셨다. "너는 나를 사랑하느냐?" 세 번이나 물으시는 예수님께 세 번에 걸쳐 대답한다. "예, 사랑합니다." 삼세번이나 물으시고, 삼세번 대답한 것이니 확실하다. 따라서 "내 양들을 잘 돌보아라."라고 하신다. '나의 예수는 누구인가?' 나와 함께 지내고 있는 양업의 가족들이다. '내 양들은 누구인가?' 나와 함께 지내고 있는 양업의 가족들이다. '너는 양업가족을 사랑하느냐?' 세 번 묻고 응답해 본다. 그래서 얻은 결론을 가지고 "얘들아! 내 맘 알지?" 하고 물어보았다니 아이들이 우렁차게 "예."라고 답한다. 이 한마디의 '예', 힘에 겨워 지친 나를 다시 일으켜 세우는 천둥과 같은 하느님의 목소리이자 하느님의 힘으로 전달된다.

"지리산 등반 중에 발목을 다쳐 매우 고통스럽고 힘들었지만, 천왕봉 정상을 끝까지 오르고 내려왔습니다. 선생님, 친구들이 함께 있어 가능했습니다. 저는 깨달았습니다. 아픔과 고통이 저에게는 큰 선물이었습니다. 모두에게 감사합니다."

양업 특성화교과의 가장 중요한 가치와 효과를 느끼게 한 소감이었기에 요즘 말로 '심쿵!!!'했다. 아픔과 고통을 큰 선물로 감사한 일로 승화시킬 수 있는 아이의 성장 된 모습을 보는 것보다 더 기분이 좋은 일은 없다. 이 아이의 무한한 긍정의 힘은 어디에서 온 것일까?

특성화 교과를 통해 양업고는 학습의 효과를 높이기 위해 노력하고 있다. 이드가 데리스(Edgar Dale's)는 읽으면 10%, 들으면 20%, 보면 30%, 듣고 보면 50%, 옆 사람과 토론하면 70%, 개인 경험을 하면 80%, 다른 사람을 가르치면 90% 교육효과가 있다고 말했다. 내가 생각하기에 양업고의 특성화 교과는 학생이 주체가 되어 스스로 체험하고 경험한 것을 맘으로 간직하는 교육이고, 그것을 모든 사람과 나누는 감동의 공감 교육이기에 100% 효과를 가지는 것이다. 일상에서 한 번 듣고 잊어버리는 교육이 아니라 한 번으로 영원히 기억되는 의미 있는 삶의 현장 교육이기 때문이라는 자화자찬을 해 본다.

"내 맘 다 알지?" 하면 "예." 응답해 주는 아이들, 아픔과 고통을 선물로 받아들이고 감사할 줄 아이들의 모습을 보면서 이렇게 외치고 싶다.
 '야!!! 기분 좋다. 째지게' 하 하 하!!!
 '예맘내맘(예수 마음 내 마음)'을 꿈꾸며…

당신 멋져!

"스승님, 제가 영원한 생명을 얻으려면 무슨 선한 일을 해야 합니까?" 한 젊은이가 찾아와 예수님께 물었습니다. 예수님은 대답하셨다.

"어찌하여 나에게 선한 일을 묻느냐? 선하신 분은 한 분뿐이시다. 네가 생명에 들어가려면 계명들을 지켜라."

"어떤 것들입니까?" 젊은이가 물었습니다. 예수님께서 이르셨다.

"살인해서는 안 된다. 간음해서는 안 된다. 도둑질해서는 안 된다. 거짓 증언을 해서는 안 된다. 아버지와 어머니를 공경하여라. 그리고 '네 이웃을 너 자신처럼 사랑해야 한다.'라는 것이다."

"그런 것들은 제가 다 지켰습니다. 아직도 무엇이 부족합니까?" 젊은이가 말했습니다. 그러자 이번에는 예수님이 말씀하셨다.

"네가 완전한 사람이 되려거든, 가서 너의 재산을 팔아 가난한 이들에게 주어라. 그러면 네가 하늘에서 보물을 차지하게 될 것이다. 그리고 와서 나를 따라라."

그러나 그 젊은이는 이 말씀을 듣고 슬퍼하며 떠나갔다. 그가 많은 재물을 가지고 있었기 때문이다.

"양업고의 생활을 어떻게 하면 잘할 수 있을까요?"

"학교의 Quality 기준을 잘 지켜라. 매일 매일 성실히 '양업인의 글맘 나눔'을 잘하는 사람이 되어라."

"다 잘 지켰습니다. 무엇이 제가 부족합니까?" 하고 묻는 여러분에게 답합니다.

우선 먼저 새 학기 시작하면서 양업인으로서 새롭게 살기 위해서 세 가지를 권고합니다.

첫째는 '노력'입니다. 열심히 나에게 주어진 일을 최선을 다할 때, 기회가 옵니다. 노력하지 않는 자에게는 기회가 찾아와도 잡을 수가 없습니다. 최선의 노력을 다해 열심히 사는 양업인이 되기를 바랍니다.

둘째는 '매력'입니다. 누구나 똑똑하고 사려 깊으면서도 관대하게 살기를 바랍니다. 자기를 존중하며 남을 배려하는 사람들이 되어야 합니다. 적어도 남에게 도움을 주지 못할망정, 공동체와 남에게 피해를 주지 않는 매력적인 삶을 살아야 합니다.

셋째, 자기 주도적인 '긍정적인 사람'이 되기를 바랍니다. 각자의 인생을 사는 것입니다. 학기 삶의 설계를 잘하여 본인 스스로가 만들어 가는 삶을 사시는 바랍니다. 남의 말과 행동을 흉내 내는 사람이 되지 맙시다.

여기에 하나 덧붙여 이야기합니다.
최근 프란치스코 교황님께서 마르타의 집 입구에 다음과 같은 표어 하나를 붙이셔서 화제가 되고 있습니다. '비에타또 라멘타르시, Vietato Ramentarsi' 이탈리아어인데 우리말로 번역하면 '불평불만 금지'입니다. 좀 더 적나라하게 표현하면 '징징거리기 없기'입니다.

우리 각자의 얼굴이요 입, 마음가짐이요 이웃을 대하는 태도입니다. 즉 우리들의 일상생활이요 삶 전체입니다. 우리가 여기저기 다니면서 갖은 불평불만을 늘어놓을 때, 우리는 자기 밭에 좋은 씨를 뿌리는 것이 아니라 나쁜 씨를 뿌리게 되는 것입니다.

입만 열면 이웃을 향한 험담이요, 뒷담화할 때 우리는 황무지 곧, 나쁜 밭이 되는 것입니다. 우리의 입에서 언제나 아름다움을 노래하는 말들, 서로에게 감사하다는 말이 흘러나오면 좋겠습니다. 우리 입에서 언제나 친구를 고무하고 칭찬하는 말, 격려하고 기를 살리는 말들만 흘러나오면 좋겠습니다. 우리 입에서 언제나 제 부족함과 잘못을 솔직히 고백하는 말들만 흘러나오면 좋겠습니다. 교황님께서는 자주 이런 말씀을 하십니다. "… 얼굴이 환해야 합니다. 제발 얼굴 찡그리지들 말고 활짝 좀 펴십시오. 부탁컨대 소금에 절인 꼬마 오이피클 같은 표정을 짓지 마십시오. 삶으로 복음을 선포해야 할 사람들이 막 장례식 마치고 돌아온 사람 표정 짓지 마십시오."

매일 감당하기 벅찬 시련과 고통 속에서도 환한 얼굴로 살아가는 사람들은 자기 밭에 좋은 씨를 뿌리는 사람들입니다. 삶이 내게 호의적이지 않더라도 매일 웃으면서 긍정적이고 낙관적인 인생을 살아가는 사람들은 자기 밭에 좋은 씨를 뿌리는 사람들입니다.

우리 부모님들이 모이면 건배를 하는데, 제 기억에 남는 것 하나가 있습니다.

"당신 멋져!!!"입니다. 그 뜻은 이러합니다. "당당하게, 신나게, 멋지게, 져 주면서 살자"입니다.

새 학기 서로에게 당당하고 신나는 삶과 멋진 삶을 보여 주고, 져 주는 것이 진정한 승리라는 것을 익히는 삶을 살기를 바랍니다.

십자가

예수님의 십자가 수난과 죽음 앞에서 우리는 지금 슬픔과 비탄에 젖어 침묵하고 있습니다. 인간은 왜 고통을 겪어야 하는지? 왜 세상에 불평등과 불의가 있는지? 왜 인간은 핍박과 조롱, 배반과 배신, 죄와 죽음 속에서 살아야 하는지? 무죄한 이들이 왜 희생되어야 하는지? 예수님의 십자가 죽음 앞에 우리는 깊은 침묵을 할 수밖에 없습니다. 십자가는 패배요, 절망의 상징입니다. 십자가는 죄인을 매달아 죽이는 형틀이기 때문입니다.

프랑스 시인 알프레드 뮈세는 '5월의 밤'이라는 시(詩) 속에는 어미 새 펠리칸이 등장합니다. 어미 새 펠리칸은 갓 낳은 굶주린 새끼들을 해변에 놓아두고 먹이를 구하러 여행을 떠납니다. 그러나 오랜 여행에도 어미 새는 단 한 줌의 먹이도 구하지 못하고 되돌아오고 맙니다. 여행에 지친 어미 새 펠리칸이 저녁 안개 속에서 갈대숲으로 돌아올 때 굶주린 새끼 떼들은 어미 새에게 몰려갑니다. 그러자 어미 새는 목을 흔들면서 늘어진 날개 속으로 새끼들을 포옹합니다. 다음 순간 어미 새는 해변에 누운 채 자기 심장을 새끼들의 먹이로 내놓습니다. 어미 새의 심장과 내장이 새끼들의 입으로 사라지기도 전에 어미 새는 숨을 거두고 맙니다.

자기 심장과 생명을 내주면서까지 또 하나의 생명을 살아가게 하는 것, 그것이야말로 진정한 사랑이라고 할 수 있습니다.

우리가 믿는 예수 그리스도는 우리의 주님으로 자애로운 펠리칸이 되어, 십자가에 죽기까지 우리를 사랑해 주시고, 당신 옆구리에서 쏟는 피와

물로 온 세상 모든 이를 구해 주십니다.

예수님께서는 "친구들을 위하여 목숨을 바치는 것보다 더 큰 사랑은 없다."(요한 15.13)라고 말씀하신 대로 우리를 친구로 삼으시고 우리를 위하여 당신의 목숨을 내놓으셨습니다. 예수님께서는 십자가 죽음을 차마 피할 수가 없으셨습니다. 우리를 위한 사랑이 넘쳤고 의인을 위한 죽음이 아니라 죄인을 위한 죽음이었기에 거부할 수가 없었습니다. 결정적으로 "아버지 저들을 용서하여 주십시오. 저들은 자기들이 무슨 일을 하는지 모릅니다."(루카 23.34) 하고 당신을 죽음으로 몰아간 사람들을 위해 기도하시며 악의 고리를 끊어야만 하였기에 그것을 기꺼이 감당하였습니다. 당신에게 다가오는 고통이 아무리 크다 하더라도 그것이 옳은 길이기에 멈출 수가 없었습니다.

그러기에 믿는 이들에게는 그 십자가가 희망과 기쁨으로 다가옵니다. 왜냐하면 예수님께서 십자가에 못 박혀 돌아가심으로써 십자가의 의미를 새롭게 하셨기 때문입니다. 결국 십자가는 우리를 위한 사랑의 증표입니다. 따라서 믿는 이들은 십자가를 삶의 교과서로 삼아야 합니다. 아씨시의 성프란치스꼬 성인은 "십자가에 못 박혀 달리신 예수님이 살아 있는 책"이라 말씀하셨습니다. 우리는 거기서 내가 취할 길을 발견하고 가야 할 길에 용기를 얻어야 합니다. 우리 학교의 주보이신 최 양업 신부님은 "나의 빈약하고 연약함을 생각하면 두렵습니다만 주님께 바라는 굳센 믿음으로 실망하지 않겠습니다. 바라건대 저 십자가의 능력이 내게 힘을 주어, 내가 십자가에 못 박히신 예수님 외에는 아무것도 배우려 하지 않기를 바랍니다." 하고 기도하셨습니다.

성 아우구스티노는 "오 하느님, 죽어서 당신의 아름다운 얼굴을 마주 대할 수 있다면 무엇이든 하겠습니다. 어떤 고통도 달게 받겠습니다. 죽음도

서러워하거나 두려워하지 않겠습니다."하고 고백하였습니다. 바오로 사도도 "이제 나는 여러분을 위하여 고난을 겪으며 기뻐합니다. 그리스도의 환난에서 모자란 부분을 내가 이렇게 그분의 몸인 교회를 위하여 내 육신으로 채우고 있습니다."(콜로 1,24) 하고 콜로사이 공동체에게 말하였습니다. 우리는 여기서 죽음보다 강한 사랑의 힘을 볼 수 있습니다. 주님께서는 바로 우리를 위한 사랑 때문에 십자가 죽음을 기꺼이 받아들이셨고 또 주님을 따르는 사람들은 주님을 사랑하기 때문에 어떤 고난도 감당할 수 있었습니다. 우리의 삶도 주님의 사랑으로 가득 채워서 그분처럼 사랑을 증거하였으면 좋겠습니다.

"십자가는 하느님께서 당신의 사랑스런 자녀들에게 주시는 선물입니다. 십자가는 하늘로 올라가는 사다리이며, 천당의 문을 여는 열쇠이기도 합니다."(성 요한 비안네) "여러분이 십자가를 사랑한다면 반드시 십자가는 여러분은 사랑할 것이며, 천상의 하느님께로 여러분을 이끌어 주실 것입니다."(성녀 쥴리 빌리아르)

오늘 십자가 경배를 통하여 사랑의 십자가, 구원의 십자가를 삶의 교과서로 삼을 수 있는 은총이 우리 모두에게 주어지길 간절히 기도합니다.

이제 우리는 십자가 경배 예절을 할 것입니다.

예수님의 십자가 사랑에 감사하며 억울하게 고통받고 아무런 죄도 없이 죽어간 모든 이를 위하여 기도하는 마음으로 경배합시다. 전쟁과 테러로 인한 무고한 희생자들, 세월호의 무죄한 학생들, 죄 없고 아무런 힘도 없이 낙태되는 생명들, 조롱과 핍박, 배신과 상처 속에서 용서와 화해하지 못하는 모든 이들을 기억하며 십자가 앞에 깊이 머리를 숙여 경배합시다. 예수님께서는 십자가의 사랑으로 그들 모두를 구원할 것입니다.

성실하다 십자나무 가장귀한 나무로다.
아무 숲도 이런나무 이런꽃을 못내리라.
귀한나무 귀한 못들 귀한 짐이 달렸도다.

쓸개 받아 목축이고 가시못과 창에 찔려
여린 몸에 피가 흘러 시냇물을 이루더니
땅과바다 우주창공 깨끗하게 씻었도다.

주님은 십자가로 온 세상을 구원하셨나이다. 아멘.

부활

+. 알렐루야! 알렐루야! 주 참으로 부활하셨도다.

누가 부활하셨나요? 누가 파스카 자체가 되셨나요? 저인가요 여러분인가요? 십자가에 못 박히신 나자렛 사람 예수님이 부활하셨습니다. 십자가에 죽으셨던 그분이 죽음에서 부활하셨습니다. 그분 자신이 파스카이십니다.

안식일이 지나자. 마리아 막달레나와 야고보의 어머니 마리아와 살로메는 무덤에 가서 예수님께 발라 드리려고 향료를 샀습니다. 그리고 주간 첫날 매우 이른 아침, 해가 떠오를 무렵에 무덤으로 갔습니다. 그들은 "누가 그 돌을 무덤 입구에서 굴러 내 줄까요?" 서로 걱정하고 달려갔습니다. 그런데 예수님의 무덤 앞에 있던 매우 큰 돌이 이미 굴러져 있었습니다. 그들은 깜짝 놀랐습니다. 예수님 빈 무덤에 웬 젊은이가 하얗고 긴 겉옷을 입고 오른쪽에 앉아 있었고, 그가 말합니다.

"놀라지 마라. 너희가 십자가에 못 박히신 나자렛 사람 예수님을 찾고 있지만 그분께서는 되살아나셨다. 여기에 계시지 않는다. 그분께서는 전에 여러분에게 말씀하신 대로 여러분보다 먼저 갈릴래아로 가실 터이니, 여러분은 그분을 거기에서 뵙게 될 것입니다."(마르 16,5-7)

주님께서는 말씀하신 대로 부활하셨습니다! 십자가 위에서 찢겨지고 부서지고 으스러진 바로 그 생명이 다시 깨어나고, 새롭게 심장이 뛰기 시작했습니다. 이 파스카의 밤, 부활하신 분의 심장이 뛰는 것 자체가 우리에게 주어진 선물이자 은총이며 희망입니다. 주님의 부활은 무덤의 큰 돌을 치워 버리는 것입니다. '큰 돌'은 우리의 삶을 비관 안에 갇히게 했던 것들, 우리 삶을 계산된 개념적 방식들 안에 갇히게 했던 것들, 안주하고 안전한 우리들 삶의 강박적 추구에 갇히게 했던 것들, 다른 사람들의 존엄성을 가지고 놀게 하는 끝없는 야망 안에 갇히게 했던 모든 것들입니다. 주님은 부활로서 이 모든 장애물을 치워 버리십니다. 바로 이 파스카의 밤은 부활하신 분의 심장이 뛰는 것입니다. 그리스도께서는 우리 가운데 되살아나신 것입니다.

많은 사람들은 부활의 삶을 죽음 다음에 누리는 것으로 여깁니다. 부활에 관한 이야기는 죽음 다음에 이루어지는 이야기로 한정시켜 버립니다. 그러나 부활은 단순히 죽은 사람이 다시 살아나는 일이 아닙니다. 부활 이야기는 단순히 예수님 믿다가 죽은 사람은 이다음에 부활해서 천당 가서 영원한 복락을 누리며 슬픔도 고통도 없는 삶을 살게 된다는 허무맹랑한 이야기도 아닙니다. 부활은 죽음이라는 두려움을 극복해 내기 위한 종교적인 장치 혹은 해답 같은 것도 아닙니다. 어떤 이는 죽음으로 모든 것이 끝난다면 인생이 너무 허무하여서 부활을 믿는다고 하지만, 부활 신앙은 허무를 달래기 위한 진정제나, 신경 안정제도 아닙니다.

부활은 예수님 전 생애 삶에 대한 하느님의 응답입니다. 예수님 세례 때에 하늘로부터 들려온 《이는 내 사랑하는 아들, 내 마음에 드는 아들》이라는 그 말씀과 같이 예수님 자신은 십자가상의 죽음에 이르기까지 철저하게 하느님의 뜻을 실천하셨습니다. 그렇게 십자가상에 죽은 예수를 하느님 아버지께서는 부활시키셨습니다. 부활을 통해서 하느님께서는 예수님의 선포와 행동들, 바로 예수님의 삶 전체가 궁극적으로 옳다고 인정하셨습니다. 《엘로이 엘로이 레마 사박타니?: 하느님, 하느님 어찌하여 저를 버리시나이까?》라는 피맺힌 절규의 물음에 대한 하느님이 대답이 바로 부활이었던 것입니다. 그뿐만이 아니라, 예수의 죽음과 부활을 통해서 하느님 아버지께서는 당신 자신을 온전히 드러내셨습니다. 하느님은 고통 속에서 숨겨진 채 현존하시는 분, 극도의 위협, 무의미, 허무함, 버림받음, 외로움과 공허함 속에서도 우리 인간을 지탱하고 붙잡아 주시는 분, 인간의 곁에서 항상 인간과 함께 아파하시는 분, 함께 고통당하는 하느님, 고통 속에서도 희망이 되는 하느님, 바로 언제나 우리와 함께하시는 임마누엘이라는 것을 완전히 계시하셨습니다.

사실 부활을 믿는다는 것은 죽었다가 다시 살아나는 것을 믿는 게 아니라, 우리도 '지금', '죽기 전'에 부활의 삶을 살 수 있다는 것을 믿는 것입니다. 죽은 다음에 누리는 자리가 부활의 자리가 아니라, 살아서 제대로 생명을 만끽하는 자리, 《지금 여기》가 부활의 자리인 것입니다.

오늘 부활성야 복음은 우리들에게 부활하신 예수를 만나는 길을 알려줍니다. 다른 말로 하자면, 우리가 부활하는 길, 부활로 나아가는 길을 알려줍니다. 그 길은 갈릴래아로 가야 하는 길입니다. 그분께서는 전에 여러분에게 말씀하신 대로 여러분보다 먼저 갈릴래아로 가실 터이니, 여러분은 그분을 거기에서 뵙게 될 것입니다.

갈릴래아는 무척 더러운 곳, 이방의 나라와 살을 섞고 우상숭배의 유혹에 노출된 곳, 늘 침공과 박해의 교두보가 되는 이방인들의 지역이라고 멸

시받은 곳이었습니다. 갈릴래아는 무식한, 그래서 하느님의 율법도 지키지 않는 죄인들의 땅, 캄캄한 어둠의 땅, 그늘진 한의 땅으로 몰아세웠던 곳입니다. 그곳은 가난해서 눈물의 땅이요, 서러워서 한의 땅이었습니다. 죄가 많아 소외되고 잊혀져 버린 땅이 바로 갈릴래아였습니다. 모두가 포기했으며, 살고 있는 사람들조차도 거부할 수 없는 운명처럼 죽어지내던 그런 어둠의 땅이 갈릴래아였습니다.

그러나 하느님의 아들, 사람이 되신 하느님은 그 땅을 선택했습니다. 바로 거기, 갈릴래아에서 구원의 첫 삽을 뜨셨습니다. 몸소 갈릴래아 사람으로 불리길 원하시며 그 바닥 제일 밑으로 내려가셨습니다. 그리고 성경의 증언대로 그들을 사랑하셨습니다. 신약성경에 나오는 예수께서 베푸셨던 33가지의 기적 중에 24번이 바로 이 갈릴래아에서 이루어졌습니다. 다. 열두 제자 중 단 한 사람, 스승을 팔아넘긴 유다만 가리옷 사람이었고, 나머지 열한 명이 모두 갈릴래아 사람들이었습니다. 이만큼이나 갈릴래아를, 그리고 갈릴래아 사람들을 사랑하셨습니다.

갈릴래아는 이스라엘에만 있는 것이 아닙니다. 지금의 갈릴래아는 우리가 사는 세상 한 가운데 있습니다. 우리 가운데 예수님이 부활하신 것입니다. 하느님이 주신 생명의 가치에 대한 무감각이 가득한 거기가 바로 갈릴래아입니다. 이 세상에서 가장 가난하고 비참한 곳, 가장 우선으로 도움의 손길이 필요한 곳이 갈릴래아이며, 바로 거기가 부활하신 예수님을 만나는 자리입니다.

우리는 우리가 사는 이 세상 가운데서 부활을 믿는 것입니다. 이 세상에 희망을 비추어 주는 일을 하고, 이 세상을 살리는 일을 함으로써 부활을 증언하게 되는 것입니다. 부활은 죽음 다음에 이루어지는 미래가 아니라 지금 일어날 수 있고, 지금 일어나야 하는 사건이며, 나의 사건, 너의 사건, 우리들 모두의 사건이 되어야 하는 사건입니다. 《지금 여기》가 우리가 부활해야 할 장소입니다.

"학교가 좋냐?" "예 좋아요." "무엇이 좋냐?" "다른 학교에 다녔을 때는 늘 같은 것을 반복해야 했기 때문에 학교 공부가 너무 지루했어요. 저는 이곳에 와서 완전히 변했어요."

처음 만나 쓸 때, 자기 눈빛을 바로 두지 못하고, 무척 불안감에 떨고 있던 우울한 아이의 믿어지지 않는 이야기이다. 용기가 없어 속으로 기어 들어가듯 말을 하던 소극적인 아이가 무엇인지 모르지만 신이 나서 즐겁게 뛰어다녔습니다.

"감사합니다. 아이가 이렇게 변할 줄 몰랐습니다. 양업고에 우리 아이가 온 것이 얼마나 큰 축복인지 모릅니다. 우리 아이를 양업고가 살렸습니다. 다른 사람은 몰라도 저는 양업고의 교장 신부님과 선생님들을 전적으로 믿고 신뢰합니다."

입학했을 때, 소위 말하면 껄렁껄렁하고, 친구들과 어울려 술, 담배를 하며, 미래의 꿈이라고는 찾아보기 힘들었던 아이, 학교의 모든 사건 사고에는 빠지지 않고 있었던 아이의 아버지가 하신 고백입니다.

부활은 무엇을 말하는 것일까? 지금 이 순간 나는 이렇게 말하고 싶습니다. 부활은 변화입니다. 부활은 자기 과거로부터의 변화입니다. 부활은 내 과거의 상처와 아픔의 한가운데서 일어서는 것을 의미하며, 나의 감정과 불안에서 일어나는 것을, 그리고 나의 슬픔과 자기연민에서 일어서는 것을 의미합니다. 하느님은 죽음을 생명으로, 어둠을 빛으로, 불안을 신뢰로, 무덤을 천사의 장소로 변화시키셨습니다. 진정 부활은 하느님께서

나를 철두철미하게 새롭게 만드실 수 있다는 것에 대한, 그분께서 나의 과거를 새로운 삶으로 변화시킬 수 있다는 것에 대한 믿음입니다. 양업고는 하느님 사랑의 학교입니다. 부활하신 예수님을 찬미하는 '알렐루야!' 소리가 드높이 울려 퍼지는 학교입니다. 저는 믿고 기도합니다. 십자가 죽음에서 예수님을 부활시키신 하느님이 우리 아이들을 새롭게 일으켜 세우시고, 나비처럼 날아 아름다운 꽃들에게 희망을 주는 아이들로 변화시켜 주실 것이라는 것을 믿습니다. 지금, 이 순간 큰 돌로 가로막혀 있는 예수님의 빈 무덤으로 달려가 이들이 보았던 하얗고 긴 겉옷을 입고 오른쪽에 앉아 있는 젊은이가 저에게 말합니다.

"놀라지 마라. 그분께서 되살아나셨다. 그분께서 먼저 갈릴래아로 가실 터이니, 너는 그분을 거기에서 뵙게 될 것이다." 그렇습니다. 양업학교가 부활하신 예수님을 만나는 저의 갈릴래아입니다. 우리 아이들 가운데 부활하신 예수님이 살아 계심을 믿습니다.

행복한 공부란 무엇일까?

인생은 공부의 연속이다. 대한민국의 사람들에게 '공부'는 무엇일까? 공부라는 말을 들으면 어떤 느낌이 드는지요? 양업 친구들은 공부라는 말을 들으면 어떤 느낌이고 반응일까? 참으로 궁금하다. '공부'라는 말에 대해 대체로 여러분은 부정적일까? 아니면 긍정적인 사람일까? 한국인에게 공부는? 대부분 사람이 어렵고 힘든 일, 미래의 출세를 위해 우선 당장은 참고 견디어 내야 하는 일이라 생각한다. 유대인들에게 공부는? 참 맛있고 달며, 즐겁고 재미있는 일이다.

한국의 공부는 한자로 工夫(工=장인공, 물건을 만드는 일을 업으로 하는 사람. 夫=지아비 부, 사나이, 장정, 시중드는 사람)라고 쓴다. 국어사전에서 공부는 "학문이나 기술을 배우고 익힘"이라고 뜻풀이가 되어 있다. 하지만 대한민국 사람들이 공부라고 말하는 것의 90% 이상은 시험공부이다. 수능시험, 운전면허 시험, 공무원 시험, 사법고시, 바리스타 시험 등 수많은 시험이 있다. 시험공부는 대체로 재미없고 하기가 싫은 일이다.

영어권 단어인 Study의 의미는 Studeo라는 라틴어에서 왔다. 이는 몰두하다, 노력하다, 관심을 가지다, 열망하다, 교양을 쌓다, 애정을 가진다, 헌신한다, 추구한다, 등의 의미를 가지고 있다.

나의 공부 동기를 한번 생각해 보자. 내가 하고 싶은 공부를 하는가? 아니면 타인과 사회가 원하는 공부를 하는가? 한자문화권인 한국과 일본,

중국이 시험을 치기 위한 사회제도에 의한 공부라고 한다면, 영어권의 Study는 스스로 애정을 가지고, 무언가를 추구하고, 그것에 교양을 쌓고, 헌신하고, 몰두하는 것을 뜻한다. 서양의 모든 공부가 자발적이라는 것은 아니지만 어쨌든 어원에는 큰 차이가 있다. 서양이라고 다 좋은 것은 아니다. 동양이라서 또 다 좋은 것은 아니다. 하지만 우리의 삶의 전부가 타인과 사회를 위한 공부라면 너무 슬픈 일이다. 또 자기만을 위한 공부만을 하고 살기 힘든 사회인 것도 사실이다. 그러나 조금 힘들지만, 공부도 하면서, 자기가 추구하고 애정을 갖는 Study도 하면 좋겠다. "무언가 아는 사람은 좋아하는 사람만 못하고, 좋아하는 사람은 즐기는 자만 못하다."

사실 한 단계 깊이 공부에 대해 들여다볼 필요가 있다. 공부는 공(工), 천(天)과 지(地)를 연결하는 뜻이다. 그리고 부(夫)는 천과 지를 연결하는 주체가 사람(人)이라는 뜻입니다.

Study는 팔리(Pali)어로 Seuksa이다. 이 뜻은 "삶과 진정으로 관련 있는 것들을 배우고, 그 지식에 따라 자신을 철저히 드러내는 것이다. 아는 만큼 행동하는 것이다." 또한 '자신을 스스로 본다.'라는 뜻으로 마음속 영원히 깊은 그것을 읽어내고 찾아내는 것이다. 우선 마음의 바람을 듣는 것이다.

마음이란 영어로 Heart이다. 이는 H=Head(머리)+Ear(귀)+T=tiptoe(발끝)이라는 단어의 합성어이다. 머리끝에서 발끝까지 온몸으로 듣는다는 것이다. 진정한 공부는 머리와 발끝까지 온몸으로 듣는 데 있다.

우리가 믿었던 부모나 선생님, 그리고 친구들이 진정한 공부의 방해꾼이 되어 우리를 슬프게 한다. 진정한 공부를 하는 모든 길이 막혀 있어 답답하다. 시험공부만이 공부의 전부인 것처럼 학교 교육이 거기에 매달려 있는 듯하다.

우리는 어떻게 해야 합니까? 공부를 왜 하고 공부가 무엇인지 깊이 생각해야 한다. 깊이 생각하며 기도해야 한다. 깊이 생각할 때 우리는 하느님의 안목으로 공부의 문제를 보게 된다. 육신의 안목이 아니라 영의 안목으로 공부의 문제를 보게 되고 하느님의 뜻을 발견하게 된다. 기도하면서 깊이 생각할 때 마음의 소리를 듣게 되고, 하느님의 목소리를 듣게 된다. 그것이 진정한 공부의 시작이다. 그 공부를 통해 자신의 가치를 높이고 자아의 실현을 완성해 가는 것이다. 자아실현은 부를 취하고 높은 자리에 오르는 것이 아니라, 자기가 이룬 것을 통해 삶의 의미와 목적을 이루어가는 것이다. 삶의 목적과 의미는 무엇보다도 하늘과 땅 사이에서 행복한 삶을 사는 사람이 되는 것이다. 행복은 언제나 자기의 좋은 선택에 달려 있다. 행복한 사람과 불행한 사람은 종이 한 장 차이의 선택에 달려 있다. 오래 전에 "좋은 생각"이라는 책에서 읽었던 '행복한 사람과 불행한 사람의 차이'를 소개한다.

"행복한 사람은 남을 위해 기도하고,
불행한 사람은 자기만을 위해 기도한다.
남의 칭찬을 자주 하는 사람은 행복한 사람이고,
자기 자랑을 하는 사람은 불행한 사람이다.
일을 보람으로 아는 사람은 행복하고, 의무로 아는 사람은 불행하다.
언제나 싱글벙글 웃으며 말하는 사람은 행복하고, 투덜대는 사람은 불행하다.
평생 고마웠던 일만 마음에 두는 사람은 행복하고,
섭섭했던 일만 마음에 담는 사람은 불행하다.
자신에게 엄격하고 남에게 부드러운 사람은 행복하고,

자기에게 후하고 남에게 가혹한 사람은 불행하다.
자신의 잘못을 곧바로 인정하는 사람은 행복하고,
잘못했다는 말을 절대로 하지 않는 사람은 불행하다.
가슴을 펴고 당당하게 걷는 사람은 행복한 사람이고,
고개를 숙이고 걷는 사람은 불행한 사람이다.
잘된 이유를 찾는 사람은 행복하고,
안될 이유만 찾는 사람은 불행하다.
아는 것이 적어도 행동으로 옮기는 사람은 행복하고,
아는 것이 많아도 실천하지 못하는 사람은 불행하다.
겸손과 양보가 몸에 밴 사람은 행복하고,
교만과 거만이 몸에 밴 사람은 불행하다.
좋아하는 사람이 많은 사람은 행복한 사람이고,
미워하는 사람이 많은 사람은 불행한 사람이다.
자신의 잘못을 뉘우치는 사람은 행복한 사람이고,
자기의 잘못을 모르는 사람은 불행한 사람이다.
… 할 일을 다 하고 천명을 기다리는 사람은 행복한 사람이고,
시작도 않고 요행을 기다리는 사람은 불행한 사람이다."

- 좋은 생각 中에서 -

무료

어느 날 저녁, 한 엄마가 저녁 준비를 하고 있는데, 어린 아들 녀석이 부엌으로 들어와서 무언가 적혀 있는 종이쪽지를 내밀었다. 엄마가 쪽지를 보니 이렇게 쓰여 있었다.

잔디 깎기 5,000원
이번 주의 내 방 청소 1,000원
가게에 엄마 심부름 다녀온 일 500원
엄마가 시장 간 사이에 동생 돌보기 250원
쓰레기 버리기 1,000원
우수한 성적 5,000원
마당 청소와 정리 14,750원

그 아이 엄마는 기대에 부풀어 있는 아들의 얼굴을 쳐다보았다. 그 엄마는 머릿속으로 무엇인가를 생각하고는, 연필을 가져와 아이가 쓴 쪽지 뒷면에 이렇게 적어 주었다.

내 안에서 자라는 너를 아홉 달 동안 뱃속에 간직하기: 무료
네가 아플 때 뜬눈으로 밤새우고 간호하고 기도하기: 무료
널 키우는 동안 지금까지 너 때문에 힘들었던 날들과 흘린 눈물: 무료

이 모든 것을 합한 내 사랑의 총액: 무료

그 아이는 엄마가 쓴 글을 다 읽고는 엄마를 바라보며 갑자기 닭똥 같은 눈물을 뚝뚝 흘리면서 말했다.
"엄마, 사랑해요."
그러고는 종이에 큼지막하게 썼다.
"모두 다 지급되었음."

너무나 계산적인 사회 안에서 우리가 할 수 있는 최고의 교육은 참사랑을 깨우쳐 주는 것이다. 그 사랑을 아이들이 깨닫게 된다면 얼마나 좋을까?

젊음
· · · · ·

 사랑하는 양업의 젊은이 여러분! 젊음이 무엇인가요? 그 전에 여러분에게 물어보겠습니다. 나는 진정한 젊은이다. 소리 질러 보세요. 나는 늙은이이다. 손들어 보세요. 여기에 젊은이가 아니라 늙은이로 머물러 있는 양업학생들은 없겠지요? '몇몇' 있는 것 같은데, 아닌가요?

 흔히 '젊음은 재산'이라고 말합니다. 왜 정말 젊음이 재산일까요? 나이든 사람보다 세상 경험이 많은 것도 아니요. 재산이 많은 것도 아닌데 말입니다. 그렇다고 삶의 지혜가 더 많다고 말하기도 어려운데 말입니다. 그런데도 사람들은 젊음이 재산이라고 합니다. 왜 사람들은 젊음이 재산이라고 말할까요? 젊음이 재산이란 말은 젊은 사람들만이 가질 수 있는 특권이 있기 때문입니다. 그 특권은 꿈과 희망, 독서와 여행을 많이 할 수 있기 때문이라 생각됩니다. 희망을 꿈꿀 수 있다는 것, 책을 많이 읽을 수 있다는 것, 자유롭게 여행할 수 있다는 것은 분명 젊음의 특권입니다.

 '내 나이가 어때서'라는 유행가도 있지만, 나이가 들면 젊은 시절 청운의 그 꿈은 어디론가 사라진 경우가 많습니다. 삶 속에서 자신의 꿈을 이루기는 쉽지 않습니다. 많은 사람들이 자신의 꿈을 이루고자 노력하지만 현실 속에서는 만만찮은 일입니다. 대부분은 먹고사는 문제를 해결하는 데 급급합니다. 독서나 여행을 많이 하는 것도 쉽지 않습니다. 책 속에 길이 있고 삶이 있다는 사실을 잘 알고, 독서는 내면의 근육을 키워 준다는 것도 알고 있지만, 책을 읽기가 쉽지 않습니다. 여행도 그렇습니다. 여행은 시야를 넓혀 주고 자유로운 영혼을 만들어 줍니다. 하지만 젊은 시절이 지난 후의 여행은 경제적인 문제 등 여러 제약이 따릅니다. 마음은 굴뚝같지만, 시간을 내 자유롭게 여행한다는 것이 쉽지 않습니다.

결국 '젊음의 재산'이란 말은 젊었을 때의 특권을 최대한 활용하라는 의미입니다. 어른 세대들이 경제활동을 하는 것처럼 자신에게 주어진 젊음의 재산을 최대한 활용하는 것은 매우 중요한 일입니다. 그것이 젊은 여러분 미래의 삶을 더욱 풍요롭게 만들어 주기 때문입니다.

젊은이에게 꿈이 없다고 생각해 보십시오. 그것은 칠흑 같은 어둠이 아니겠습니까? 젊은이는 세상의 일부로 살아가되 지켜야 할 나만의 세계가 있어야 합니다. 자신만의 색깔을 유지하면서 세상과 조화를 이루는 삶을 살아야 합니다. 세상 사람들이 사는 대로 따라가기에 급급하게 살다 보면 자신만의 색깔로 세상을 살기가 어렵습니다.

여행도 많이 해야 합니다. 여행은 자연과 역사와의 대화입니다. 자신을 객관화시킬 기회를 제공해 줍니다. 많은 보고 들으면서 자신의 진정한 모습을 발견할 수 있습니다. 더 정확히 말하면, 자연을 보면서 자신의 약함을 깨닫게 되고 역사를 접하면서 인간의 위대함을 느낄 수 있습니다. 젊음이 진정 자신의 재산이 되기를 원한다면 꿈꾸고 읽으며 많은 사람과 사물을 접해야 합니다. 양업학교의 특성화 프로그램은 바로 여기에 맞추어져 있습니다.

성경 복음서에 보면, 예수님께서 갈릴래아 호숫가에서 고기를 잡는 베드로라 부르실 시몬과 그의 동생 안드레아가 야고보와 요한과 함께 일하며 살던 곳에 방문합니다. 그곳에는 그들의 형제들뿐만 아니라 다른 어부들이 함께 있었고, 예수님께서는 당신의 말씀을 듣고자 하는 군중들에 둘러싸여 있으셨습니다. 그분께서는 배에서 그물을 씻고 있는 그 어부들을 바라보고 계셨습니다. 예수님께서는 시몬의 배에 오르시어 배를 호숫가에서 조금 떨어뜨려달라고 부탁하십니다. 그분께서는 배에 앉아 사람들에게 이야기하셨습니다. 이야기를 마치시자, 시몬에게 호수로 나가 그물을 치라고 말씀하십니다. 이것은 시몬에 대한 일종의 시험이었습니다. 왜냐하면 베드로와 그 일행들은 이미 밤새도록 고기를 잡으려고 하였지만 한 마리도 잡지 못하고 허탕을 친 상황이었습니다. 솔직하고 직설적인 사람이었던 베드로는 곧바로 예수님께 대답합니다. "스승님 저희가 밤새도록 애썼지만 한 마리도 잡지 못하였습니다."(루카 5,5). 이것은 엄청난 '실패의 경험'입니다. 여러분들은 실패의 체험을 해 본 적이 있나요? 우리를 공허하게 만들고 낙담시키는 경험들 말입니다. 이러한 '실패의 경험'에 직면했을 때, 우리는 과연 무엇을 할 수 있을까요? 여기서 분명한 것 한 가지는 비관주의와 낙담과 불신이 이기도록 내버려두어서는 안 됩니다. 비관적인 사람이 되어서는 안 됩니다. 비관이나 낙담은 얼마나 고약하게 우리를 어둠과 죽음의 세상으로 몰고 가는지 모릅니다.

베드로는 그 결정적인 순간에 자기 본연의 모습을 보여 줍니다. 그는 용기를 갖고 자기 자신에서 벗어나 예수님을 믿어보기로 선택했습니다. 그 순간 베드로는 자기의 힘이나 자기 계산, 자기의 전문가적인 어부 경험에 의존하지 않았습니다. '예수님의 말씀대로', '갈릴래아 호수 깊은 데로 나아가서' 이번에는 '배 오른편으로' 그물을 던졌습니다. 그 결과 믿을 수 없을 상황이 이루어졌습니다. 그물이 찢어질 만큼 물고기로 가득 찼습니다. 밤새도록 애썼는데 고기 한 마리 잡지 못하였다고 낙담하는 대신 '예수님 말씀대로' 그물을 내렸을 뿐입니다.

젊은이는 언제나 '희망의 사람'이 되어야 합니다. 내가 생각하는 일이 뜻대로 이루어지지 않았을 때, 성취감을 느끼지 못하고 실패했다고 느꼈을 때, 투덜거리지 말고 절대로 낙심하지 마시기를 바랍니다. 결코 스스로를 땅바닥에 내팽개치지 마시기를 바랍니다. '죽음의 길'로 가지 마십시오.

어떤 문제에 직면했을 때 보이는 사람들의 반응은 세 가지가 있습니다. '할 수 없다', '할 수 있을지도 모른다.', '할 수 있다'가 그것입니다. 할 수 있다고 생각하는 사람은 할 수 있다고 생각하기 때문에 무엇이든 할 수 있습니다. 할 수 없다고 생각하는 사람은 할 수 없다고 생각하기 때문에 포기합니다. 막연히 '할 수 있을지도 모른다'하고 생각하는 사람은 아무것도 할 수 없습니다.

불평, 불만, 비난이 3B에 자기의 젊음을 소비하거나 내버려두지 않는 양업의 젊은이가 되길 바랍니다. 3B에 빠지는 순간 여러분은 젊음을 잃어버립니다. 여러분은 어떤 상황에도 젊음을 고이 간직하는 불타는 청춘의 양업고 학생들이 되기를 바랍니다. 희망과 꿈을 향해 전진하고, 독서와 여행을 할 줄 아는 젊음의 특권을 누리는 양업고 학생들이 되기를 바랍니다. 여러분은 젊다는 이유 하나만으로도 하느님의 사랑을 받기에 충분합니다.

핵심
·····

"부전자전(父傳子傳), 모전여전(母傳女傳)이란?"
"그 아버지에 그 아들, 그 어머니에 그 딸 아닌가요?"
"좋은 쪽으로 쓰이면 엄청 좋은 말이고, 나쁜 쪽으로 쓰이면 엄청 나쁜 말이죠?"
"하 하 그런가요?"

"우리 학생들의 모습을 보면 가정의 부모님이 어떤 분인지를 99% 알 수 있어요"
"허 허 교장 신부님 '생활의 달인'에 나가야겠어요."

사람 행위의 99%는 습관이다. 우리의 삶은 습관덩어리이다. 습관 아닌 행동은 흔치 않다. 아침에 일어나는 기상습관부터 시작하여 식사습관, 운동습관, 인사습관, 언어습관, 작업습관, 공부습관, 독서습관, 질서습관, 청결습관, 수면습관 등이 있다. 이 습관의 절대적인 99%의 영향은 부모에게 있다. 그런데 최초의 교사와 학교인 부모와 가정이 잘못 교육을 해 놓고, 무슨 일만 생기면 몰매를 맞는 것이 학교와 학교 선생들이다.
교육도 마찬가지이다. 좋은 교육은 좋은 덕(德)을 가지도록 하는 교육이다. 그러기에 교육은 바람직한 행동의 변화이다. 반복된 바람직한 행동의 변화를 통해 좋은 습관이 쌓여서 그 사람의 덕이 되고, 그 덕에 그의 삶이 참된 열매를 맺게 된다. 놀라운 일은 습관은 도미노 반응을 일으키는 힘을 가지고 있다. 그래서 하나의 습관이 바뀌면 다른 습관도 바뀌게 된다. 그렇게 바뀌진 좋은 습관이 개인과 기업, 사회, 국가 등 조직의 문화를 바꾸고 나아가 세상을 바꾼다. 이것을 우리는 핵심습관(Keystone habit)이라 부른다. 특별히 초·중·고등학교 교육에 있어서 운동습관, 독서습관, 언어습관, 감사습관은 상상도 못 할 극적인 변화를 끌어내는 핵심습관 교육이다.

첫째, 운동하는 습관이 몸에 배야 한다. 적당한 운동은 생동감, 인내심, 질병 예방 등 그 중요성과 좋은 점을 아무리 강조해도 지나치지 않는다. 따라서 줄넘기, 달리기, 구기운동 등 자기에게 맞는 운동을 규칙적으로 하도록 교육해야 한다. 우리의 건강과 행복의 근원은 뭐니 뭐니 해도 운동이다. 운동을 규칙적으로 하는 학생이 정신적으로도 건강하다.

둘째, 스스로 좋은 책을 찾아 읽는 독서습관을 지녀야 한다. 사람의 잠재능력을 개발하는 가장 큰 동력은 독서이다. 독서습관이야말로 삶의 질을 높이는 최고 자산이며 국력이다. 우리 아이들에게 매일 일정시간 이상 독서하는 습관을 체계적으로 교육해야 한다.

셋째, 바른 말 고운 말, 좋은 언어습관을 길러야 한다. 언어는 사람 사이를 이어 주는 공감과 소통, 대화와 협력, 참여와 가치, 그리고 나눔과 배려로 더불어 살아가게 해 준다. 순화되고 정제된 언어를 사용하는 사람은 고매한 품격을 지니고 있음을 감지하듯, 언어는 사람의 영혼과 정신의 품위를 나타내 준다.

넷째, 감사하는 생활을 습관화해야 한다. 불만과 투정, 그리고 부정적인 생각은 사람을 행복하게 만들지 못한다. 사람은 긍정적이며 행복하기 위하여 감사할 줄 아는 사람이 되어야 한다.

일본 파라소닉(Parasonic) 창업자 마스시타 고노스케는 자신이 성공하게 된 이유 세 가지를 말한다. 우선 먼저 집이 가난해서 초년고생을 통해 세상을 살아가는 데 필요한 경험을 얻은 것, 태어났을 때부터 몸이 허약해 운동을 많이 한 것, 초등학교도 못 다녔기 때문에 세상 모든 사람을 스승 삼아 질문하며 배움을 게을리하지 않은 것 세 가지이다. 이 세 가지는 다른 사람에게는 인생에 불리한 것으로 원망과 불평하기 쉬운 것들이다. 그러나 마쓰시타 고노스케는 오히려 불행한 요소를 하느님이 주신 은혜라고 생각하면서 감사하는 마음으로 인생을 살았다. 감사는 긍정적인 반응능력이다. 똑같은 일을 긍정적으로 해석하면 감사하는 마음이 들고, 부정적으로 해석하면 불평과 불만이 되는 것이다. 우리 교육은 매사에 감사하는 생활 습관 교육을 해야 한다.

지금, 이 시대를 '제4차 혁명시대'라 하지만 교육의 핵심은 좋은 습관을 익히는 덕행교육에서 시작되어야 한다. 시작점은 같으나 각을 이루는 두 변의 1도의 차이는 진행할수록 그 간격이 점점 커지듯, 하루 동안의 좋은 습관과 나쁜 습관의 차이는 미미하지만, 하루하루가 쌓여 1년, 10년, 30년이 지나면 엄청난 차이의 결과를 가져온다. 습관 차이가 성공과 실패, 행복과 불행의 삶을 결정짓는다고 할 수 있다. 감정적이고 지적이며 실리적인 습관들이 우리 삶의 행복과 슬픔을 결정한다. 습관은 우리의 운명을 결정짓는 핵이다. 습관은 우리 각자의 삶만이 아니라 가정, 기업, 사회, 그리고 국가의 흥망성쇠를 결정짓는 핵심 중의 핵심이란 것을 주장한다

참된 변화는 내면에서부터 시작되어야 한다. 잎이나 줄기가 아니라 뿌리 즉, 생각을 바꿔어야 가능하다. 생각이 바뀌어야 행동이 바뀌고, 습관이 바뀌고, 인격이 바뀌고, 운명이 달라진다.

지금 이 순간

폭염과 폭우가 심한 한 해이다. 그러나 가을 풀벌레 소리가 들려오고 하늘 별들이 유난히도 밝게 땅을 비추고 있다. 하늘 하면 늘 떠오르는 시가 있다.

"죽는 날까지
하늘을 우러러
한 점 부끄럼 없기를
잎새에 이는 바람에도
나는 괴로워했다.
별을 노래하는 마음으로
모든 죽어가는 것을 사랑해야지
그리고 나한테 주어진 길을 걸어가야겠다.
오늘 밤에도 별이 바람에 스치운다."

- 윤동주의 *序詩* -

하늘 아래 모든 사람은 평등하다. 모든 사람은 하늘 아래 있다. 하늘을 닮고 하늘에 오르기 위해 어떻게 해야 할까? 소크라테스는 '너 자신을 알라'고 하였다. 이를 수학 선생님이 말한다면 '네 분수를 알라'이다. 국어 선생님께서 말하면 '네 주제를 알라'이고, 지리 선생님은 '네 자리를 알라'이다. 그리고 미술 선생님이 말하면 '네 생김새를 알라'이다. 우리는 우리 삶의 주인이신 '하느님 앞에 있는 나'를 늘 생각하며 살아야 한다. 하느님께서 주신 공간과 시간 안에서 최선을 다하여 사는 우리가 될 때 나 자신에게 주어진 길을 걸어갈 수 있다.

스탠포드 대학의 아름다운 성당에서 장례식을 올렸던 애플 사(社)의 창업자인 스티브 잡스는 아이폰, 아이패드 등으로 IT계의 혁신을 일으킨 인물이다. 그는 한 대학의 졸업식 연설에서 '내 인생 최고의 결정'에 대해 말했다.

"내가 행한 인생 최고의 결정은 무엇이었을까요? 매킨토시 컴퓨터를 만든 것일까요? 아니면 어마어마한 판매고를 올린 아이폰을 만든 것일까요? 모두 아니었습니다. 내가 손으로 쓴 아름답고 개성 있는 글자체인 캘리그라피(Calligraphy)를 배운 것이 인생 최고의 결정이었습니다."

스티브 잡스는 캘리그라피로 인해 훗날 매킨토시 활자체를 만들 수 있었다. 그는 처음 캘리그라피를 배울 때 그것이 인생에서 무슨 도움이 될까 하고 생각되었다고 한다. 그러나 별로 필요 없다고 생각했던 것이 오히려 그의 인생 최고의 결정이 될 수 있었다. 바로 여기에서 우리는 깨달을 수 있다. 우리 삶의 과정에서 그 어떤 것도 필요 없는 것은 없다. 우리에게 주어진 매 순간이 모두 소중하고 최고의 결정으로 이끄는 선택이라 할 수 있다. 따라서 지금 내 자신에게 주어진 일에 충실한 삶을 살아야 한다. 지금, 이 순간은 다시 돌아오지 않는다. 나에게 별로 중요하지 않기 때문에 소홀히 해도 된다는 잘못된 판단에서 벗어나야 한다. 지금, 이 순간에 충실해야 원하는 바를 얻을 수 있다. "하늘을 우러러 한 점 부끄럼" 없는 삶, 하느님 앞에 떳떳하게 설 수 있는 '내 인생의 최고의 결정'이 지금 여기 이 순간에 놓여 있다. 그 순간들이 쌓여 우리의 길이 만들어진다. 양업인들이여! 지금, 이 순간의 선택이 영원한 삶의 길임을 잊지 말자.

삶을 위하여

우리 삶에 믿음보다 더 중요한 것은 없다. 부부 사이의 믿음, 부모와 자녀 사이, 스승과 제자 사이, 사회 안에서 믿음이 없으면 어떻게 되겠는가?
믿음의 지혜, 믿음의 겸손, 믿음의 인내심으로 우리는 살아왔고, 살고 있으며, 살아가는 것이다. 하루아침에 크는 나무는 없다. 평생 자라는 나무처럼 우리의 믿음도 그러하다.

가톨릭 성가 480장 "믿음으로" 가사는 이렇다.

"믿음으로 / 믿음으로 / 저 산도 옮기리. 믿음으로
믿음으로 / 믿음으로 / 바다도 가르리. 믿음으로
믿음으로 / 믿음으로 / 한 생명 다하리. 믿음으로
믿음으로 / 믿음으로 / 한 넋을 다하리. 믿음으로"

참믿음은 정말 불가능을 가능케 하는 힘을 가지고 있다. 양업의 부모들은 모두가 양업학교를 믿고 자녀들을 맡겨 주셨다. 실상 세상 모든 일은 믿는 대로, 기도하는 대로 이루어지는 것이다. 믿지도 않고, 바라지도 않으며 기도하지 않는데 무엇이 이루어지겠는가? 많은 사람들은 자기의 힘만으로 세상을 변화시키고, 다른 사람들을 변화시키고, 남편과 아이들을 변화시키려고 한다. 심지어는 자기 뜻대로 하느님까지 변화시키려 한다.

정말 무지막지한 일이다. 하느님의 힘으로 내가 변화되어야 하는데, 내 힘으로 세상을, 아이들을, 하느님을 변화시키려고 한다.

한 번 물어본다.
우리 아이들이 '나처럼 살게 하고 싶다'?
우리 아이들이 '나처럼 안 살았으면 좋겠다'?

이것도 저것도 아니면 양다리를 걸친 것인가요? 나처럼 살았으면 하는 면도 있고, 이런 것은 나를 닮지 않았으면 좋겠다는 면이 있는 것이겠지요?

부모님들의 바람은 무엇일까요? 그 바람이 욕심이 되어서는 안 된다. 그 욕심을 다 던져 버리고 우리 부모님들이 하느님 안에서 변모하고, 먼저 변화해야 한다. 나의 삶을 믿음으로 먼저 변화시켜야 한다.

믿음으로써, 나의 삶을 변화를 위해서, 성녀 마더 데레사의 "삶이란?" 시를 읊어 본다.

"삶은 기회입니다. 이 기회를 통하여 은혜를 받으십시오.
삶은 아름다움입니다. 이 아름다움을 찬미하십시오.
삶은 기쁨입니다. 이 기쁨을 맛보십시오.
삶은 꿈입니다. 이 꿈에 도전하십시오.
삶은 도전입니다. 이 도전에 대응하십시오.
삶은 의무입니다. 이 의무를 완수하십시오.
삶은 놀이입니다. 이 놀이에 함께하십시오.

삶은 값어치가 있습니다. 그러니 소중히 대하십시오.

삶은 풍요롭습니다. 그 풍요로움을 지키십시오.

삶은 사랑입니다. 그 사랑을 만끽하십시오.

삶은 신비입니다. 이 신비를 깨달으십시오.

삶은 약속입니다. 이 약속을 지키십시오.

삶은 슬픔입니다. 이 슬픔을 극복하십시오.

삶은 노래입니다. 이 노래를 부르십시오.

삶은 투쟁입니다. 이 투쟁을 받아들이십시오.

삶은 비극입니다. 이 비극을 대적하십시오.

삶은 모험입니다. 담대하게 대하십시오.

삶은 행운입니다. 이 삶을 행운으로 만드십시오.

삶은 너무나 소중한 것이니

이 삶을 파괴하지 마십시오.

삶은 삶이니 멋진 삶을 위하여…"

창의성

"교장신부님! 4차 산업혁명 시대가 뭐예요?"
"응… 쨉 없는 시대."
"예, 뭐라고요?"
"재미없는 시대."
"썰렁! 썰렁! 신부님 그만 하세요. 아재개그~ ~"

한 학생이 묻는 말에 가끔 나는 동문서답을 해 줄 때가 많다.
'4차 산업혁명'이란 말 그 자체가 어색해 보인다. 제4차 혁명시대에 가장 중요한 원동력은 창의성이니, 교육혁신을 통해 '창의적인 인재'를 육성해야 한다고들 말한다. '창의성'이 무엇인가?
'창의성'을 이야기하면 천재 물리학자 알베르트 아인슈타인을 이야기하게 된다. 그는 네 살이 되도록 말을 제대로 못하였기에 '저능아'라는 소리를 들었다. 학교에 가서도 잘 적응하지 못하였던지 그의 담임선생님은 아인슈타인 어머니에게 편지를 보냈다. "이 아이의 지적 능력을 보았을 때 앞으로 어떤 공부를 해도 성공할 가능성이 없습니다." 그러나 그의 어머니는 늘 "걱정하지 마라. 남과 같아지면 결코 남보다 나아질 수 없는 법이다. 너는 남과 달라서 반드시 훌륭한 사람이 될 것이다."라고 아들을 격려하였다. 아인슈타인이 세계적인 과학자이자 천재가 될 수 있었던 비결은 바로 여기에서 비롯되었다고 한다. '남보다 뛰어남'이 아닌 '남과 다름'을 눈치챈 어머니의 지혜에서 말이다.

"형제의 개성을 비교하면 모두 살리지만, 형제의 머리를 비교하면 모두 죽인다."라고 탈무드는 말한다. 그래서 유대인 부모들은 '남보다 뛰어나려 하지 말고 남과 다르게 되어라.'라고 가르친다. 남보다 '뛰어남'이 아니라 '다름'에 주목해야 한다. 특히 남보다 뛰어나지 못해 좌절하고 꿈을 포기한 청소년들에게는 남과 다른 꿈에 온 열정을 담아 도전할 용기가 필요하다. 남보다 '뛰어남'이 아닌 '다름'에 초점을 맞추어 학생의 적성을 찾아주는 교육을 해야 한다. 남과 다른 길을 스스로 선택한 아이는 희망의 길을 걷게 된다. 아이는 자기가 선택한 길에 대한 만족감과 성취감까지 느낄 수 있다. '뛰어남'은 더 이상 큰 의미가 없다. 반면은 '다름'은 미래 세계에 누구와도 바꿀 수 없는 인류를 위한 천연의 신자원이다.

"왜 웃지 않고 울상이냐?"
"성적 때문에… 아버지에게 엄청나게 혼날 것 같아요?"
"걱정 마라. 국·영·수의 점수가 네 능력의 점수는 아냐.
너의 끼와 능력은 점수로 따질 수 없다고 말해."
"하 하. 그래요. 내가 남과 다른 능력이 있지요."
"얼굴 찌푸리지 말고 활짝 펴, 웃어 봐."

웃는 순간 사진을 찍었다.
"자 봐! 얼마나 예쁜지."
"그렇죠. 내가 한 인물 하지요."
우리 아이들은 저마다 모습도 다르고, 가지고 있는 능력도 다르다. 그 '다름'이 어울려 '조화'를 이루는 세상이 될 때, 그 '다름'은 모두를 위한 사랑의 선물이다. 바로 창의성이란 '다름'을 받아들이고, 그것이 모두를 위한 공유의 선물이 되도록 능력을 발휘하는 것으로 생각한다.

공부노트

붉은 물 곱게 들어가는
담쟁이덩굴로 쌓인 양업고 교정이
사색의 계절 가을을 알린다.

성철 스님의 '공부노트'에
이런 글이 있다.

"수행이란 안으로는 가난을 배우고
밖으로는 모든 사람을 공경하는 것이다.
어려운 가운데 가장 어려운 것은
알고도 모른 척하는 것이다.
용맹 가운데 가장 큰 용맹은 옳고도 지는 것이다.
공부 가운데 가장 큰 공부는
남의 허물을 뒤집어쓴 것이다."

예수님 삶 그 자체가 그러셨다.
십자가에 죽기까지 모두를 사랑한
임을 따라 사는 삶이 나의 공부이다.

양업고 7년 째
아주 진하게 배우며 깨우치는 공부는
'바보의 영성'이다.
바로 내가 양업고 학생 중에 제일 큰 것을
배우는 학생이다.

눈부시게 높고 푸른 가을 하늘
흘러가는 구름 보고,
풀벌레 소리 나는
가을밤 휘영청 밝은 달을 보고
미소 한 번 지으면
내게 주어진 모든 것이 감사한 일이다.

"우분투(ubuntu)!!!"

"하나 물어봐도 돼요?"
"그럼, 뭐가 궁금한데?"
"교장 신부님의 꿈은 무엇인가요?"

"응~ 난, 이미 꿈을 이루고 살아가고 있지. 신부가 되는 것이 꿈이었는데, 이미 신부가 되었고, 젊은이들과 함께 살고 싶었는데, 이미 너희들과 함께 살고 있으니… 하 하!"

늘 나에 대해 궁금하게 여기고 있는 한 학생과의 대화 내용이다.
대통령, 판사, 검사, 국회의원, 의사, 장군, 아이들, 뮤지컬 배우, 가수, 스포츠 선수, 기업 경영인, 게임전문가, 프로그래머, 패션디자이너, 작곡가, 교사, 교수, 공무원, 군인, 사회복지사, 여행가, 국제사회 활동가 등등. 수많은 직업 중에 "무엇이 되는 것"에 우리 꿈이 집착된 지금, 우리의 교육은 시험 위주의 경쟁 교육에서 빠져나오지 못하고 있는 안타까움이 있다. 실상 "무엇이 되는가?"가 보다 더 중요한 것은 "어떻게 사는가?"가 하는 교육이 더 중요하다.
한 인류학자가 남아프리카 부족의 아이들에게 과자 상자를 보여 주며 달리기 경주를 시켰다. 아이들은 '우분투'라고 말하며 함께 손을 잡고 걸었다. 그는 의아해하며 "왜 경쟁하지 않느냐?"라고 묻자, 아이들은 "다른 아이들이 슬퍼하는데 어찌 나만 행복할 수 있나요?"라고 말하였다. "우분투"란 아프리카 코사어로 "네가 있어 내가 있다." 또는 "함께 있어 내가 있다."라는 뜻이라 한다. 이 말은 사람들 간의 관계와 헌신에 중점을 둔 아프리카의 전통적 평화운동의 뿌리가 되는 정신이다.

이에 관하여 넬슨 만델라는 이렇게 말한다.

"옛날에 우리가 어렸을 적에 여행자가 우리 마을에 들르곤 합니다. 여행자는 음식이나 물을 달라고 할 필요가 없습니다. 들르기만 하면 사람들이 밥상에 음식을 차려 주기 때문입니다. 이것은 '우분투'의 한 측면이고, 다양한 측면이 있을 것입니다. 우분투는 사람들이 자신을 위해 일하지 말라는 것이 아닙니다. 중요한 점은 그렇게 하는 것이 여러분 주변의 공동체가 더 나아지게 하려고 그 일을 하느냐는 것입니다. 이런 것들이 인생에서 가장 중요한 것들이고, 만일 여러분이 그런 일을 한다면, 다른 사람들이 고마워할 아주 중요한 일을 한 것입니다."

또한 남아프리카 성공회 데스몬드 투투 대주교는 이렇게 말한다.

"우분투 정신을 갖춘 사람은 마음이 열려 있고 다른 사람을 기꺼이 도우며 다른 사람의 생각을 인정할 줄 압니다. 그리고 다른 사람이 뛰어나고 유능하다고 해서 위기의식을 느끼지도 않습니다. 그것은 자신이 더 큰 집단에 속하는 일원일 뿐이며 다른 사람이 굴욕을 당하거나 홀대를 받을 때 자기도 마찬가지로 그런 일을 당하는 것과 같다는 점을 잘 알고 있기 때문입니다. … 우리는 자신을 다른 사람과 상관없이 존재하는 개인으로 생각할 때가 많습니다. 그러나 우리는 사실 서로 이어져 있으며 우리가 하는 일 하나하나가 세상 전체에 영향을 미칩니다. 우리가 좋은 일을 하면 그것이 번져 나가 다른 곳에서도 좋은 일이 일어나게 만듭니다. 그러므로 그것은 인류 전체를 위하는 일이 됩니다."

참교육은 나와 함께하는 이들을 행복하게 하는 것이 곧 나의 행복임을 아는 것이다. 세상을 위해서 '무엇이 되어야 하는가?'라는 '꿈' 못지않게 더 중요한 것은, 지금, 이 순간부터 '어떻게 사는 것이 행복한 일인가?'이다. 나도 외쳐본다.

"우분투(ubuntu)!!!"

'신종코로나' 빨리 물러가라

　모든 사람은 몸과 맘, 영혼의 건강을 잘 지키며 사는 것이 '행복'이라 한다. 그러나 '병'이라는 악마는 그 행복을 앗아가는 도둑의 역할을 하여 왔다. 과거나 현재나 미래는 병에 대한 위험과 불안에서 자유롭지 못하다. 그러기에 인류 역사는 병과의 싸움을 멈추지 않았다. 그 과정에서 병을 예방하고 극복하며 고치는 약과 의술을 발전시켜 왔다.

　현대의 영성가 안셀름 그린(Anselm Grin)은 말한다. "병은 우리에게 종종 영혼의 억압된 영역을 암시하기도 한다. 그때 병의 원인에 관해 물어서는 안 된다. 그런 질문은 퇴행적이고, 우리에게 죄의식의 짐만 안겨 줄 뿐이기 때문이다. 우리는 오히려 병의 의미에 관해 물어야 한다. 동화의 비유를 사용해 보면, 병이란 우리에게 보물이 있음을 알려주려고 짖어대는 개이다. 병은 우리 안에 있는 보물이다. 보물은 우리가 스쳐 가며 외면하는 진정한 자아에 대한 상징이다. 병은 우리가 자기 자신을 코앞에서 잃어버렸음을 보여 주는 것이며, 하느님이 우리에게 진실하게 살라고 하신 가르침에 대한 경각심이다."

　어떤 사람이 길을 가다가 싱싱하고 아름다운 야자나무를 보았다. 자기도 모르게 나쁜 마음이 들고 화가 났다. 그는 나무의 성장을 방해하기 위하여 야자나무 꼭대기에 커다란 돌을 얹어 놓았다. 그로부터 몇 해 후 그가 그곳을 지나가는데, 그 야자나무가 주위의 다른 나무들보다 더 크고 싱싱하고 아름답게 자라나 있었다. 그 이유를 살펴보니 그가 야자나무 꼭대기에 올려놓았던 커다란 돌이 나무의 뿌리를 더 깊이 땅속으로 자리 잡게 했다. 그래서 나무는 더 높이 성장할 수 있었다. 나무가 성장하지 못하도록 놓았던 그 커다랗고 무거운 돌이 오히려 나무에는 도전이 되었다. 죽을 위험의 위기가 새로운 도전이었고, 이것을 이겨 낸 나무는 더 크고 싱싱해졌다.

지구 공동체 삶의 환경은 비상사태이다. 인류 생명 100세 시대를 비웃듯이 신종 코로나바이러스의 감염위협은 맹위를 떨치며, 지구촌 생명 공동체 삶을 공포에 몰아넣고 있다. 신종 코로나바이러스와 지구 환경의 비상 상태는 우리 인류에게 위기이고 새로운 도전이다. 그러나 우리 인류 공동체는 이를 지혜롭게 이겨 내고 극복할 것이다. 신종 코로나바이러스가 확산하지 않고, 우리 각자에게 접근하지 못하도록 질병관리 본부의 예방 지침에 성실히 협조해야 한다. 또한 이른 시일 내에 신종 코로나바이러스의 치료제가 나오기를 기원해야 한다. 여기에 멈추지 말고, 지금의 비상사태를 통해 지구 공동체의 환경을 보호하고 아름답게 가꾸는 데 있어 경각심을 가져야 한다.

지구 기후의 비상사태, 가뭄과 홍수, 미세먼지, 이산화탄소, 방사능, 플라스틱, 하늘과 땅과 물의 오염 등등, 신종 코로나바이러스보다 더한 것들이 지구 공동체의 생명과 사람 생명을 위협하고 병들게 하고 있다. 우리 각자의 삶의 방식과 행위를 새롭게 바꾸지 않으면, 지구 생명을 파괴하는 '병'이라는 악마에게 굴복해 죽음에 내몰리는 어리석음을 범할 것이다. 우리 사람이 지혜롭다는 것은 이 모든 것을 미리 내다보고, 깨어 있는 절대적 실천의 삶을 통해 '병'의 악마를 미리 예방하는 데 있다.

지금까지 신종 코로나바이러스에 감염되어 병을 앓다가 희생된 약하고 가난한 영혼들의 영원한 안식을 위하여 기도하며, 무죄한 그들의 희생이 헛되지 않기를 희망한다. 또한 코로나바이러스를 퇴치하기 위해 최선을 다하여 일하고 계신 분들의 힘과 노력이 이른 시일 안에 큰 결시를 맺어 지구촌 시민들에게 평화가 임하기를 기원해 본다.

빨리 물러가라.
신종 코로나바이러스 썩 물러가라. 이 나쁜 놈아!

닭
...

"닭 좀 치워줘요. 꼭두새벽 꼬끼오 소리 땜에 잠을 못 자요. 당장 없애 주세요."

'동물 사랑'엔 둘째가라면 서러울 '동물 동아리 대표' 학생까지 퍼붓듯이 나왔다.

사실 7년 전 양업고등학교에 처음 부임했을 때는 훨씬 시끄러웠다. 밤낮으로 공작 10마리의 꽥~소리, 검둥개 4마리의 멍멍~소리, 닭들의 꼬~끼오 소리, 이에 뒤질세라 기숙사 안팎을 뛰어다니는 학생들의 우당탕거리는 소리가 말도 아니었다. 그런데도 당시는 잠을 못 자겠다고 교장실까지 쳐들어오지는 않았었다.

"정말이지? 알았어! 그러면 너희들이 털을 뽑던지 치킨을 해 먹든지 맘대로 해."

내친김에 그 길로 닭장에 가서 문을 휘휘 열어놓았다. 족제비가 오든, 매에게 먹히든, 고양이의 밥이 되든지 모르겠다, 하면서도 부디 잘 지내라! 하면서 풀어 주었다. 그 후, 아이들은 정말 세 마리나 치킨을 해서 먹었고, 또 무더운 여름 내내 체육관 공사를 했던 인부들이 청계, 황계, 오골계를 붙들어 몸보신하였다. 그렇게 남은 닭이 7마리뿐이었다. 이마저도 어슬렁대던 동네 진돗개에게 4마리나 희생되었다. 최후의 3마리마저 그렇게…… 아예 없어지는 줄 알았다. 그때부터였을 거다. 생존한 3마리는 흡사 날아다니는 새가 되어 느티나무 꼭대기에 올라갔고, 주목의 가지에도 둥지를 틀어 밤을 넘겼다. 스스로 살길을 찾는 것 같았다.

11월 말, 네팔 히말라야 이동 수업을 하고 돌아온 주일 아침이었다. 학교를 한 바퀴 둘러보는데, 어디선가 삐-약, 삐-약 병아리 소리가 들려왔던 거다. 오! 놀라운 생명의 신비여, 병아리 떼가 낯익은 어미 닭을 따라가는데 12마리나 되었다. 오! 놀라운 자연의 힘이여, 닭장 밖에서 싹 없어지는 줄 알았는데, 어떻게든지 살아남아 자연부화로 새 생명을 낳은 것이다.

기실 성경에서 가장 일찍 새벽을 알리는 수탉은 '풍요'와 '자존심'의 상징이다. 그 수탉의 소리는 어둠을 몰아내고 빛을 일으키기에, 악에서 깨어나 죽음에 승리하라는 외침이다.

"모두 스승님에게 떨어져 나갈지라도 저는 결코 떨어져 나가지 않을 것입니다."(마태 26,33) 하며 맹세하던 으뜸 제자 베드로는 수탉이 울기 전(즉 어두운 밤중에) 예수라는 사람을 모른다고 세 번이나 배반하였다. 그러자 곧 닭이 울었고 베드로도 울고 말았다.

또 예수는 말씀하셨다. "항상 깨어 있어라. 집주인이 언제 돌아올지, 한밤중일지, 닭이 울 때일지 모르기 때문이다."(마르 13,35) 그러기에 유럽의 많은 성당의 종탑 꼭대기에 수탉이 서 있다. '늘 깨어서', 어둠을 몰아내고 빛을 알리는 삶을 살도록 사람들을 재촉하는 데 있다.

'깨어 있는 교육(敎育)이 무엇일까?' 닭장 속에 가두는 게 아니라 자유롭게 풀어 주는 것이다. 스스로 자기 살길을 찾아 각자가 삶의 주인공이 되게 하는 것이다. 그러기에 학교(學校)는 학생 각자가 가장 바라고, 가장 잘하는 것을 할 수 있도록 '자유의 장(場)'을 열어 주어야 한다. 자라나는 청소년들은 누구나 마음에 순수한 동기와 열정을 가지고 있다. 이것도 저것도 해 보고 싶다. 나쁘고 그릇된 일이 아니라면, 그들의 기를 꺾지 말아야 한다. 시간과 공간 안에서 맘껏 춤추고, 노래하고, 시를 짓고, 그림을 그리도록 스타디움(stadium)이 되어 주는 것이 學校이다. "한 사람 영혼의 무게와 깊이는 바다보다 우주보다 무겁고 깊다." 청소년들의 웃음소리, 활기찬 움직임은 바다를 가르고 우주를 뚫고 들려오는 천상의 소리이며 하느님의 음악이다.

안타깝게도 '코로나19'로 인해 개학이 연기되고 있다. 학교에 오지 못하고 홈스테이 중이다. 우리 학생들이 보고 싶고 그립다. 하루빨리 '코로나'의 백신과 치료제가 나오길 희망한다. 막! 모든 것을 새로이 보게 하는 새 봄이 왔다. 다시 닭장을 열고 닭들을 풀어 주어야겠다.

눈물의 기도

「장미의 이름」이라는 움베르토 에코의 소설에 보면 "예수께서 과연 웃었는지?"를 두고 격론을 벌인다. 그도 그럴 것이, 성경에 '예수께서 웃으셨다'라는 표현은 없다. 하지만 '눈물을 흘리셨다'라는 이야기는 나온다. "예루살렘에 가까이 이르시어 그 도성을 보고 우시며 말씀하셨다.

'오늘 너도 평화를 가져다주는 것이 무엇인지 알았더라면! 그러나 지금 네 눈에는 그것이 감추어져 있다.'"(루카 19,41-42). 예수님은 예루살렘의 운명을 걱정하며 '무력감의 눈물'을 흘리셨다. 또 다른 장면에서 "마리아도 울고 또 그와 함께 온 유다인들도 우는 것을 보고는 마음이 산란해지셨다. 예수께서 '그를 어디에 묻었느냐?'라고 물으시니, 그들이 '주님, 와서 보십시오.' 하고 대답하였다. 예수님께서는 눈물을 흘리셨다. 그러자 유다인들이 '보시오, 저분이 라자로를 얼마나 사랑하셨는지!' 하고 말하였다."(요한 11,33-36). 이렇게 라자로의 무덤 앞에서 또 한 번 '연민의 눈물'을 흘리신 것이다. 예수님은 세상일을 몸소 겪으셨다. 온몸으로 고뇌를 받아들이면서 느끼시며 고통 속에서 마음이 아파 눈물을 흘리셨다. 이 '눈물의 기도'는 '사랑'이다.

지난주, 프란치스코 교황은 텅 빈 로마 성 베드로 광장에서 홀로 기도하던 모습이 종파를 넘어 세계인들의 심금을 울렸다. 비를 맞으며 텅 빈 광장을 휘청휘청 걷는 교황의 모습은 인류의 눈물을 주님께 전하는 것 같았다. 전염병의 종식을 간구하는 기도도 애절하다 못해 비통했다. 3월 29일

주일 강론에서 이렇게 호소한다. "오늘 복음에서 예수께서 분명히 우셨고, 지금 나도 울고 있습니다." 그러면서 "아무리 힘든 상황이라도 우리는 남에게 도움을 주기 위해 나름대로 선을 행할 수 있습니다. 지금 내 마음에 사람들의 고통이 들어오지 않아 울 수 없다면, 주님께 은혜를 구하십시오. 주님은 당신과 함께 또 지금 고통받고 있는 사람들과 함께 울고 계십니다. 오늘 눈물의 일요일, 많은 사람이 울고 있습니다. 울음을 부끄러워하지 않은 예수님처럼 우는 은혜를 구합시다."

작금 우리는 '코로나' 죽음에 대한 공포 때문에 울고, 경제적 고통으로 울고, 사회적 거리만큼이나 벌어지는 인정의 거리 때문에 울고 있다. 코로나 극복을 위해 헌신하는 의사, 간호사, 마트의 직원, 미화원, 간병인, 운송인, 경찰, 자원봉사자들, 많은 다른 이들… 신문의 머리기사나 잡지에, 혹은 티브이 쇼의 포토라인에 거창하게 나오지 않는 그들이지만, 매일매일 한계 앞에서 인내심을 발휘하고 희생을 하며, 희망을 퍼트리는 감동의 눈물을 뿌리고 있다. 얼마나 많은 아버지, 어머니, 할머니, 할아버지, 선생님, 우리 자녀들이 코로나의 위기를 감당하고 헤쳐 나가는지 모른다. 얼마나 많은 이들이 눈물의 기도를 올리는지 모른다. 이 '눈물의 기도'와 보이지 않는 '눈물의 봉사'는 우리가 이 전쟁에서 승리할 수 있는 최고의 백신이요 무기이자, 최고의 사랑 실천이다.

"강은 자신의 물을 마시지 않고, 나무는 자신의 열매를 먹지 않으며, 태양은 스스로를 비추지 않고, 꽃은 자신을 위해 향기를 퍼트리지 않습니다. 남을 위해 사는 것이 자연의 법칙입니다. 우리는 모두 서로를 돕기 위해 태어났습니다. 인생은 물론 당신이 행복할 때 좋

습니다. 그러나 더 좋은 것은 당신 때문에 다른 사람이 행복할 때입니다."(프란치스코 교황)

"하느님이 절망을 보내시는 것은 우리를 죽이시려는 것이 아니라 우리 안에 새로운 삶을 불러일으키기 위함이다."(헤르만 헤세)

'코로나19'를 통해 나, 너, 우리는 같은 운명의 한배를 탄 지구 가족을 새롭게 발견하는 기회가 되기를 희망하며, 이 시간 두 손 모으고 '눈물의 기도'를 드린다.

'엄마', '어머니'

남녀 간 양성평등이 강조되기 전, 역사를 영어로 '히스토리(history)'라고만 했다. '그 남자들의 이야기'란 뜻이다. 그렇다면 왜 '허스토리(herstory)' '그 여자들의 이야기'는 역사가 될 수 없는가? 여성학자들이 주장하자, 작금 역사를 '더 스토리(The story)'로 쓴다. 나는 진정한 역사의 바탕과 승리자야말로 '어머니'라 생각한다. 위대한 전쟁 영웅은 주로 남자들일 줄 모르지만, 그에게 생명을 주고 그를 사랑으로 길러내신 참 주인공은 그의 '엄마들', '어머니들' 이시다.

며칠 전 종교를 떠나 한국 현대사에 큰 어른이셨던 김수환 추기경님의 어린 시절 이야기로 만들어진 영화 '저 산 너머'를 보았다. 영화에서 8남매의 막내아들 '수환'의 '마음 밭'에 참된 사랑과 희망의 씨앗을 심어 주신 분은 '어머니'이셨다.

여기, 갓 태어난 어린 아기가 '엄마 품'에 안겨 있다. 엄마와 아기가 맑은 눈을 마주하는 순간, 엄마가 미소를 짓는다. 아기도 따라 미소를 짓는다. 이 처음의 사랑이 얼마나 참된 아름다움인가! 아기가 배우는 최초의 말은 '엄마'이다. 아기에게 '엄마'는 무엇이든지 알고 있으며, 무엇이든지 할 수 있으며, 엄마만 있어 준다면 모든 위험에서 지켜 줄 것이기에 만사가 안심이다. 기쁠 때나 슬플 때, 화가 나고 억울한 그 모든 순간에 '엄마' 만큼 위안이 되는 단어가 세상에 또 존재할까.

어른이 되어서도 병이나 위험에 직면할 때에 마지막으로 나오는 소리는

'어머니'이다. 이렇게 '어머니'는 우리 생의 시초부터, 인생의 막이 내려질 때도 함께하신 분이다. 그러기에 세상에 살아 계시든 안 계시든 마음에서 '엄마', '어머니'를 잃어버린다면 가장 슬픈 일이 될 것이다.

한 여자와 사랑에 빠진 아들이 있었다. 그 여자 왈, 어머니보다 자길 사랑하는 증거로 어머니의 심장을 가져오라 했다. 아들은 어머니가 잠든 사이 어머니의 심장을 빼내, 그 여자에게 달려가다가 돌부리에 걸려 넘어진다. 어머니의 심장도 땅바닥에 나뒹굴어졌다. 그러면서 심장은 이렇게 말했다. "아들아! 어디 다친 데 없니?"

태양, 달과 별, 온 우주, 시원한 바람과 공기, 아름다운 꽃들과 과일, 오곡백과에다 여타의 맛있는 음식들보다 하느님이 우리 사람에게 주신 가장 좋은 선물은 '어머니'를 주셨다는 것이다. '어머니'의 사랑은 자녀가 어떤 상태에 있든지 간에, 아무리 큰일을 저질렀다 하더라도 변함이 없다. 실패나 죄에 처하더라도 자신을 변함없이 포용해 주는 어머니가 있는 사람, 눈물을 흘리며 그 가슴에 묻혀 우는 것을 부끄럽게 여기지 않는 사람은 얼마나 복될까.

그러기에 어머니의 마음은 하느님의 마음을 볼 수 있는 창이다. 우리의 어머니는 하느님의 거울 같다. 그러나 물론 세상의 어머니도 인간인 이상 결점이 있게 마련이다. 너무 사랑하는 나머지, 귀여운 아이들을 마치 자기의 소유물로 여기는 어머니가 있는가 하면, 모든 타인을 다만 자기 자녀들의 경쟁 상대로만 보고 차갑게 배제하는 어머니들도 없지 않다. 참 씁쓸하다.

삶에 지쳐, 외롭고 힘들 때, '어머니 미소'를 떠올리면 모든 것을 깨끗이 잊게 된다. 오월 가장 아름다운 초록의 계절, 푸른 하늘 '저 산 너머'를 바라보고, '엄마!', '어머니!'를 크게 외쳐 부르고 싶다. 나도 '엄마 품'을 향해 이 벌판을 푸르게 달려가는 어린이가 되고 싶다.

빵긋빵긋 웃는 빵이 좋다

뻐-국, 뻐국새 우는 뜨거운 태양 아래 딸기, 토마토, 당근, 깻잎, 상추만이 살쪄가는 시절이 아니다. 그 옆에 하루가 무섭게 번지는 잡초도 있다. 아직 시원한 조석을 놔두고 한낮의 텃밭에 나와서는 이 무슨 땀범벅인가? 그러나 이런 자책을 무마해 버리고도 남는 이치도 있기에 도리어 기분 좋아지는 풀 뽑기이다. '빵'을 얻기 위해선 땀을 흘려야 한다는 쉬운 이치이다.

빈손으로 세상에 와서는 재물·권력·출세·학문 등 온갖 욕심을 부리다가 결국은 그 무엇도 가져갈 수 없는 인생이라지만, 그래도 엄연한 사실 하나는 있다. 오늘의 양식이 절대 필요하다는 현실이다. 그 누구에게나 빵이 필요하다.

'빵'은 히브리어로 '레헴'이라고 하는데, '부서지다, 사라지다'라는 무시무시한 뜻을 지니고 있다. 빵이 생명의 양식이 될 수 있는 게 역설적으로 '또 다른 주검이 주는 열매'라서이다. 빵을 먹으면서 히브리인들은 고통의 냄새, 죽음의 맛도 새긴다고 한다. 한 알의 밀알이 부서져 싹을 틔우고, 열매가 되자마자 또 산산이 으깨어져야, 뜨겁게 구워져야, 빵이 생겨나기 때문이다. 눈물과 땀과 피가 섞인 빵 맛이야말로 진정한 인생의 맛과도 같아진다는 뜻이다.

까뮈의 대표작 「페스트」의 한 장면이다. 어둠과 악을 상징하는 페스트가 한 마을을 엄습한다. 무신론자인 의사와 예수회 신부 앞에서 한 젖먹이가 몸을 뒤틀며 죽어간다. 의사는 "이 젖먹이는 죄가 없다. 당신도 그걸 모를 리 없지."라고 내뱉고는 방을 나간다. 이는 흡사 '만약 하느님이 있으시다면, 그 하느님이란 얼마나 무자비한가?'라고 쏘아붙이는 투다. 신부는 그래도 강론을 이어간다. "지금 아이의 고통은 우리에게 있어 쓰디쓴 빵이다. 하지만, 이 쓴 빵이 없이 우리 영혼은 굶주려서 더욱 비참해질 것이다."라고 말한다. 이는 일찍이 괴테도 비슷했다. "하늘의 힘을 모르고 말 것이니, 눈물을 흘리며 빵을 먹어본 적이 없는 사람이여…"

점심때 빵이 나왔다. 함께 식탁에 앉은 학생의 이름이 '다영'이다. 그 옆에서 다영이의 절친이 이름을 가지고 놀린다. "얘는 보나 마나 다 빵점이에요. 다~영이잖아요." 나는 아직 텃밭에 한창 자라나는 시절 같은 그들을 보고 물었다. "그래, 빵 맛이 어떠냐?" "예, 달콤하고 부드럽고 맛있어요." 대화 중 이런 생각이 스친다. '얘들이 빵 맛을 아는 걸까?' 밀알 하나가 땅에 죽어, 물과 햇빛을 제대로 받아 열매를 맺으며, 그 열매가 바수어져 가루가 되고, 그 반죽이 뜨거운 불을 견뎌야, 마침내 달콤하고 고소하며 부드러운 '생명의 빵'이 된다는 것을…

양업고에는 특성화 과목으로 '노작(勞作)' 시간이 있다. 700평 되는 밭에 나가 농사를 짓는다. 올해는 등교가 늦어져 선생님들이 미리 학생들이 원하는 작물들을 신청받아 심어놓았다. 인터넷 수업을 하다가 등교한 고 3학년들이 첫 노작을 마치고는 이구동성이다. "너무 땀이 나요. 그런데 재밌어요. 신기하게 고추와 오이가 열렸어요."

무엇이 아이들에게 빵의 맛을 알 수 있는 교육일까? 태양 아래 땀을 흘려 보는 것, 그 결과로 열매를 수확하는 기쁨을 맛보는 것이야말로 '빵 교육'이자 '생명 교육'일 터다. 참으로 간절한 바람이 하나 있다. 사람이 사람답게 사는 세상에 우리 아이들이 꼭 필요한 '빵'이 되었으면 좋겠다. 왜냐하면 사람이 또한 빵으로만 사는 것은 아니기 때문이다.(마태 4,4) 그래서 얼토당토않은 아재 개그가 하나가 머릿속에 떠오르는 것을 어찌 막으랴! 우리 아이들이 이 세상이라는, 이 사회라는 밭에서 늘 "빵긋빵긋 웃는 '빵' 의, 웃음 전도사"가 되었으면 좋겠노라고.

해바라기

올봄, 개학 때가 되어도 돌아오지 못하는 학생들을 기다리며 씨 뿌려놓은 해바라기가 만개하였다. 양업고 길가에 핀 "불타는 사랑으로 해를 닮은 꽃!" 영어로는 '선플라워(sunflower)'라고 하여 '태양의 꽃'이고, 이탈리아어로는 '지라솔레(girasole)'라 하여 '태양을 향해 돌고 있다'는 꽃이다. 해바라기는 자기 이름대로 피어 있다. 아침 해가 떠오를 때면 동쪽으로 피어 태양에게 인사하고, 태양이 중천(中天)이면 곧바로 위를 쳐다본다. 저녁노을일 때는 석별의 아쉬움으로 서천을 지켜본다. 마침내 밤이 되면 슬프게 머리를 숙이고 다음 아침을 기다린다. 태양의 빛살을 하나라도 헛되이 놓치지 않기 위하여, 하룻길, 매일매일을 계속해서 해를 우러러본다. 뿌리는 땅에 묶여 있지만, 태양 쪽으로 충실히 방향을 바꾼다. 애정을 드러낸다.

해바라기는 태양과 같은 모습을 하고 있다. 황색의 꽃잎은 태양의 광채를 연상케 하고, 큰 원형 판도 태양을 닮았다. 늘 태양을 향해 있기에 어느덧 자신도 태양을 닮은 외모로 변한 듯하다. 물론 이런 현상의 인과를 과학적으로 입증할 수는 없을 것이다. 도리어 전문가들의 웃음을 살지도 모른다. 그래도 부정할 수 없는 두 가지 사실만은 온종일 해를 향하고 있다는 점과 또 그렇게 해를 닮았다고 하는 점이다. 어쨌든, 나는 자기 모든 능력을 한곳에 모아서 가장 사랑하는 대상을 제 속에 드러내고 있는 이 꽃이 좋다.

사람들은 누구나 동경하는 세계가 있고, 깊은 심지를 가지고 바라다본다면, 항구하게 추구한다면 사람 자체가 변할 수도 있다. 시선! 응시하는 시선이 언젠가는 사람도 변화시킬 수 있다는 것이다. 항상 금전에 시선을 쏟는 자는 탐욕에 빠지며, 더러운 것에 시선을 주는 자는 더러워지고 말지만, 모든 것을 제쳐놓고 순수한 것만 계속 우러러보는 자는 자신마저 순화될 수 있는 거다. 나는 이것이 교육이라고 생각한다. 진리라는 태양에 부단히 시선을 두는 연습!

코로나 바이러스19만 너무 뚫어지게 보다 보니 모두 불안하고 의심스러운 상황으로 변해 가는 요즘, 우리가 진정 바라봐야 하고 희망할 것이 무엇인가? 시절이 아무리 각박해도 나는 해바라기처럼 보고 싶은 것이다. 생명의 원천을 향해 서 있고 싶은 것이다. // "내 생애가 한 번뿐이듯 / 나의 사랑도 / 하나입니다. / 나의 임금이여 / 폭포처럼 쏟아지는 그리움에 / 목메어 / 죽을 것만 같은 열병을 앓습니다. / 당신 아닌 누구도 / 치유할 수 없는 / 불치의 병은 / 사랑. … 이미 하나인 우리가 / 더욱 하나 될 날을 / 확인하고 싶습니다. … 나의 임금이여… / 드릴 것은 상처뿐이어도 / 어둠에 숨지 않고 / 섬겨 살기 원이옵니다." //

위의 시(詩) 이해인 수녀님이 쓴 "해바라기 연가"로 작사한 '해바라기 노래'도 있다. 그 가사를 읊어 본다.

   1. 불타는 사랑으로 해를 닮은 꽃 / 언제나 해를 향해 깨어 사는 맘 / 노랗게 빛나네 사랑의 꽃잎 / 해바라기 꽃처럼 살고 싶어라 / 해바라기 마음으로 살고 싶어라.

   2. 불타는 소망으로 해를 닮은 꽃 / 언제나 해를 향해 깨어 사는 맘 / 까맣게 익었네 소망의 꽃씨 / 해바라기 꽃처럼 살고 싶어라 / 해바라기 마음으로 살고 싶어라.

3. 불타는 믿음으로 해를 닮은 꽃 / 언제나 해를 향해 깨어 사는 맘 / 땅 깊이 묻었네 믿음의 뿌리 / 해바라기 꽃처럼 살고 싶어라 / 해바라기 마음으로 살고 싶어라.

마음의 일

오늘날 우리네 학교의 모습들은 어떠한가? 학교를 의미하는 '스쿨(school)'은 '여유', '한가로움'이란 뜻을 지닌 그리스어 '스콜레(schole)'에서 왔다. 그러나 작금, 학교는 '여유롭게 사색하는 공간'은 커녕 과도한 학업 스트레스의 장이 되었다. 오히려 아이들의 창의성을 앗아가는 곳이 되지 않았는지 모르겠다. 게다가 올 2020년 전반기 교육은 블랙홀에 빠졌다. 코로나로 인한 온라인 비대면 교육은 '사람 냄새 속의 만남'을 그리워하게 하였다. 또한 사제간의 교감과 정, 돈독한 신뢰 속에 키워가는 꿈과 도전, 열정으로 함께하는 학교라는 보금자리까지 위협했다.

아이들은 언제나 입을 모은다. 행복을 느낄 때는 '좋아하는 일을 실컷 할 수 있을 때'이고, 불행할 때는 '학교성적 부담이 클 때'라고. 인지상정이다. 마음이 그리 흐르는 것을 어찌하랴! 그러기에 일찍이 철학자 플라톤도 "소년들을 엄격과 강압으로 공부시키지 말고 흥미를 느낄 수 있도록 이끌라. 이내 그들은 '마음의 의욕'이란 것을 발견할 것이다."라고 했다. 여기서 '마음의 의욕'이란 '스스로 발휘하는 면학의 기쁨이나 연구심, 탐구심'이라 하겠다. 이것은 진정 "교육은 '마음의 일'(돈 보스꼬)"이라고 한 성인의 말뜻일 것이다.

마음은 참 신비하다. 마음이 좋을 때는 한없이 넓어져 온 우주를 담고도 남는다. 그러나 언짢을 때는 바늘조차 들어갈 여지가 없다. 마음이 좋을 때는 사랑이 한도 끝도 없이 흘러나오지만, 마음이 어두워지면 미움, 시기, 질투, 험담, 비방, 위선, 불의, 거짓, 기만, 사기만 끝없이 출몰한다. 그러기에 교육이란 마음을 넓히고 그 마음이라는 일터 위에서 더더욱 이루어져야만 한다.

교육 현장에서 학생들 마음의 문을 열기 위한 교육자가 지녀야 할 태도를 십계명으로 제시해 본다.

1. 아이들 옆을 무심히 지나치지 않고, 먼저 말을 건넬 줄 압니다.
2. 한 명 한 명의 이름을 부르고, 그에 대해 하느님께 말씀드릴 시간을 갖습니다.
3. 아이들이 좋아하는 것을 좋아하면서, 교육자가 좋아하는 것을 좋아하게 합니다.
4. 미리 기다렸다가 맞이하고, 만나는 모든 순간을 교육적 순간이 되게 합니다.
5. 아이들과 머무는 것을 무척 좋아하고, 친절한 사랑으로 마음을 먼저 얻어냅니다.
6. 아이들 안에 있는 가능성을 발견하고, 돌볼 줄 알며, 인격적으로 존중합니다.
7. 많은 사람 앞에서 모욕을 주거나 비난하지 않았는지, 교육자로서 성찰합니다.
8. 돕는 자, 동반자로서 희생을 감수하고, 화가 났을 때 벌을 주지 않고, 인내롭게 이성에 호소하며, 설득합니다.
9. 가난한 아이들을 특별히 사랑하고, 더 기회를 줍니다.

10. 자연이라는 책을 읽을 줄 알게 하고, 삶을 변화시킬 수 있는 창의적 질문, 영적인 물음을 던집니다.(참고: 한국 살레시오 수도회 김은경 수녀)

현대가 아무리 세계화 시대, 제4차 산업혁명시대, 그리고 에듀테크(Edu-tech)시대라 하지만, 교육의 본질은 여전히 아이들의 마음을 여는, '마음의 일'인 것 같다. 왜냐하면 '한 사람 영혼의 무게와 깊이는 바다보다 우주보다 무겁고 깊기' 때문이다. 학교에서 교육을 받는 한 명 한 명의 아이들 영혼이 얼마나 소중하고 귀한지를 익히 알고 있다. 아이들의 웃음소리는 바다를 가르고 우주를 뚫고 들려오는 천상의 소리이자 천상의 음악이다. 그들 중 누구 하나라도 교육자의 사랑 눈에서 벗어나서는 안 된다.

"이름을 부르면 한 그루 나무로 걸어오고 / 사랑해 주면 한 송이 꽃으로 피어나는 / 나의 학생들이 있어 행복합니다. / 그들과 함께 생각하고 꿈을 꾸고 희망을 이야기할 수 있어 감사합니다."(어느 교사의 기도 - 이해인 수녀)

우리 집을 살리자

"교장신부님! 집에 가기 싫어요. 코로나 땜에 집에 머물러야 한다니, 너무 힘들고 답답해요. 양업학교 기숙사 홈이 제일 안전한 격리 지역 아닌가요?!"

수도권 인구 밀집 지역에 사는 학생의 말에 일리가 있다고 생각하면서도, 미소를 띠며 한 번 더 묻게 된다.

"너, 정말로 집보다 학교가 좋아?"
"예, 진짜예요."

한치도 망설이지 않는 대답을 들으면서 내심 이런 질문을 던져 본다.
'집보다 학교가 좋다니, 왜 집에 머무는 것이 답답하고 힘들다고 하는 걸까?'

"집은 어머니의 품이다. 우리는 집이라는 요람 안에 숨겨지고 보호받으며, 그 품에 따뜻이 안겨서 출발한다. 집이 우리에게 베푸는 가장 큰 은혜는 인간의 꿈을 보호하여 풍요로운 미래를 꿈꾸게 해 준다."라는 가스통 바슐라르(Gaston Bachelard) 말처럼 집은 소속감과 안정감을 얻을 수 있는 사랑의 보금자리이다. 보호를 받는 둥지요. 영육 간에 편히 쉴 수 있는 오아시스이다. 또 집이란 마음의 병원이다. 왜냐하면, 집은 용서와 용기를 북돋아 주는 장소로서 두려움이 존재하지 않는 곳이요. 진정한 자유로움을 느끼는 곳이기 때문이다. 이 집에서는 갖가지 염려들로 해방되고 모든 긴장에서 벗어난다. 그러기에 만약 돌아갈 '집'이 없다거나 홍수나 거센 바람으로 집을 잃는다면 얼마나 큰 아픔과 고통이겠는가?

인류 공동의 보금자리인 집은 '지구'일 것이다. 지금 그 집이 무너질 위기에 처해 있다. 강과 바다의 오염, 숲 파괴, 지표면 유실, 특정 지역의 급속한 사막화, 어종남획, 핵폐기물의 위험성 등등, 모두가 비통한 현실이다. 그런데 최근 가장 두드러진 것이 지구온난화이다. 과학자들은 화석연료인 석유와 석탄과 가스가 타면서 이산화탄소가 방출된다고 한다. 그것이 지구 둘레를 거대한 담요처럼 덮고 있어 지구를 데우는 유례없는 결과를 초래하고 있다. 여기서는 땅바닥이 말라붙는데 저기서는 죽음의 홍수가 난다. 광활한 농작에 기근이 드는데도 북극과 남극의 빙하와 만년설이 녹으면서 해수면이 상승하고 있다. 뉴욕과 런던, 라고스의 모든 해안 도시와 지표면이 낮은 섬들, 방글라데시 같은 나라가 사라지고 말 위기에 놓여 있다. 이에 따라 인간이라는 종이 멸종될 것이라고도 한다.

어제는 태풍 '마이삭'이 지나갔다. 거센 바람 속에 비가 내렸다. 지금은 또 언제 그랬냐는 듯 하늘이 높고 푸르다. 그 하늘 아래 잠깐 여유가 생겨 '코로나 바이러스가 전해 준 편지'라는 글을 한 구절 읽어 본다.

"어떻게 느끼시나요? 지구온난화가 심해지는 것처럼 당신들에게 고열을 일으켰고, 지구 대기가 오염으로 가득 찬 것처럼 호흡곤란을 가져다주었고, 지구가 매일 약해지는 것같이 당신들에게 연약함을 주었으며, 세계를 멈추게 만들어 당신들로부터 편안한 외출을 가져갔습니다."(Vivienne R Reich)

인류의 보금자리 '집'을 잃어가고 있는데 우리는 어떻게 해야 하는가? 숱한 논평가가 말하듯이 "우리는 무엇을 해야 하는지 알고 있으면서도 실천하려는 의지가 없다." 눈앞에 닥친 이기적 소비주의가 지구 파괴의 주범인 지구온난화마저 대수롭지 않게 여기게 하고 있다. 이제 필요 이상으로 가진 사람은 허리띠를 조이고 생활 소비를 낮춰야 한다. 경제가 끝없이 성장할 거라는 기대도 모두 접어야 한다. 사람들의 의식을 일깨우고 지구를 살리자고 호소해야 한다.

우리의 집을 살리자.

가을 기도

"너 요즘 기도하니? 무슨 기도를 하니?"
"대학 잘 가게 해 달라고요."
"그래, 네 기도가 간절하면 이루어지겠지."

그래, 그것이 너의 계절이겠지, 하면서도 마음은 이내 나의 계절로 돌아온다. 내 속에도 故 구상 詩人이 사과 한 개를 보고 노래한 그 붉은 가을이 들어와 있었나 보다.

〈한 알의 사과 속에는 구름이 논다.
한 알의 사과 속에는 대지가 숨 쉰다.
한 알의 사과 속에는 강이 흐른다.
한 알의 사과 속에는 태양이 불탄다.
한 알의 사과 속에는 달과 별이 속삭인다.
그리고 한 알의 사과 속에는 우리의 땀과 사랑이 영생한다.〉

사람들이 크면서 많이 듣는 말 중의 하나가 '철 들어라'는 말이다. 그 뜻은 계절과 때에 맞게, 철에 맞게 살라는 뜻인 줄 안다. 성경에도 이 "때"에 대해서 강조한다.

"하늘 아래 모든 것에는 시기가 있고 모든 일에는 때가 있다. 태어날 때가 있고 죽을 때가 있으며 심을 때가 있고 심긴 것을 뽑을 때가 있다. 죽일 때가 있고 고칠 때가 있으며 부술 때가 있고 지울 때가 있다. 울 때가 있고 웃을 때가 있으며 슬퍼할 때가 있고 기뻐 뛸 때가 있다. 돌을 던질 때가 있고 돌을 모을 때가 있으며 껴안을 때가 있고 떨어질 때가 있다. 찾을 때가 있고 잃을 때가 있으며 간직할 때가 있고 던져 버릴 때가 있다. 찢을 때가 있고 꿰맬 때가 있으며 침묵할 때가 있고 말할 때가 있다. 사랑할 때가 있고 미워할 때가 있으며 전쟁의 때가 있고 평화의 때가 있다."(코헬 3,1-9) 그러기에 우리 사람은 지금이 내게 어떤 때인지? 무엇을 할 때인지 성찰할 줄 알아야 철부지 인생을 벗어날 수 있지 않을는지!

러시아의 대문호였던 도스토옙스키는 "기도하는 것을 소홀히 하지 말라. 만약 당신이 진지하게 기도드린다면 기도할 때마다 새로운 의미를 알게 될 것이다. 그리고 기도는 신선한 용기를 주는 교육임을 이해하게 될 것이다."라고 하였다. 기도는 영혼의 호흡이기에 햇빛과 음식, 물처럼 사람의 생활에 꼭 필요한 하나이다. 기도는 "우리가 받은 마음의 상처를 치유해 주고, 시기심을 극복해 준다. 그뿐 아니라 불의를 물리치게 해 주고 죄에 대해 속죄하게 해 준다. 기도는 우리를 성화시키고 시련과 역경을 당했을 때 위로와 희망, 기쁨과 힘을 준다."(니사의 그레고리오)

개와 소, 말과 사자는 기도할 줄 모른다. 보이지 않는 희망도 할 줄 아는 사람만이 기도한다. 기도를 통해 나의 영혼이 맑게 되어야 다른 이들에게 '영혼의 울림'으로 감동도 줄 수 있다.

요즈음, 붉게 타오르는 담쟁이 단풍이 교정을 아름답게 수놓고 있다. 이래서 역시 가을은 기도하기 좋은 때인가 보다. 그 단풍이 낙엽이 되어 떨어질 때 나는 오히려 하늘을 우러러보았다. 불현듯, 김현승 시인의 시詩인 "가을 기도"가 떠오른다.

〈가을에는 기도하게 하소서

낙엽들이 지는 때를 기다려, 내게 주신 겸허한 모국어로 나를 채우소서

가을에는 사랑하게 하소서

오직 한 사람을 택하게 하소서

가장 아름다운 열매를 위하여, 이 비옥한 시간을 가꾸게 하소서

가을에는 호올로 있게 하소서

나의 영혼 굽이치는 바다와 백합의 골짜기를 지나

마른 나뭇가지 위에 다다른 까마귀같이〉

돈의 본향

깊어 가는 가을, 우수수 낙엽이 진다. 이맘때면 '사람은 주먹을 쥐고 태어나지만, 죽을 때는 손을 펴고 죽는다.', '사람은 이 세상에 아무것도 가지고 오지 않았으며, 아무것도 가지고 갈 수 없다.'라는 만고불변의 진리가 절로 생각난다.

사람에게 하늘이 보내주신 두 친구가 있다고 치자. 하나는 '삶'이란 친구요. 다른 하나는 '죽음'이라고 치자. 그러나 사람은 늘 함께하는 이 두 친구, '삶이 누구이며 죽음이 누구인지?'를 모르고 살 때가 허다하다. 일하지 않으면 돈을 벌 수 없고, 돈이 없으면 먹고살 길 없으니, 두 친구를 생각할 겨를이 없으리라.

학부모 교육이 있는 날, 이런 물음을 그들께 물어보았다.

1. 지금 내가 하고 싶은 일을 하면서 돈을 많이 버는 분.
2. 지금 내가 하고 싶은 일을 하면서 돈을 벌지 못하는 분.
3. 지금 내가 싫은 일을 하면서 돈을 많이 버는 분.
4. 지금 내가 싫은 일을 하면서 돈을 전혀 못 버는 분.

당연히 1번과 4번에 해당하는 양극단은 없으리라고 생각하고 "1번에 해당하는 분 손들어 보세요." 하였더니, 어머니 한 분이 손을 드셨다. 함께 했던 부모들이 '와! 우~'하고 놀라면서 부러움의 눈길을 보냈다.

술술 넘어가서 '술'이고, 살고 살아서 '삶'이며, 돌고 돌아서 '돈'이라 했던가. 오늘날 '돈이 세상을 지배한다.'라는 것은 삼척동자도 안다. 원하는 걸 할 수 있는 돈의 위력을 안다. "부가 가장 큰 우상이다. 대중 전체가 부를 본능적으로 섬긴다. 사람들은 재산으로 행복을 재고 재산으로 명예를 저울질한다. 재물이면 무엇이든 할 수 있다는 믿음이니, 재물이야말로 우상이다. 돈과 함께 또 다른 우상이 있다면 명성이다. 명성, 곧 세상에 알려지고 세상을 떠들썩하게 하는 것, 그 자체가 최상의 선인 양, 참된 숭배의 대상인 양 여긴다. 실로 우상에 이르는 명성이라 할 수 있다."(존 헨리 뉴먼)

생각해 보면, 돈이란 교환 수단으로 사용하자는 공동체 내의 약속이기도 하다. 약속에 의한 것이니 공동체 밖에서는 아무 가치가 없다. 돈은 그 자체로는 아무런 힘이 없다. 종잇조각에 불과하다. 그러므로 돈을 어떻게 다루느냐는 사람에게 달렸다. 돈의 가장 중요한 임무는 사람에게 봉사하는 것이리라. 돈은 교환 수단이므로 언제나 사람들과 관련이 있다. 관계를 맺은 사람들은 무엇인가를 교환하기 마련이다. 그래서 자기 재산 둘레에 높은 담을 쌓는 부자들처럼, 돈이 고립되어서는 안 된다. 돈은 나뉘어야 한다. 참으로 행복한 세상이란 영적 · 창조적으로 돈을 다루고, 내적으로 자유롭게 준비된 상태에서 돈을 통해 사람들에게 봉사하고, 그들의 삶을 깨워내는 것이다.

살아보니, 삶도 내 것이니까 살아야 하고, 또 내 것이 아니니 죽어야 함을 깨닫게 된다. 내 것이니 소중하게 아끼다가, 내 것이 아니니 임자께 돌려드려야 함을.

깊어지는 가을, 나뭇잎이 우수수 떨어진 그 자리에서, 한국의 두 번째 사제 최양업 신부가 "본래의 고향鄕을 생각思"하자고 지은, 사향가가 떠오르는 건 왜일까?

"어화우리 벗님네야 우리본향 찾아가세 /
동서남북 사해팔방 어느곳이 본향인고 /
우주간에 빗겨서서 조화묘리 살펴보니 /
이렇듯한 풍진세계 안거할곳 아니로다 /
인간영복 다얻어도 죽어지면 헛것이오 /
세상고난 다받아도 죽어지면 없으리라"

조율 한번 해 주세요

"아니! 네가 벌써 3학년 졸업반이야? 양업고에 입학한 게 어제인 것 같은데."
"아~아~ 그러게요. '시간이 야속'하네요."
"행복하게 잘 지내냐?",
"글쎄요. 답답하네요. 이렇게 가슴을 치면 좀 나으려나?"
"너, 코로나 블루(Corona blue)에 걸렸구나!"
"예, 야속한 '코로나19'가 저를 우울하게, 무기력하게 만드는 것 같아요."
"그렇다고 가슴을 주먹으로 치니. 빨리 코로나 백신과 치료제가 나왔으면 좋겠다."

2020년도 마지막 달이고 크리스마스가 얼마 남지 않은 이 순간, 가슴을 치며 답답해하는 친구를 어떻게 위로해 줄 수 있을까 고민에 빠져 본다.
혹자는 말한다. 이 코로나 정국에 하느님이 어디에 있냐고, 잠자고 있는 하느님은 믿지 않겠노라고. 그렇다. 후안 아리아스도 말했다. 잠자는 하느님을 절대 믿지 않는다. "나약이라는 죄악 안에 인간을 '붙들어 매 놓는' 하느님. '나는 할 수 없습니다.'라고 울먹이며 말하는 정직하고 신실한 한 인간이 시달리고 있는 심각한 문제에 대하여 해답을 주지 못하는 하느님. 물질을 죄악시하는 하느님. 고통을 사랑하는 하느님. 인간의 기쁨을 시기하여 중단시키는 하느님. 인간의 이성을 빈약하게 만드는 하느님. 카인의 새

후예를 계속 축복하는 하느님. 마술사와 요술쟁이인 하느님. 온갖 절망 속에서 내가 희망할 수 없는 하느님을 나는 믿지 않는다."

천주교에서는 '미사' 때마다 '고백의 기도'를 바친다. "전능하신 하느님과 형제들에게 고백하오니, 생각과 말과 행위로 죄를 많이 지었으며 자주 의무를 소홀히 하였나이다. 제 탓이요, 제 탓이요, 저의 큰 탓이옵니다." 라고 한다. 이 「탓」이라는 말이 나올 때마다 가슴을 친다.

가슴을 치는 의미는 무엇일까? 사람이 주먹을 쥐고 제 가슴을 친다는 것은 내면세계의 대문을 두드려 열어젖히는 동작이다. 내면은 마땅히 '생명과 빛과 활력이 가득한 터'이어야 한다. 그런데 지금 가슴속은 어떤 상태인가? 온갖 의무·고충·결단 등 절박한 요구들로 가득 차 있다. 또 삶의 한가운데에서 죄와 죽음에 둘러싸여 있지만 별로 실감이 안 난다. 이런 상황에서 '깨어나라', '네 사정을 살펴라', '정신 차려라', '마음을 돌려라', '참회하라.'라고 가슴을 치는 것이다. 자신을 쳐서, 하느님 편에 서서 자신을 벌한다. 한마디로 성찰과 회개에의 촉구이다. 회개에 해당하는 그리스어 "메타노이아"는 "(새롭게)생각을 (행위까지)바꾸다."라는 어원을 지니고 있다. 개선과 전환은 새로운 생각에서 시작된다. 생각을 바꾸어야 자신의 모습을 바꿀 수 있다. 진정한 삶을 향한 새로운 길을 갈 수 있게 된다. 새로운 눈으로 세상을 보는 것이다.

이 한 해의 끝자락에서 박노해 시인의 '길'을 읽어 보며 삶의 위안을 삼아본다.

"먼 길을 걸어온 사람아 / 아무것도 두려워 마라 / 그대는 충분히 고통받아 왔고 / 그래도 우리는 여기까지 왔다 / 자신을 잃지 마라 / 믿음을 잃지 마라 / 걸어라 / 너만의 길로 걸어가라 / 길을 잃으면 길이 찾아온다 / 길을 걸으면 길이 시작된다 / 길은 걷는 자의 것이니"

그랬더니 또 평소 좋아하는 '조율'(작사·작곡: 한돌, 노래: 한영애)이란 노래의 후렴이 흥얼거려진다. "잠자는 하늘님이여 이제 그만 일어나요 / 그 옛날 하늘빛처럼 조율 한번 해 주세요."

눈속의 사색

　겨울방학. 아이들이 웃음과 노랫소리가 사라진 빈 교정에 하얀 눈송이가 내린다. 이렇게 하염없다가는 이내 눈 속에 폭 파묻힐 것이다. "아무것도 하지 않는 것이 때로는 가장 훌륭한 어떤 것에로 이끌어 준다."는 러끌레르크 신부의 말도 눈처럼 쌓인다. 지금까지 가장 감명 깊게 읽었던 책을 꼽으라면 단연 분도 출판사에서 출판했던 "게으름의 찬양"이다. 신선한 충격은 오래도록 뇌리에서 떠나지도 않는다.
　책의 내용은 대충 이렇다. 사람들은 너무 바쁘게들 살아가고 있다. 여행의 의미도 무엇을 어떻게 보고 느꼈는가가 아니라, 얼마나 짧은 시간에 얼마나 많은 나라를 돌아다녔는가로 평가한다. 간혹 쉬기라도 할라치면 남의 눈이 무서워. 그간의 과로로 휴식이 필요하다고 병원에서 한마디 들었다고 해야 떳떳해진다. 여행도 사업차 또는 회의 때문에 간다고 해야 나름 있어 보인다. 휴식이나 쉼이 삶의 중요한 부분임에도 불구하고 어느 사이엔가 부끄러운 변명거리로 전락하고 말았다. 그러나 휴식이나 쉼 또는 아무것도 하지 않음이 얼마나 중요하고 멋진 것인가? 세상의 위대한 법칙들도 복잡하고 부산한 연구소에서가 아니라 한가로이 쉬는 동안에 발견된 것들이 많다. 뉴톤은 사과나무 아래 누워 망중한을 즐기다가 만유인력의 법칙을 발견했고, 아르키메데스는 목욕탕에서 유레카를 외쳤다. 너나 할 것 없이 바쁘게들 살아가고 있다. 무엇을 위해서? 돈을 벌기 위해서? 성공하기 위해서? 그것이 과연 우리 삶의 궁극 목표인가? 얼마나 더 많이 가져야, 얼마나 더 높은 지위에 올라가야 우리는 쉬게 될까. 잠시 쉬며 인간다워지자고 할 때 "가끔 하늘을 보자"고 한다. 서양에서는 "Smell the roses"(장미향을 맡자)라고 한다. 인간이 비로소 인간답게 되는 것은 오히려 휴식과 쉼에서 발견하게 되는 사소한 의미와 작은 기쁨들일 것이다.

아침부터 눈이 오는 창밖을 내다보며 이런 생각에 몰두해 있을 때, 세상은 어느새 눈 천지가 되었다. 하늘에서 소리도 없이 온통 장악한 새하얀 눈 세상이 자못 반갑고 그지없이 고맙다. 이렇게 쉴 새 없이 내리는 눈은 우리의 아픔과 슬픔을 위로하고, "가진 자와 못 가진 자"가 없이 공평하게 뒤덮어, 아름답고 평화로운 세상을 만들어 가고 있다는 느낌을 주기 때문이다. 눈은 언덕 위와 성당 종탑 위에도 내리고, 묘지 위에도, 늪 속의 갈대밭과 얼어붙은 강물 위에도 내리고, 파도치는 겨울 바다 위에도 내리고, 힘겹게 살아가는 달동네 판잣집 지붕 위에도 내리고, 그리움처럼 북녘땅에도 내린다.

하늘에서 내린 눈이 그 많은 아픔과 슬픔을 승화하기 위해 어떻게 자기 통제를 했는가는 빗물이 얼어 눈이 된 하얀 스펙트럼 속에 얼마나 많은 색채를 담고 있는가를 보면 알 수 있으리라. 또 그것이 만든 결정체의 구조가 얼마나 단단한가를 보면 알 수 있으리라. 겨울나무에 핀 눈꽃이야말로 그토록 절제된 눈의 결정체와 나목이 지닌 겨울의 의미가 완전히 조화를 이루어 빚어낸 미의 극치이다. 많은 사람이 눈은 '죽음에 대한 상징적 이미지'라고 노래하지만, 이 또한 인간의 성숙한 지성미를 드러낸다고 말해도 되는 지점 역시, 우선 저토록 아름답지를 않은가? 그래서 먼 하늘에서 내리는 눈은 인간이 험난한 한 세상을 살아가면서 자신의 위엄과 인간적 아름다움을 유지하기 위해 가져야만 하는 견인력이, 얼마나 값지고 소중한가를 말없이 대변한다. 바로 여기에서 교육의 참 목적을 찾아본다. '눈속의 사색'처럼 교육은 원래 진리 자체를 사랑하고 실재를 탐구하는, 무욕의 관조적 삶을 사는 데 있지 아닐는지?

정월대보름의 바람

　정월대보름(음력 1월 15일)! 잠을 자면 눈썹이 하얗게 된다는 말에 꼬박 밤을 새우려다 잠이 든 일, 아침 일찍 부럼을 깨물어 먹으면 부스럼이 나지 않는다는 말에 땅콩이나 호두, 단단한 알사탕을 깨물어 먹었던 '부럼깨기', 친구나 이웃의 이름을 부르고 응답하면 "내 더위 사가라"고 했던 '더위팔기', 그 무엇보다 어린 시절 동네 친구, 형과 동생들이 철삿줄을 엮어 만든 깡통에 불을 살라 빙빙 돌리며, 둥근 달님께 불꽃을 선사했던 추억의 '쥐불놀이' 등이 떠오른다. 어린 그 시절 함께 했던 고향 친구, 형님과 동생들은 정월 대보름날 어디에서 무엇을 하며 지내고 계실지? 오늘 밤 저 큰 둥근 달을 바라보며, '코로나19'가 빨리 물러가고 만사형통과 무사태평의 세상이 오기를 모두가 두 손 모아 빌고 있지 않을까.

　'코로나19'에 대한 대응 방법을 행복을 증진 시키는 다른 방향에서 찾아보아야 한다. 1950년대 전후 미국에선 급성 심장병 환자가 급증해 희생자가 속출했다. 그러나 그 당시 펜실베니아의 로제토란 마을의 경우는 매우 예외적인 현상이 벌어졌다. 급성 심장병 환자로 인한 사망자가 19년간 거의 없었다. 이에 한 대학병원의 의료 연구 대표팀이 6개월간 그 마을에 거주하면서 사람들의 삶의 방식을 관찰하고 보고서를 작성했다. 그들이 관찰한 바에 따르면, 로제토 마을은 작은 가게 하나 없는 가난한 이민자 마을이었고, 그곳에는 니스코란 젊은 신부가 있었다. 그는 마을 사람들에게 주택을 밀집하게 짓게 하고 주민들끼리 서로 돕고 교제하며 살도록 권유

했다. 이웃을 배려하며 친밀하게 사는 사람들에게 스트레스를 거의 찾아볼 수 없었다. 심장병의 주요 원인 가운데 하나는 스트레스다. 심장병뿐만 아니라 스트레스는 대부분의 모든 신체적 질병과 부적응 행동 선택에 원인을 제공하는 것으로 연구되고 있다.

한국심리상담연구소 김인자 소장은 '코로나19'로 인해 극도로 스트레스를 받는 우리에게 자신의 건강과 행복을 위해 자유롭게 선택할 수 있는 행동 양식들을 강력하게 추천한다. 한 사람이 가지고 있는 사랑과 소속의 욕구, 힘과 성취의 욕구, 자유의 욕구, 재미와 즐거움의 욕구, 이들 욕구 중 하나라도 충족되면 나와 이웃의 행복 에너지가 증진된다고 한다. 이 증진된 행복 에너지는 개인의 신체적 건강 유지에 도움이 될 뿐만 아니라 '코로나19'로부터 벗어날 수 있는 정신적·심리적 대응 방안이라 말한다.

김인자 소장은 토마스 고든의 '의사소통기법', 윌리엄 글라서의 '현실치료와 선택이론', 마틴셀리그만의 '긍정심리학' 등에서 제시한 이론들을 근거로 한 코로나 극복 '행복 에너지 증진 10가지 활동'을 제시한다. 〈① 아침에 거울 보고 밝게 3번 웃기 ② 건강관리 점검하기 ③ '때문에'를 '덕분에'로 바꾸어 생각하기 ④ 만나게 된 이웃에게 먼저 인사하기 ⑤ 선행하기, 용서하기, 봉사하기 ⑥ 하루에 15분 이상 의미 있는 일에 몰입 경험하기 ⑦ 자연, 새소리, 꽃향기 감상하고 나누기 ⑧ 실패는 없다. 또 한 번의 학습의 기회일 뿐이다 ⑨ 잠들기 전 그날의 좋았던 일 떠올리기 ⑩ 감사하기, 서로 사랑하기, 기도하기〉이다.

정월대보름 '귀밝이술'을 한 잔이 생각난다. '귀밝이술'은 귀가 밝아지고 귓병을 막아 주며 1년간 좋은 소식만을 듣기를 바란다는 희망을 주기 위한 술이다. 술이긴 하지만 아이들에게도 주기도 한다. 정월대보름 아침 '코로나19'로 지친 우리 모두에게 '귀밝이술' 한 잔씩 따라 드리고, 코로나 극복 '행복 에너지 증진 10가지 활동'을 권하며, 정월대보름 큰 둥근 달을 바라보며 저의 바람을 청해 본다. 달님이시여! 코로나19가 빨리 물러가게 하시고 우리 모두의 행복한 일상을 회복시켜 주소서.

노멘 에스트 오멘

새봄, 개나리와 진달래꽃이 새 학기를 맞은 양업고 교정에 피었다. 새소리, 바람 소리와 어우러진 아이들 웃음소리에 봄기운이 가득하다.

"두근두근 선생님도 설렌다 / 다시 만날 생각에 / 선생님이 출석을 부른다 / 조팝나무. 예! 돌단풍. 예! 원추리. 예! 매화. 예! / 모두 각자의 빛깔로 / 모두 모두 각자의 소리로 / 대답을 한다 / 미소 띤 얼굴은 / 어찌 그리 상큼한지 / 선생님도 감탄한다 / 하느님은 봄날의 / 출석을 부르시는 / 선생님이시다."라는 마리 은혜 수녀의 글이 참 와닿는다.

재미있는 라틴말이 있다. "노멘 에스트 오멘"(Nomen est omen)이다. 노멘(Nomen)은 '이름'이다. 에스트(est)는 '이다'라는 동사다. 오멘(omen)는 '징조'이다. "이름이 징조이다." 다시 말해 '이름'이라는 것은 그 사람의 '독자성과 특별함'을 드러내는 경우가 많아서 그의 이름을 알면 어느 만큼은 그 사람을 알 수 있다. 그렇게 알게 되면 그 사람과 좋은 관계를 맺을 수 있다. 어느 나라에서든 제 자식에게 이름을 지어줄 때 어버이는 자식의 더 나은 미래를 기원하는 마음이 있다. 우리나라에서도 아이가 태어나면 마치 아이의 이름이 그 삶을 규정하기라도 하듯이 이름 짓기에 신중을 기한다. 그래서 아직도 이름을 지어 주는 작명소가 있다. 또 살다가 삶의 변화를 주고자 새 이름으로 바꾸는 일 역시 없질 않다. 작가의 필명이나 예술가의 예명 등이 그렇다. 그만큼 많은 사람이 자신의 이름이 지닌 뜻을 중요하게 여긴다.

하나의 커다란 예는 예수님 자신이다. 대천사 가브리엘이 나자렛의 마리아를 찾아와서 "이제 아기를 가져 아들을 낳을 터이니 이름을 '예수'라 하여라. 그 아기는 위대한 분이 되어 지극히 높으신 하느님의 아들이라 불릴 것이다."(루카 1,31-32)라고 전한다. 천사가 전해 준 '예수'라는 이름은 민족이 이집트에서 도망쳐 가나안 땅으로 들어갈 때 모세라는 위대한 지도자의 뒤를 이어 사람들을 인도한 '여호수아'라는 인물을 떠올리게 하는데, 예수는 '여호수아 같은'이라는 뜻의 이름이기 때문이다. 그래서 '예수'라는 이름에는 이스라엘의 새로운 구원에 대한 희망이 투영되어 있다. 그리스 말로 발음하면 '예수스'이지만 히브리 말로는 '요슈아'(요=주님, 슈아=구(救))가 되어, '주님께서 구하신다'는 뜻의 이름은 '구원자'라는 예수님의 사명을 잘 드러내 준다.

'노멘 에스트 오멘'은 꽃말에도 드러난다. 개나리의 꽃말은 희망, 깊은 정, 조춘의 감격이라고 한다. 서양에선 강한 생명력을 상징하는 꽃으로 인식하고 있다. 또 진달래의 꽃말은 '신념, 애틋한 사랑, 사랑의 기쁨'이라 한다. 정말, 지금 눈앞에 보면서도 꼭 그러하지 아니한가?

"내가 그의 이름을 불러 주기 전에는 / 그는 다만 / 하나의 몸짓에 지나지 않았다.

내가 그의 이름을 불러 주었을 때 / 그는 나에게로 와서 / 꽃이 되었다.

내가 그의 이름을 불러 준 것처럼 / 나의 이 빛깔과 향기(香氣)에 알맞은 /

누가 나의 이름을 불러다오 / 그에게로 가서 나도 / 그의 꽃이 되고 싶다.

우리들은 모두 / 무엇이 되고 싶다 / 너는 나에게 나는 너에게 /
잊혀지지 않는 하나의 눈짓이 되고 싶다."

김춘수 시인의 "꽃"이라는 시의 시심을 피우는 새로운 봄, 새로운 학기를 꿈꾸어 본다. 바다보다 우주보다 무겁고 깊은 영혼을 가진 아이들 한 명 한 명의 귀한 이름을 부르는 선생님들은 얼마나 행복할까! 우리 미래의 꽃들에게 희망을 주는 아름다운 이름을 부르고 기억해 주는 선생님들은 얼마나 사랑이 많을까! 오늘도 아이들의 이름을 한 명 한 명 불러 보아야겠다.

Nomen est omen!

시간을 내자!

봄꽃들이 만발하는가 싶더니 어느새 온 산하가 푸르게 물들어 간다. 대자연의 변화 앞에서 인생의 흐름도 새롭게 와서 닿는다.

"시간 없습니다. 빨리 부탁해요." "지금은 바빠서 안 됩니다." '빨리빨리'를 입에 달고 사는 사람들이 흔히 쓰는 말이다. 그러면 정작 무엇 때문에 그리 바쁜가? 정말 시간을 내야 하고, 시간을 쪼개서라도 해야 하는 본질적인 일인가? 아니면 안 해도 되는 걸 가지고 '바쁘다 바빠' 요란을 떠는가? 후자의 경우라면 '(꼭 필요한)시간을 내라'는 아일랜드 민요의 가사를 들려주고 싶다.

"일하기 위한 시간을 내라. 성공의 비용이다. / 생각하기 위한 시간을 내라. 능력의 근원이다. / 운동하기 위한 시간을 내라. 젊음을 유지하는 비결이다. / 독서를 위한 시간을 내라. 지혜의 원천이다. / 친절하기 위한 시간을 내라. 행복으로 가는 길이다. / 꿈을 꾸기 위한 시간을 내라. 구원받는 자의 특전이다. / 주위를 살피는 데 시간을 내라. 이기적으로 살다 마는 짧은 하루다. / 웃는 시간을 내라. 영혼의 음악이다."

하느님이 아닌 이상 사람은 시간이란 제한 속에 살고 있다. 시간이란 무엇인가? 철학자들은 시간을 '운동의 수'라고 정의한다. 이 말을 달리 표현하면 시간은 '변화의 수'라는 뜻이다. 길이를 측정하는 단위가 '미터'이고 무게를 측정하는 단위가 '그램'이라면 변화를 측정하는 단위는 '시간'이다. 그러니까 일 년이 지났다는 것은 일 년 동안 변화했다는 뜻이다. 그러므로 사람은 모름지기 시간 속에서 순간마다 더 완전을 향하여 변화되어야 하는 숙명을 띠고 있다. 그래서 사람은 '되어진 존재'가 아니라 '되어가는 존재'라고 한다. 시간 속에서 완성을 향해 나아간다.

우리는 시간을 과거, 현재, 미래라는 세 부분으로 구별한다. 그런데 적잖은 이들이 과거나 혹은 미래의 일만을 생각하다가 절망에 빠지기도 한다. 과거의 잘못을 헛되이 후회하든지, 실패만 계속 떠올리든지, 잃어버린 행복에 미련을 두고 슬퍼하기만 한다. 과거를 경시해서는 안 되지만 지난 상처들에 얽매여서도 안 된다. 마찬가지로, 미래에 대해 끝없이 골몰하는 것도 도움이 안 된다. 앞으로 어떻게 될까? 나의 요구가 정당하게 받아들여질까? 암에 걸리지는 않을까? 배우자가 나를 배신하지는 않을까? 공동체가 나를 용납할 수 있을까? 등등, 미래에 대한 과도한 상상이 절망으로 내몰 수 있다. 이런 위험에서 벗어나는 유일한 길은 '현재를' 사는 것이다. 내가 실존하고 있는 지금, 이 순간을 '그래' 하며, 긍정하는 자세이다.

"모든 이에게 감사합니다. 늘 행복하세요. 행복하게 사는 것이 하느님의 뜻입니다." 이는 '모든 이에게 모든 것을(Omnibus omnia)'이라는 사목 표어로 60년이란 시간을 어질고 착한 목자로 사셨던 정진석 니꼴라오 추기경님께서 늘 평소에, 또 선종하시는 마지막 죽음의 순간에, 우리 모두에게 전해 주신 말씀이다. 어떻게 하면 인생을 행복하게 살 수 있을까? 정 추기경님은 구십의 생을 통하여, 다른 사람에게 도움을 주기 위해 시간을 쓰는 것이 진정한 행복이라 가르치셨다. 그러다 그 '행복 충만한 하느님 나라'로 우리보다 앞서 초대받으셨다.

인생의 모든 나날이 선물로 받은 시간이다. 매 순간, 1년 365일, 일평생이 선물로 받은 시간이다. 이 귀한 시간을 타인에게 도움이 되도록 쓰는 것이 자기희생이요 나누는 삶이기에, 그 자체로 행복해지리라. 선물 받은 시간을 내놓지 않고 미루는 것은 시간 도둑이 아닐는지… 왜 시간을 내서 열심히 공부하고 배우는가? 세상과 사람에게 도움이 됨으로써 행복해지기 위함이다. 그러니, 알뜰히 시간을 내보자.

빛의 승리

푸른 숲이 된 양업 교정의 꽃 잔치는 이제 장미의 차례로 배턴이 이어졌다. 정열적인 사랑을 드러내는 붉은 장미, 보기만 해도 마음이 정화되는 하얀 장미, 눈길을 따뜻하게 하는 노란 장미가 피었다. 숲속 장미 정원을 거닐다가 온갖 새들의 합창 속에 어우러진 뻐꾸기 소리를 듣고 있노라면, 마음이 밝아지고 정신이 맑아진다.

"울지마 톤즈"와 "부활"의 이태석 신부는 "친구가 되어 주실래요?"라는 책에서 말한다. "'청소년들과 함께하는 삶의 여정은 맨발로 장미 덩굴을 걷는 것과 같다.'라는 돈 보스코 성인의 말이 떠오른다. 청소년들과 함께 춤추고 노래하며 사는 삶은 겉으로 보기엔 장미꽃과 같은 화려한 삶처럼 보인다. 그러나 장미꽃에 감추어진 가시들처럼 항상 따르는 크고 작은 많은 어려움과 아픔을 그들과 함께 받아들일 준비가 되어 있지 않으면, 또 그에 필요한 인내심이 있지 않으면 그들과 함께할 수 없다는 것을 많이 느낀다. 하지만 가시들 때문에 생긴 발바닥의 굳은살 덕에 미래의 험난한 정글을 그들과 함께 쉽게 헤쳐 나갈 수 있기에 가시처럼 많은 어려움 또한 감사할 수 있게 된다." 우리 양업고의 '청소년 장미'들도 마찬가지이다.

코로나19 이후 생태 환경과 기후 위기에 대한 관심이 어느 때보다 높다. 하늘, 땅, 물, 공기 등은 최근 여러 담론의 키워드가 되었다. 이런 대자연의 키워드 중에 제일 먼저 떠오르는 단어가 '태양'이다. 태양보다 더 위대한 하느님의 창조물이 있겠는가? 태양의 본질은 따뜻한 빛과 열을 주는 것이다.

지금 그 빛과 열을 받을 수 없다면 우리는 당장 살 수 없다. 우리가 태양 아래 있든, 혹 그것에게서 멀어지든, 태양의 빛으로 주위를 가득 차게 하든 혹은 그 빛의 감각을 차단하든 상관없다. 태양 그 자체는 결코 변함이 없다. 우리는 '태양은 절대 사라지지 않을 것이다'라는 믿음 속에 산다.

성경 안에서 빛이란 그저 눈에 보이는 물질적인 빛만이 아니라 정신적인 빛이기도 하다. 하느님 자신이 빛이시다. 성경에서의 빛은 행복, 사랑, 평화, 질서 등 적극적이고 긍정적인 요소를 두루 포함한다. 빛의 반대는 어둠과 죄악 등 온갖 부정적인 것들이다. 동양적으로 말하면 '음양'이다. 음은 어둠에, 양은 빛에 해당한다. 그리스 철학에서는 카오스와 코스모스이다. 혼돈이라는 어둠의 카오스 상태로부터 질서 정연한 빛의 코스모스 상태로 표현된다.

부디 태양 같은 우리 젊은이들이 밝고 맑은 사랑의 빛을 받고 자라나는 세상이 되기를 바란다. 어둠과 어른들이 저지른 잘못의 희생물이 되어서는 안 된다. '오창 여중생 자살 사건'이 가슴 아프다. 다시는 이런 사회적 참사가 없기를 바란다.

수도자(독수자)들은 자신들의 공격적 성향, 그리고 무의식적인 욕구와 억제된 열정으로 오염되지 않기 위해, 동시에 오염시키지 않기 위해서 고독한 사막으로 간다. 마음 안의 영성적, 감성적 환경을 보호한다. 그들은 인간이 하는 갖가지 말과 행동이 타인들에게 영향을 준다는 것을 잘 안다. 부정적 감정을 억제하지 않고 표출할 때, 또 선입견을 퍼뜨릴 때, 인간 환경이 독물로 오염됨을 잘 안다. 이런 오염이 자연 생태자원의 오염만큼 해롭다는 것을 누구보다 잘 안다.

오늘날 많은 사람이 병에 걸릴 정도로 가정과 회사, 그리고 사회의 "감정 환경"이란 것이 혼탁하다. 자연환경의 개선도 중요하지만 동시에 우리의 내부 안에도 한줄기 개선의 빛을 밝히면 좋겠다. 만일 내 작은 사랑의 빛을 통해 내가 사는 곳만이라도 사람이 살만한 곳으로 된다면, 결국 세상 전체가 바뀌어, 편안한 보금자리, 집이 되리라. 지금 아무리 세상을 어둡게 하는 온갖 악이 횡행하고 있지만, 언젠가는 반드시 빛이 승리할 것을 굳게 믿으며, 아름다운 장미밭을 걸어 나온다.

평화를 찾아서

"어느 집에 들어가든지 / 먼저 그 집의 평화를 위해 / '이 집에 평화를 빕니다' 하고 인사하여라 / 거기 평화 바라는 사람 / 살고 있으면 평화 머물고 / 그렇지 못하면 너희에게 되돌아올 것이다 / 네 집안에 평화 / 네 나라에 평화 / 온누리를 향해 평화의 노래 불러라 / 네 겨레와 벗들 / 나 사랑하기에 / 평화의 노래가 넘치게 하리라 / 남쪽에도 평화 / 북쪽에도 평화 / 우리나라 위해 평화의 노래 불러라."

내 젊은 시절 애창곡 중 하나인 김정식 작사 작곡의 '평화의 노래'이다. 통계에 의하면 사람이 한평생 가장 많이 듣는 말이 사랑, 그다음이 놀랍게도 '평화'라 한다. 어쩌면 이것은 너무 귀한 가치이고 실현하는 것이 너무 어려우므로 가장 많이 듣는 말인지도 모른다. 평화는 우리에게 가장 아쉽고, 가장 필요하고, 가장 큰 소원이다. 그러나 불행하게도 인간의 역사는 끊임없는 갈등, 폭력, 테러리즘, 전쟁 등으로 점철되어 온 것이 현실이다. 현재에도 나라 안팎으로 반평화적인 사태가 계속되고 있고, 전쟁의 위험이 상존하고 있다. 대한민국도 6·25 한국전쟁의 참상을 겪어야 했고, 아직도 세계에서 유일하게 남·북으로 갈라진 분단국가로 남아 있다. 그러기에 어떤 이는 말한다. 평화의 실현은 유토피아적이다. 그러기에 인간의 노력만으로 성취할 수는 없다.

오늘날 평화 문제는 특히 지구의 보전과 인류의 생존에 꼭 필요한 것이 되었다. 독일의 핵물리학자요, 철학자인 바이책커(Weizsäcker)는 "오늘날과 같은 과학, 기술시대에서 평화는 곧 삶의 조건이다"라고 강조한다.

그렇다면 과연 평화란 무엇일까? 삶에서 가장 어려운 질문 중 하나이다. 성경에서 '샬롬'이라는, 평화를 가리키는 말의 뜻은 한마디로 '온전함'을 의미한다. 다시 말해 일상에 있어서 자연과 자기 자신과 하느님과 화합한 사람의 처지를 가리킨다. 평화는 전쟁이 없는 것만이 아니라 개인이 자신과 조화를 이루고, 자연과 조화를 이루고, 타인과 조화를 이루며 살아가는 모든 상황이다.

평화로운 것은 조용한 것과 다르다. 단호하게 행동하고 열정적으로 환호하면서도 평화로울 수 있는 충만이다. 평화는 움직임이 없는 고요함보다 역동적 심오함을 지닌다. 그러기에 평화는 우리의 '참여'와 '기도'를 요구한다.

가톨릭교회에는 교회가 인가한 공식적인 기도가 있다. 예수님께서 직접 제자들에게 가르쳐 주신 '주님의 기도' 외에도 후대에 교회에서 만든 '사도신경', '묵주기도'들이 있다. 교회의 이런 공식적인 기도 외에 교우들의 사랑을 받는 기도는 성인 중의 성인으로 알려진 아시시의 프란치스코 성인의 정신을 기리는 '평화를 위한 기도'이다. 이 기도는 프란치스코 성인이 직접 지은 기도는 아니다. 이 기도문은 성인이 돌아가신 지 600여 년이 지난 17세기경에 이름 모를 어떤 사람이 만든 것이다. 기도문의 내용이 프란치스코 성인의 정신을 완벽하게 표현하고 있다고 해서 "프란치스코 성인의 평화를 위한 기도"라고 알려져 내려오고 있다.

주님! 저를 당신 평화의 도구가 되게 하소서,

미움이 있는 곳에 사랑을 / 모욕이 있는 곳에 인내를 / 불화가 있는 곳에 화목을 / 오류가 있는 곳에 진리를 / 의혹이 있는 곳에 믿음을 / 절망이 있는 곳에 희망을 / 어둠이 있는 곳에 광명을 / 슬픔이 있는 곳에 기쁨을 심게 하소서.

자기를 주면 받을 수 있고, 자기를 잊으면 찾을 수 있고 / 용서하면 용서받을 수 있고 / 목숨을 잃으면 영생으로 부활하겠사오니 / 주님! 위로받기보다는 위로하고 / 이해받기보다는 이해하고 / 사랑받기보다는 사랑하게 해 주소서.

감사 테라피

"교장 신부님 안녕하십니까? … 제가 양업고등학교에서 많은 것을 배웠습니다. … 감사합니다. 한때 옳지 않은 행동을 너무 많이 보여서, 마음이 슬프고 죄송합니다. … 그래도 늘 가르쳐주시고 저를 사람 만들어 주셔서 감사합니다." 학교생활 내내 말썽 피우고 철없이 놀았던 아이가 보내온 감사 편지의 내용이다. 여름방학 맞이 대청소를 하다가 문득 주워 다시 읽으니, 마음에 뿌듯함이 느껴진다. 코로나19와 여름 불볕더위에 지쳐있던 일상의 청량제라고나 할까.

미국의 마이클 메컬로(Michael McCullough)와 로버트 에먼스(Robert Emmons)라는 두 박사는 '감사'에 관한 연구로 유명하다. 수백 명을 세 개의 집단으로 분리하였다. 첫째 그룹은 좋든 나쁘든 매일 겪는 일을 사실대로 기록하게 하였다. 둘째 그룹은 기분 나쁘고 부정적인 체험을 기록하게 하였다. 셋째 그룹은 그날 중에서 감사하게 여기는 것을 기록하라는 지시를 받았다. 연구 결과 세 번째의 "감사 그룹"은 신체적·심리적·영적인 면에서 현저하게 향상되었다. 신체적으로 그들은 더 많은 운동을 하였고, 병리 증상들을 덜 겪었으며 수면의 질도 향상되었다. 심리적으로는 높은 수준의 주의력, 열광, 확고함과 에너지를 기록하였다. 우울증과 스트레스를 덜 겪었고 삶의 부정적인 면들을 부정하지 않으면서 더 높은 차원의 낙관주의와 생명에 대한 만족으로 개선하였다. 영적으로 그들은 타인을 돕는 것을 더 좋아하였으며 다른 이들을 덜 부러워하였다. 덜 물질적이며 더 관대했고, 종교의식에 참여하고 종교적 활동에 봉사하는 것을 더 좋아하였다.

현대 의학에서도 '감사'는 스트레스를 완화하고 면역계를 강화하여 치유를 촉진한다고 한다. 또한 '감사'라는 정서는 몸에도 좋은 반응을 일으켜 혈압을 떨어뜨리고, 소화 작용을 촉진한다고 한다. 그러기에 '감사'는 '최고의 항암제요, 해독제요, 방부제이다.'라고까지 말한다.

감사는 그리스도교 삶에도 필수이다. 사실 감사드리지 않는 사람은 그리스도인이 아니라고 말할 수도 있다. "언제나 기뻐하십시오…… 모든 일에 감사하십시오. 이것이 그리스도 예수님 안에서 살아가는 여러분에게 바라시는 하느님의 뜻입니다."(1테살 5,16-18). 심지어 신약성경은 감사드리지 않는 사람은 구원받지 못한다고 한다. 그리스어로 '아카리스토이'(acharistoi)는 감사할 줄 모르는 사람(2티모 3,2)이고, 그는 쫓겨나게 된다. 반면에 '에우카리스토이'(eucharistoi)는 감사를 드리는 사람이며, 그는 구원을 받는다(콜로 3,15). 더욱이 천주교 미사의 감사기도는 이렇게 되어 있다. "거룩하신 아버지…… 언제나 어디서나 아버지께 감사함이…… 저희 도리요 구원의 길이옵니다." 감사를 드리는 것이 우리의 구원이라는 말은 실로 놀라운 말이다!

양업학교는 매일 밤 '글맘 나누기'를 한다. 하루를 돌아보면서 매일 감사한 일들을 세 가지 이상 적게 한다. 감사하는 마음은 모든 삶에 적용되는 "대안적 태도"이기 때문이다. 감사는 세상을 바로 볼 수 있게 한다. 감사하는 마음은 진정한 자기표현이며, 이보다 효과적으로 '에고'를 물리칠 수 있는 방법은 없다. 영성작가 로널드 롤하이저(Ronald Rollheiser)는 "성인聖人이 된다는 것은 감사하는 마음으로 힘을 얻는 것, 그 이상도 이하도 아니다"라고 말한다. 해방신학자 구티에레즈에 따르면 오직 한 종류의 인간, 고마워할 줄 아는 인간만이 세상을 영적으로 변화시킨다. 탈무드에 보면 "세상에서 가장 사랑받는 사람은 모든 사람을 칭찬하는 사람이요, 가장 행복한 사람은 감사하는 사람이다."라고 한다. 감사할 줄 아이들은 건강하고 행복한 학교생활을 한다. 반면 인사할 줄 모르고 부정적인 아이들은 '감사'라는 말이 일절 없다. 건강한 삶을 지탱하기에도 늘 힘겨워한다. 이런 면에서 건강하고 행복한 삶을 위하여, 우리 아이들에게 가장 필요한 교육 중 하나는 "감사 테라피"이다.

손
...

 "오른손, 왼손 중 어느 쪽을 많이 쓰시나요?"라고 물으며 코로나 백신 주사기를 들이대는 의료진에게 오른손잡이라고 했다.

 "그러면 왼쪽에 놓겠습니다."

 작고 몽글한 내 손을 보며 정호승 시인의 '당신의 손'이 떠올랐다.

 『나는 누구를 처음 만났을 때 그 사람의 손을 먼저 살펴본다. 그것은 그의 손이 그의 삶의 전부를 말해 줄 때가 있기 때문이다. 처음 만나 사람과 악수해 보고 그의 손에서 느껴지는 여러 가지 감도를 통해 그가 어떠한 직업을 가졌으며 어떠한 삶을 살아왔으며 성격 또한 어떠한지를 잘 알 수 있는 것은 손이 바로 인간의 마음 거울이자 삶의 거울이기 때문이다.』

 손은 영어로 '핸드(Hand)'이고, 그 단어의 어원은 고트족 언어 '히르판(Hirpan)'에서 유래한다. 이 단어는 '잡다', '쥐다'라는 뜻이다. 그래서 손은 잡거나 쥐는 것이다. 사람들은 육체노동뿐만 아니라 정신노동의 도구들까지 이 손으로 잡는다. 손은 정신의 도구이다. 손은 가장 단순하고 평범한 것, 가장 일상적인 행위에 깊이 관련되어 있기에 그 사람 내면의 신비를 담아낸다. 손만큼 자주 거론되는 상징도 없을 것이다. 찰스 다윈은 "사람이 손을 사용하지 않았다면 지금과 같은 우위를 달성할 수 없었을 것이다. 손은 사람의 의지에 복종하여 너무도 훌륭히 환경에 적응하였다."라고 한다. 또한「동물 농장」에서 조지 오웰은 "사람의 가장 중요한 특징은 손이다. 손으로 사람은 온갖 장난을 한다."라고 한다.

사실 사람 손의 열 손가락 끝마다 신기한 눈을 가지고 있다. 사람은 언제나 기민하고 민감한 이 손에 의지해 살아간다. 아기를 어루만지는 엄마의 손, 병자를 치료하는 의사의 손, 경탄을 자아내는 바이올린 연주자와 마술사들의 손, 미술가의 손, 환상의 맛을 우려내는 요리사의 손, 가족의 생계와 사회의 건설 현장에서 시달리는 노동자의 손…

그러나 이 훌륭한 사랑의 도구마저 더러는 무서운 것이 될 수 있다. 노여움으로 사람을 구타하는 손, 무기를 쥐고 살해하는 손, 도둑질하는 손, 사회를 부패하게 하며, 인류 공동의 집인 지구 환경을 파괴하는 손…. 여하튼 심장 수술을 하는 손도 있고 권총을 쏘는 손도 있다.

목수라는 육체노동으로 굳어진 예수의 손만큼 불가사의한 손도 없다. 나병을 치료하신 손, **빵**을 나누어 주신 손, 제자들의 발을 씻으신 손이다. 한 소녀가 죽었다. 양친은 눈물을 흘리고 있었다. 예수께서 도착하여 소녀의 손을 잡으시고 "아이야, 일어나거라."하고 부르시자 소녀는 자리에서 일어났다. 그런 후에 먹을 것을 주도록 손짓하셨다(루카 8,54-55).

마침내 그 예수의 손도 움직일 수 없게 되었다. 대못으로 십자가에 못 박혀 버렸다. 이제 그 무엇도 할 수 없게 되었다. 그러나 십자가에 못 박혔을 때야말로 그 손이 가장 위대한 일을 하였음이 밝혀지고 말았다. 영원한 성흔(聖痕)이 빛나고 있는 사랑의 절정, 우주 만물을 부활시키는 구세주의 손이 된 것이다.

하느님이 사람에게 손을 주신 것은, 손안에 영혼을 들고 다니라는 천명

일 것이다. 겸손하고 경건한 마음가짐으로 하느님 앞에 서는 자는 손을 펴서 포개어 합장한다. 수신(修身)과 숭배를 말하는 자세이다. 자기 방위에 쓰이던 손을 스스로 묶어 하느님 손안에 바치는 것이야말로 봉헌의 표시이기도 하다. 지금, 이 순간에도 코로나 바이러스 19를 물리치기 위해 최선을 다하는 손이 있으시다! 참으로 아름답고 위대한 사랑의 손이다!

가을날

 시월의 첫날이다. 한 알의 붉은 사과 속에 구름과 대지와 강과 태양과 달과 별과 땀과 사랑이 있다고 노래한 그 시인의 가을이다. 쌀 한 톨 속에 하늘(天)과 땅(地)과 사람(人)이 들어 있다는 오곡백과의 가을이다. 아니, 어떻게 한 알의 붉은 사과와 조그만 쌀 한 톨 속에 하늘과 땅과 사람이 들어 있을 수 있단 말인가? 감사의 마음으로 보면 이제야 결실로 돌아오는 한 알의 붉은 사과와 쌀 한 톨이 다르게 보인다. 그렇게 가만히 들여다보면 누구라도 시인이 되어, 열매에 깃든 하늘과 햇빛과 땅의 거름과 사람의 땀방울을 보게 된다.

 대자연이 열매로 익어가는 계절, 그러면 사람의 마음속에는 무엇이 익어 가는가?
 사람의 마음이 익어가는 숙성도에 따라 동물성, 인간성, 신성이라는 세 가지 단계가 있다고 한다. '동물성'이란 한 대를 맞았으면 열 대를 때리려는 마음으로 미움과 복수, 파괴와 폭력의 성향, 잘해 주었는데도 고마움을 모르는 것, 자기는 조금 주고 더 많이 받기를 바라는 마음, 돈과 재산을 늘리기 위해 부정적인 방법을 쓰는 것, 실패했을 때 남의 탓으로 돌리는 것, 일등을 하고 싶은 사람이 공부는 하지 않으면서 기도하는 것 등이다.

 '인간성'이란 한 대 맞았으면 한 대 때리려는 마음으로 보통의 용서와 사랑, 나를 사랑한 사람만 내 사랑을 주는 것, 내 소유와 재산을 늘리기 위해 정당하게 일하고 돈을 버는 것, 실패를 자신의 책임으로 돌리는 것, 열심히 공부하면서 일등을 하게 해 달라고 기도하는 것이다.

'신성'이란 나를 때린 사람을 용서하고 기도해 주는 것으로 큰 사랑, 큰 용서의 마음, 나에게 아무것도 주지 않았음에도 내가 먼저 없는 사람과 약한 사람, 상처 입은 사람을 도와주고 위로해 주는 것, 타인과 하느님을 사랑하기 위해 일하고 돈을 버는 것, 실패 안에서 하느님의 뜻을 찾고 그 실패까지 봉헌하는 사람, 내가 일등 하는 것이 아니라 네가 일등 하도록 기도하는 것이다.

'동물성' 쪽으로 갈수록 사람과 사회는 비참해지고 '신성' 쪽으로 갈수록 사람과 사회가 행복을 누리련만, 코로나 팬데믹 시대, 한 나라의 대통령이 되겠다고 벌어지는 말과 사건들은 차라리 "때가 왔습니다. 지난여름은 위대했습니다."라는 쪽으로 가야 할 가을의 방향과는 왠지 역주행을 하는 모습들이다.

한때 인터넷상에서 '윤동주' 시인이나 '정용철' 작가의 시로 잘못 인용되었던 국민 애송시 "내 인생의 가을이 오면"은 중증 뇌성마비 장애인 '김준엽' 시인의 '내 인생의 황혼이 들면'이 원작이라 한다.

　　내 인생에 가을이 오면 / 나는 나에게 / 물어볼 이야기들이 있습니다. //

　　내 인생에 가을이 오면 / 나는 나에게 / 사람들을 사랑했느냐고 물을 것입니다. //

그때 가벼운 마음으로 말할 수 있도록 / 나는 지금 많은 사람을 사랑하겠습니다. //

내 인생에 가을이 오면 / 나는 나에게 / 열심히 살았느냐고 물을 것입니다. / 그때 자신 있게 말할 수 있도록 / 나는 지금 맞이하고 있는 하루하루를 / 최선을 다하며 살겠습니다. //

내 인생에 가을이 오면 / 나는 나에게 / 삶이 아름다웠느냐고 물을 것입니다. / 그때 기쁘게 대답할 수 있도록 / 내 삶의 날들을 기쁨으로 / 아름답게 가꾸어 가야겠습니다. //

내 인생에 가을이 오면 / 나는 나에게 / 어떤 열매를 얼마만큼 / 맺었느냐고 물을 것입니다. / 그때 자랑스럽게 말할 수 있도록 / 내 마음 밭에 좋은 생각의 씨를 뿌려 놓아 / 좋은 말과 좋은 행동의 열매를 / 부지런히 키워야 하겠습니다.

아! 가을, 내 인생에도 다가오는 가을 속에서 내 마음이 익는 고운 빛깔을 보고 싶다.

하느님은 음악이시다

"너의 한마디 말도, 웃음도, 나에게는 커다란 의미~"

눈부신 가을 햇살 아래 잔디밭에 앉은 두 친구가 4선 우크렐라 반주에 맞춰 불러주는 노래가 심쿵이다. 마치 내가 영화 '어거스트 러쉬'에서 "들어보세요. 음악 말이에요. 저는 어디서든 들을 수 있어요. 바람 속에서도, 공기 속에서도, 음악은 어디서나 우리 주위에 있어요. 마음을 열기만 하면 돼요. 그저 가만히 들어보세요."라며 넓은 밀밭에서 황홀하게 춤을 추는 소년이 된 듯하다.

공자는 '음악은 사람 본성이 가지고 있는 기쁨 중의 하나'라고 말한다. 셰익스피어도 음악은 사람에게 유익한 정신적인 쾌락을 준다며 "음악을 즐길 줄 모르는 사람, 감미로운 선율에 감동하지 못하는 사람은 배신이나 책략, 이권 등에 관심을 가지는 사람이다. 그런 사람은 신뢰할 만한 사람이 아니다."라고 말한다.

음악은 정신 건강에도 좋다. 청소하거나 주방에서 일할 때 노래를 흥얼거리면 스트레스가 풀린다. 베르나르도 성인(1090-1153)은 "음악은 입에서 나오는 소음이 아니라 마음의 절규이고, 입술에서 나오는 소리가 아니라 마음이 터져 나오는 고함이며, 내적 환희의 격동이고 의지이다."라고 말한다. 더욱이 젊은이에게 '음악'이 없는 것은 상상할 수 없다. 음악이 없는 젊은이는 영혼이 없는 육체와 같다. 음악은 젊은이들을 정화하며, 기상을 드높여 주고, 그들을 더 선량한 사람으로 만들어 주는 묘약이다. 사람 안에 내재한 공통 DNA, 서로를 이어 주는 관계, 서로가 발견해야 하는 희망이자 사랑의 기도가 바로 음악이다. 프란치스코 교황도 "노래와 음악은…(중략) 만인의 마음에 닿는 언어이다. 영혼의 언어이고 하느님의 신비에 대해 느끼는 감정과 고귀한 감수성의 현현(顯現)이다. 창조주를 찬미하고 그 신비를 예배하는 영혼이 다른 영혼들과 하나 되게 하는 수단이다."라고 하신다.

코로나19의 충격으로 숨조차 마음 놓고 쉬기 어려운 분위기 안에서 온 세계는 노래를 잃고, 침묵에 빠져 있는 듯하다.

이러한 침묵이 그저 공허한 침묵으로만 남을 것인지, 아니면 무엇인가를 듣는 경청의 침묵으로 남을 것인지, 또 뭔가를 듣고 있다면 그게 뭔지를 숙고해야 한다. 잘 들으면 좋은 소리가 절로 터져 나오리라. 우리가 다시 노래하고 연주하고 춤추는 일상이 회복되기를 바란다. 침묵 속에서 양심과 지성을 자극하고 보편적인 형제애로 이끄는 아름다움을 담은 새로운 음악이 터져 나오기를 기도한다.

"음악이 있는 곳에 나쁜 것이 있을 수 없다."(미겔 데 세르반테스) 거리를 둔답시고 멀어진 마음을 다시 모아야 한다. 더욱이 소비적이고 물질 만능주의적 생활양식이 일반화되어 있는 시대에, 우리는 문화적인 가치와 지적이고 영성적인 것을 간과하기 쉽다.

사람은 하느님의 아름다움을 보여 주는 피조물의 미를 성숙하게 보여 주는 일에 최선의 노력을 해야 한다. 레기날드 링엔바하(Reginald Ringenbach)가 쓴 모차르트에의 신학적 접근인 '하느님은 음악이시다'라는 책에서 이렇게 썼다. "하느님께서 음악이 아니시라면, 세계는 혼돈이겠지. 그러나 세계는 결코 혼돈이 아니다. 혼돈은 음악이 아닌 우리 속에 있다. 하느님은 사랑이시다. 하느님은 음악이시다. 사랑은 음악이다. 그리고 이는 나를 끝없이 행복하게 만든다. 숭고한 지성도 환상도 아니다. 그렇다고 이 둘이 합쳐져서 천재를 만들지도 않는다.

사랑! 사랑! 사랑! 이것이 천재의 영혼이다. −1787년 4월 11일, 모차르트−"

사랑하는 하느님! 이 가을에 음악으로 당신의 진리와 선함, 아름다움과 거룩함을 찬미하게 하소서.

영원한 나그네

"21번가" 12월 마지막 달, 수능을 마친 양업고 21기 졸업생들이 뒷산에 닦아 놓은 산책길의 이름이다. 서두를 것도 없이 허리를 펴고 머리를 곧게 세우며 21번가를 걸으니 마음이 차분해진다. 학우들이 누군가가 닦아 놓은 길을 걸어왔듯이 또 다른 누군가를 위해 길을 닦아 놓은 21번가의 길, 선생님이 닦아 놓은 길을 학우가 걷고, 그 학우가 성장해서 새로 닦아 놓은 길을 스승이 걷는다. 그 길 위에서 '순례자'의 노랫말이 떠올랐다.

> "인생은 언제나 / 외로움 속의 한 순례자 / 찬란한 꿈마저 말없이 사라지고 / 언젠가 떠나리라 // 인생은 나뭇잎 / 바람이 부는 대로 가네 / 잔잔한 바람아 살며시 불어다오 / 언젠가 떠나리라 // (중략)인생은 언제나 / 주님을 그리는가 보다 / 영원한 고향을 찾고 있는 사람들 / 언젠가 만나리라"

길은 어느 종교에서나 중요한 상징이다. 사람 자체가 끊임없이 길을 가는 나그네와 같기 때문이다. 길은 목표이고 삶의 방향이다. 때론 목표에 이르는 길은 멀고 꼬불꼬불하다. 둘러 가기도 하고 잘못 들기도 하며 험하거나 좁은 곳을 지나기도 한다. 보이는 길이 있는가 하면 전혀 보이지 않는 길이 있다. 그래도 발걸음을 멈춰선 안 된다. 다른 사람이 걸었든 안 걸었든 자기의 길을 걸어가야 한다. 군인은 군인대로, 학생은 학생대로, 정치인은 정치인대로 나름의 길을 걸어야 한다.

마르틴 부버 Martin Buber의 『사람의 길』에 나오는 이야기다. 제자가 〈달관자〉인 스승에게 물었다. "하느님을 섬기는 보편적인 길을 하나 가르쳐 주십시오." 그러자 〈달관자〉가 대답했다. "사람들에게 어느 길로 가라는 말은 할 수가 없다. 왜냐하면, 하느님은 배움으로 섬길 수도 있고, 기도로 섬길 수도 있는가 하면, 단식이나 반대로 먹음으로써도 섬길 수 있기 때문이다. 각자의 마음이 어디로 향하는지를 살펴 길을 택해야 한다. 모든 사람이 하느님께 나아갈 수 있으나, 나아가는 길들은 각자 다르다. 한 가지로밖에 섬김을 받을 줄 모르는 하느님이시라면 그게 무슨 하느님이겠는가!"

이 이야기가 우리에게 말해 주는 것이 무엇일까? 세상에 태어나는 사람이면 누구나 유일무이한 길을 가는 사람임을 의미한다. 그 이전에 있던 적이 없던 새로운 존재이고, 각자 자기를 실현하도록 새로운 길로 초대받았다는 것이다. 성경에 보면 초대 교회의 그리스도인들은 '새로운 길'을 따르는 자들이라 불렸다(사도 9.2). 성경에 등장하는 위대한 인물 역시 새로운 길을 나서는 이들로 묘사되고 있다. 믿음의 조상 아브라함과 이사악과 야곱은 하느님께서 약속하신 별을 따라 길을 나서는 나그네와 같다. 이는 약속의 땅으로 가는 이스라엘 민족의 운명이기도 하다. 또한 요한복음 사가는 이렇게 말한다. 예수님은 하느님께 가는 길이다. 예수님을 마음속에 모시는 삶은 그래서 하느님께 도달한다. 하지만 이 길이 편안한 길만은 아니다. 십자가의 길이 될 수도 있다.

시인 박노해는 "잘못 들어선 길은 없다."고 한다. "길을 잘못 들어섰다고 / 슬퍼하지 마라. / 포기하지 마라 / 삶에서 잘못 들어선 길이란 없으니 / 온 하늘이 새의 길이듯 / 삶이 온통 사람의 길이니 // 모든 새로운 길이란 / 잘못 들어선 발길에서 찾아졌으니 / 때로 잘못 들어선 어둠 속에서 / 끝내 자신의 빛나는 길 하나 / 캄캄한 어둠만큼 밝아오는 것이니"

사람의 생은 늘 길을 나서는 영원한 순례자와 같다. 이 세상에 잘못된 길은 없다. 길은 누군가에겐 치유이고 희망이며 또 누군가에게는 꿈을 꾸게 한다. 오늘 하루가 처음이자 마지막인 새로운 길이다. 우리는 "오늘도 내일도 그다음 날도 계속해서 내 길을 가야 한다."(루카 13,33).

카이노스

새해 벽두이다. 한 해 동안 헛것을 따라다니지 말라고, 김형영 시인은 깨우침을 준다.

"나는 내가 누군지 모르고 산다 / 내가 꽃인데 / 꽃을 찾아다니는가 하면 / 내가 바람인데 / 한 발짝도 나를 떠나지 못하고 / … 이리 기웃 / 저리 기웃 / 한평생도 모자란 듯 기웃거리다가 / 나를 바로 보지 못하고 / 나는 나를 떠나 떠돌아다닌다 // 내가 나무이고 / 내가 꽃이고 / 내가 향기인데 / 끝내 나는 내가 누구인지 모르고 / … 그만 헛것이 되어 떠돌아다닌다 // 나 없는 내가 되어 떠돌아다닌다"

새해에는 누구나 새롭게 살기를 희망한다. 성경에는 '새롭다'는 뜻으로 '카이노스 kainos'라는 말을 쓴다. "익숙하지 않은, 색다른, 예기치 않은 옛것을 능가하는, 놀라운 것"이란 뜻이 있다. 과연 매년의 벽두에는 새것, 변조되지 않은 것, 손대지 않은 것의 숨결이 있다. 새것에는 반짝임이 있다. 새 차를 타고 달릴 때의 짜릿함, 새로 산 오디오에서 나는 소리, 새 옷의 감촉…… 그런데 이러한 새것에 대한 느낌의 기저에는 새사람으로 행동한다면 남들이 나를 새롭게 대해 줄 것이란 바람까지 숨어 있다. 용기를 내어 새로운 말, 새로운 몸짓, 새로운 대응으로서 새로운 인간관계를 모색한다.

벽두의 공통 화두가 있다면 '새로운 시작'일 것이다. 그런데 새롭게 시작하기를 원한다면 각자의 삶을 스스로 떠맡아야 한다. 운명이 삶을 결정했다고 한탄만 하지 말고 스스로 삶을 책임져야 한다. 사실 매 순간 새로 시작할 수 있다. 내 삶이 엉겅퀴와 돌투성이에, 잡초 덤불 무성한 혼돈과 음울의 땅이라 할지라도 말이다. 우선 먼저 새해에 새롭게 할 수 있는 것이 무엇인지 잘 살펴보자. 인간관계, 일, 혹은 사는 방식 중 분명하게 하나를 선택하자. 그다음에는 새로이 선택한 것이 자랄 수 있도록 내 안에 잘못 자란 것을 솎아내자. 이처럼 새로운 실천을 계획하고자 할 때 '나지작반'이라는 원칙을 추천하고 싶다. 즉, '나부터, 지금부터, 작은 것부터, 그리고 반복적으로' 적용되어야 할 원칙이다. 이 원칙의 반대는 '너부터, 나중에, 큰 것부터, 그리고 한 번에'가 될 것이다.

또 한 가지 추천하고 싶은 것이 "누적 생명 포인트"라는 원칙이다.

새해 많이 웃어라: 좋은 인상 포인트가 누적된다.
새해 많이 걸으라: 건강 포인트가 누적된다.
새해 좋은 생각을 많이 하라: 머리가 맑아지는 포인트가 누적된다.
새해 많이 칭찬하라: 관계 포인트가 누적된다.
새해 책을 많이 읽어라: 교양과 품위 포인트가 누적된다.
새해 약속을 꼭 지켜라: 신용 포인트가 누적된다.
새해 밝은 생각을 하라: 적극과 긍정 포인트가 누적된다.

이 생명 포인트의 적립 혜택은 행복하고 기쁜 삶을 누적시킨다. 생명 포인트는 우리의 삶을 아름답고 행복하게 만들어 준다. 생명 포인트의 특징은 처음 몇 번으로는 별 효과가 나지 않는다. 오랫동안 그리고 자주 이용해야 그 점수가 누적되어 특별 선물을 받게 된다.

  이 새해 벽두에 위 두 가지 원칙을 '카이노스'로 얻는 삶의 여행권으로 독자들에게 추천한다. 물론, 새해 '카이노스'와 함께하는 이 여행권은 공짜이다.

소금

"소금은 좋은 것이다. 그러나 소금이 짠맛을 잃으면 무엇으로 다시 그 소금을 짜게 하겠느냐? 너희는 마음에 소금을 간직하고 서로 화목하게 지내라."(마르 9,50).

그렇다! 여기에 무슨 설명이 더 필요한가. 사족일 뿐이다. 사람으로 산다는 것의 핵심은 짠맛을 잃지 않고 소금으로 남는 일일 것이다.

영어 '솔트 salt', 그리스 신화에서 건강과 번영의 여신 '살루스 Salus', 소금을 친 채소라는 '샐러드 salad', 소금을 월급으로 받는 사람이란 뜻의 '샐러리맨 salaryman' 등이 모두 '살린다'는 의미를 지닌 라틴어 '살 sal'- 소금에서 유래한다.

무엇보다 소금의 본질은 짠맛이다. '짠맛의 힘'의 저자 김은숙은 피, 땀, 눈물의 공통점이 짠맛이라 한다. 짠맛은 짜내는 맛이요 짜내는 힘이다. 짠맛의 소금은 사람의 몸과 마음에서 쓰고 난 체내노폐물, 후회, 낡은 생각, 해로운 감정 등, 육체적인 것뿐만 아니라 정신적이고 심리적인 것도 짜낸다. 그래서 실컷 울고 나면 속이 시원해진다. 굵은 땀을 흘리고 나면 개운해진다. 이것이 짜내면서 가벼워지는 일이다. 짜내야 새로운 것을 받아들일 수 있다. 새것으로 채워지면서 끊임없이 순환할 수도 있다. 짜내지 못하면 고이고 썩는다.

소금은 자신을 녹여, 음식의 맛과 향, 빛깔을 살려준다. 자신은 없어지지만 다른 것들을 가치 있게 만들어 준다. 소금은 물을 품고 몸 구석구석을 흐르면서 영양분을 공급하고 찌꺼기는 회수하여 밖으로 짜낸다. 다시 깨끗하게 만든다. 혈액이 깨끗해지니 생기 있는 모습으로 외모 역시 자연스럽게 빛이 난다. 곧 소금이 인체에서 하는 일곱 가지-소화작용, 해독작용, 살균작용, 방부작용, 소염작용, 발열작용, 중화작용이다.

소금은 성경에서 네 가지 뜻을 지닌다. "방부제로, 음식을 짭짤하게 하며, 제물과 신생아를 정화한다. 마지막으로 소금은 하느님과 인간 사이에 영원히 변치 않는 생명의 계약이라는 의미가 있다."(Grundmann). 그리스도교 초기 역사를 보면, 세례를 준비하는 과정에 소금 수여 예식이 있었다. "지혜의 소금을 받으십시오."라는 말과 함께 예비신자의 혀 위에 소금을 얹어 주었다. "사람아, 소금과 빵과 빛이 되어야 한다는 것을 명심하십시오."라는 말이 선포되면서 소금이 수여되었다.

"너희는 세상의 소금이다. 만일 소금이 짠맛을 잃으면 무엇으로 다시 짜게 만들겠느냐? 그런 소금은 아무 데도 쓸데없어 밖에 내버려 사람들에게 짓밟힐 따름이다."(마태 5,13). 예수께서는 세상의 모범이 되는 삶을 살라고 하신다.

우리는 소금으로서 세상의 간을 맞춰야 한다. 맛이 나도록 하는 동시에 썩지 않도록 부지런히 소금을 치는 일일 것이다. 검찰개혁, 언론개혁, 정치개혁, 교육개혁, 환경개혁, 경제개혁, 종교개혁을 위해 소금을 쳐야 한다.

1. 원칙 없는 정치
2. 노동이 결여된 부(富)
3. 양심이 없는 쾌락

4. 개성을 존중하지 않는 교육
5. 도덕성 없는 상거래(商去來)
6. 인간성이 사라진 과학
7. 희생 없는 종교,

인도의 마하트마 간디도 자기가 말한 '7대 사회악'을 물리치기 위해 거듭거듭 실천의 소금을 쳤다.

우리도 대한민국 대통령 후보들의 정화를 위하여 소금을 한번 쳤으면 좋겠다.

메타노이아

"♪ 하늘의 태양은 못 돼도 / 밤하늘 달은 못 돼도 / 주위를 환하게 비춰주는 / 작은 등불 되리라~"

새봄 새 학기이다. 점심 식사 후, 새 떼처럼 목청껏 불러 대는 양업 친구들의 노랫소리가 비타민처럼 들린다. 코로나를 이겨 내고 교정에 다시 모인 아이들의 노래는 추운 겨울을 벗어난 생명의 소리요, 어두운 세상을 밝히는 빛의 소리이다. 지난 2년여 동안의 팬데믹 속에서 단 한 명의 학생도 코로나에 감염되지 않았기에 '양업의 기적'이라 하였다. 그런데 웬걸, 3월 새 학기 코로나 변이 오미크론 확산에는 그 견고한 방어선이 무너지고 말았다. 적지 않은 학생들과 교사들이 양성 반응으로 자가격리를 해야만 하였다. 과연 제4차 산업혁명의 문턱에 도사린 이 코로나가 우리에게 주는 메시지는 무엇일까? 혹시 메타노이아metanoia, 사람의 삶의 방식을 바꾸라는 뜻이 아닐까?

그리스어 '메타노이아'의 원래 의미는 도덕적 회심이지만 '사고방식, 관점, 마음의 바꿈'을 뜻하기도 한다. 메타노이아는 단순히 옛 잘못을 뉘우치고 고치는 정도가 아니라 '의식의 변화'까지를 말한다. 몇 가지 잘못된 태도나 습관에 머물지 않고 사람이 근본적으로 변하는 것이다. 존재 이유와 목적, 삶의 방향을 바꾼다는 뜻이다. 결국 코로나가 우리에게 주는 메시지는 인류의 모든 분야에서 원점으로 돌아가, 새로운 비전을 취하라는 요구만 같다.

"그 좋은 학교를 두고 왜 양업학교로 전학 왔니?"

"아침 8시부터 밤 10시 30분까지 종일 사각형 책상에 앉아 수능성적 위주의 공부를 하는 것이 숨이 막혀서요."

일전에 어느 학생과 주고받은 대화이다. 고등학교 교육에 있어서 학생의 내적인 동기와 자부심, 존엄성, 학습에 대한 호기심과 배움의 기쁨이 없다면 얼마나 불행한 일인가? 수능 등급과 성적 위주의 문제만 풀어 정답을 찾아내는 데로만 매몰된다면 참 안타까운 일이다. 이런 학교 교육 현장에서도 '메타노이아'가 시급히 요구된다. 학생들 자신이 주체가 되어 스스로 미래를 창조하는 소양을 갈고 닦는 가운데, 먼저 행복했으면 좋겠다. 지금의 학교에서 해결되지 못하는 문제를 메타버스에만 태우면 해결될 것처럼 생각하는 것은 착각이다. 도리어 그 '가상 버스' 안에서 탐욕과 자본의 지배력이 극대화돼 더욱 심각해질 수도 있다. 중요한 것은 지금 이곳의 삶의 과정에 충실하면서 우리의 생각을 바꾸는 것이다. 메타노이아를 통해 학교는 지금 즉시 천국이 될 수도 있고 지옥도 될 수 있기 때문이다.

"♪ 어두운 거리 비추는 작은 등불처럼 / 내 주위의 사람에게 빛을 줄 수 있다면 / 나의 한평생 결코 헛되지 않으리 / 나의 사랑으로 빛을 줄 수 있다면 / 때론 나의 힘만으론 벅찰지 몰라 / 그럼 기도할 거야 / 나의 벗이며 나의 사랑 주님께 / 하늘의 태양은 못 돼도 / 밤하늘 달은 못 돼도 / 주위를 환하게 비춰 주는 작은 등불 되리라. ♪"

학생들이 학교에서 맘껏 노래하고 춤을 추고 꿈을 꾸며, 원하고 것을 도전할 수 있었으면 좋겠다. 먼저 행복을 경험해 본 사람들이 쉽게 타인들을 행복하게 해 줄 수 있다. 무엇보다 학생 스스로 필요한 존재로 되어야 한다. 세상과 이웃을 위해 자기가 꼭 필요한 존재임을 깨닫게 되는, 그런 교육의 메타노이아를 희망해 본다.

진정한 봄은 새 생명의 메타노이아로부터 온다.

천진한 어린이처럼

미국 존스 홉킨스 대학 보고서에 따르면 옛 어린이들이 가장 두려워하는 것은 첫 번째가 동물, 두 번째는 캄캄한 방에 있는 것, 세 번째는 높은 장소에 있는 것, 네 번째는 낯선 사람들이었고, 다섯 번째가 큰 소리이었다.

하지만 현대 조사 결과에 의하면 첫 번째가 부모의 이혼, 두 번째는 핵전쟁, 세 번째는 암, 네 번째는 환경 오염이고 다섯 번째가 노상강도라 한다. 병들어 가는 지구, 끊이지 않는 전쟁, 붕괴한 가정, 그 여파로 건강마저도 장담할 수 없게 된 현대 사회의 병폐를 아이들도 이미 감지한 것이다. 한창 꿈에 부풀고 순수해야 할 어린이들에게는 당치않은 두려움이다.

성경에 보면 예수님께서는 "어린이들이 나에게 오는 것을 막지 말고 그냥 놓아두어라. 사실 하느님의 나라는 이 어린이들과 같은 사람들의 것이다. … 어린이와 같이 하느님의 나라를 받아들이지 않는 자는 결코 그곳에 들어가지 못한다."(마르 10,14-15)라고 말씀하셨다. 어린이들을 끌어안으시고 그들에게 손을 얹어 축복해 주신다.
예수님의 주장은 분명하다. 하느님 나라에 들어가기 위해서 어린아이와 같이 되라고 하신다. 어른인 우리가 어떻게 어린이가 될 수 있는가? 불가능한 일이다. 그렇지만 영국의 서정시인 윌리엄 워즈워드(William Wordsworth)는 "어린이가 어른의 아버지"라고 하면서 그 까닭을 자연에 대한 천성의 때 묻지 않은 경건함에 있다고 했다. 천성, 즉 타고났다는 건 뭔가? 그거야말로 하느님이 인간에게 공평하게 주어서 내보낸 하느님의 선물이 아니고 무엇이겠는가. 그러하기에 우리는 '어린아이와 같이' 될 수 있다. 두 가지 어린아이 영성을 지니면 된다.

첫째는 어린아이는 순수함, 순결함이 핵심이다. 오늘날 어린아이가 결코 순수하지 못하다는 판단도 있고 또 모든 어린아이가 다 순수하지도 않지만 '어린아이'는 순수함이 상징이다. 순결함에 어린아이는 거짓 없는 마음, 본연의 것, 우리 안에 생성되는 새로운 것을 상징한다. 질투와 경쟁이 없고, 미움과 시기가 없는 순수한 마음의 상징이다. 이런 어린이처럼 살기 위해서는 단순해야 한다. 현실의 삶은 너무 바쁘고 복잡하다. 예전에는 단순했던 것조차 그렇게 바뀌고 있다. 잘 사는 것과 바쁘게 사는 것은 전혀 다른 문제이다. 그런데도 그렇게 살아야 잘 사는 것인 줄 착각한다. 실로 노력 없이는 단순한 삶이 불가능하다. 핵심을 보는 훈련과 절제를 갖추어야 가능할 것이다.

둘째는 예수께서 어린아이들을 품에 안은 것처럼 우리도 우리 안에 있는 어린아이를 보살펴야 한다. 심리학자들은 어른들의 내면에 4살짜리 아이가 웅크리고 있다고 한다. 어린아이처럼 되라고 해서 그 내면의 아이가 '툭하면 토라지고 응석 부리라'는 게 아니다. 우리 안에 방치되고, 매 맞고, 기가 질려 마음의 상처를 입은 어린이와 동시에 공존하는 창조성과 생명력의 샘, 순수와 진실의 샘인 하느님 닮은 어린이. 이 둘 다를 끌어안으라는 것이다. 상처 입은 아이를 품에 안으면 그 아이는 슬픔을 거두고 더 이상 우리 삶을 방해하지 않는다. 상처 입은 아이는 그 모습 그대로, 상처 입고 의지할 데 없이 홀로 버려진 채 있어도 된다. 오히려 상처 입은 그 아이의 모습을 통해 온갖 위험에 처하고 상처받을 때마다 헤치고 나아갈 길을 알려 주는 하느님 닮은 어린이를 발견한다.

생명이 솟아오르는 가장 좋은 푸른 시절 오월, 성당 어린이 미사 시간에 부르던 노래를 불러 본다. "♪♬ 즐겁게 노는 어린이처럼 / 푸르른 하늘 우러러보며 / 이 세상 근심 잊어버리고 / 그 속에서 살리라 / 하느님 보소서 천진한 어린이처럼 / 티 없이 기쁘게 주님께 왔나이다."

위로

"숲속에 나무들이 일제히 낯을 씻고 환호하는 6월 / … / 내가 빨갛게 목 타는 장미가 되고 끝없는 산 향기에 흠뻑 취하는 뻐꾸기가 된다."

녹음이 우거진 숲속에 푸른 담쟁이로 덮인 양업고 교정을 거닐면 이해인 수녀님의 6월의 시 한 구절이 절로 읊어진다.

"교장 신부님, 우울해요. 저 좀 위로해 주세요." "왜 우울한데?" "내가 누군지 잘 모르겠어요." "응, 너는 말이야, 온 우주를 주어도 바꿀 수 없고, 수억 조에도 살 수 없지. 인류 역사에 수억 명이 태어나 죽었고, 지금 79억이 있는데, 그중 너와 같은 사람은 하나도 없어. 똑같은 DNA와 지문을 가진 사람이 없어. 너는 무엇으로도 대체 불가능한, 하느님께서 인류에게 유일무이하게 보내 준 소중한 선물이야."

쉬는 시간 교장실에 놀러 와 비타민 젤리를 얻어가는 친구와의 대화이다. 그런데 위로라기보다 교장 훈화에 가깝게 되어버렸다.

사전에 '위로'라는 뜻은 '따뜻한 말이나 행동으로 괴로움을 덜어 주거나 슬픔을 달래 주는 것'이라고 설명해 놓았다. 친구나 게임, 종교적 행위 등을 통해 위로를 얻을 수 있다. 그러나 진정성 없이 대충하는 위로는 안 하느니만 못하다.

라틴어로 '위로'는 '콘솔라치오(consolatio)'라고 한다. 혼자인 사람과 함께 있는 것, 자기의 고통과 상실, 곤궁으로 홀로 남겨진 사람과 함께 있는 것을 의미한다. 괴로움이 그의 입과 마음을 닫아버려 자기 자신 안에 갇혀 있는 사람에게로 한 발짝 들어섬을 의미한다.

모두가 다 그렇게 할 수 있는 것은 아니다. 웅크리고 있는 사람의 집을 찾아갈 용기, 헤아릴 수 없는 괴로움과 고독만 기다리고 있는 어떤 상가(喪家)에 발을 들여놓을 용기가 누구에게나 있는 것은 아니다. 함께 있어 준다는 것은 그의 고통을 함께 나누고, 그의 고통 안에 머무는 것까지 의미하기 때문이다. 그저 어딘가에서 읽었던 경건한 말들이나 열거하며 표면적으로 위로하는 것이 아니기 때문이다.

미국 존스 홉킨스 대학교 정신 신경학과 애덤 캐플린(Adam Caplen) 박사가 소개한 우울한 상태의 사람에게 건네서는 안 될 여섯 가지 말이 있다. "힘내!", "네가 감정을 잘 다스려야지.", "가족을 생각해!", "네가 생각하기에 달렸어.", "네 심정 알아.", "너보다 더 안 좋은 상황에 있는 사람도 있어."라고 한다.

평소 필자 역시 자주 했던 말들이라 뜨끔하다. 지금 이 시대도 위로가 꼭 필요하다. 그렇지만 아무 위로나 위로가 되는 것은 아니다. 예수께서도 말씀하셨다. "우리가 피리를 불어도 너희는 춤추지 않았고 우리가 곡을 하여도 가슴을 치지 않았다." 하며 "요한이 나타나 먹지도 않고 마시지도 않으니까 '저 사람은 미쳤다' 하더니 사람의 아들이 와서 먹기도 하고 마시기도 하니까 '보아라, 저 사람은 즐겨 먹고 마시며 세리와 죄인하고만 어울리는구나' 하고 말한다."(마태 11,15-19)

위로의 첫걸음이란 일단 공감해 주는 것임을 강조하는 말씀이다. 당시 바리사이들은 '고리대금업자, 양치기, 세관원, 세금 징수원, 땜장이, 직조업자, 이발사, 목욕탕 관리인, 제혁공, 의사, 선원, 마부, 낙타 몰이꾼, 도축업자(Grundmann)'의 직업목록을 만들어 놓고 죄인이라고 손가락질했다. 그러나 그들이야말로 진정 위로가 필요한 사람들이었다.

작금 우리 시대에도 위로는 여전히 긴요하다. 내가 먼저 위로받기보다 위로해 줄 사람은 누구일까? 지금 가장 가까이 있는, 바로 그 사람이 아닐까?

칭찬

"교장 신부님, 시험을 망쳤어요."
그 학생은 정말 흔들리고 있었다.
"너무 힘들어요. 꼭 이렇게 시험 점수에 따라 등급을 받아야 하나요?!"

덥다는 말도 입 밖으로 나오지 않을 만큼 찜통 같은 요즘, 기말시험을 마치고 나온 한 학생의 하소연이다. 안타깝게 아직 우리나라 학교 교육은 대학 입시 위주의 점수와 등급 매기기에서 벗어나지 못하고 있다. 지나치게 수치화된 학업 결과물을 위한 경쟁 교육 문화가 사라지지 않았다. 경쟁보다는 협력, 다양성을 추구하는 미래형 인재를 키우는 동시에 자신이 가지고 있는 역량과 창의성을 극대화할 수 있는 교육 비전은 온데간데없다.

"더운데 시원한 얼음물 한잔할까? 넌 말이야, 점수와 등급으로 따질 수 없는 기타 연주 실력과 기막힌 운동감각, 또 무엇보다 의리가 있잖아?"
"아 그렇지요, 시험이 내 인생의 전부는 아니죠."
시험을 망쳤다고 미치도록 화가 난다는 친구의 마음을 풀어 주노라니, 칼릴 지브란의 "칭찬의 힘"이라는 글이 떠올랐다.

"타인에게서 좋은 점을 찾아내 얘기해 주어라. 누구에게나 그것이 필요하다. 우리 다른 사람의 칭찬 속에서 자라왔다. 그리고 그것이 우리를 더욱 겸손하게 만들었다. 칭찬으로 인해 그는 다시 칭찬받으려고 노력하게 될 것이다. 진실한 의식을 갖춘 한 인간은 자신보다 뛰어난 무엇을 발견해

낼 줄 안다. 칭찬이야말로 그런 이해이다. 근본적으로 우리는 위대하고 훌륭하다는 것, 그러니 누군가를 아무리 칭찬한다 해도 지나침이 없다. 타인 속에 있는 위대함과 아름다움을 발견하는 눈을 길러라. 그리고 찾아내는 즉시 그에게 얘기해 주는 힘을 길러라."

자라나는 아이에게 있어 '칭찬'이야말로 최고의 명약이라 하지 않던가. 칭찬을 많이 받고 자란 아이는 밝고 따뜻한 마음을 지니게 된다. 이런 아이들 속에 있는 위대함과 아름다움을 찾아내는 눈을 가진 선생님 또한 행복하다. 칭찬해 줄 장점을 찾으려는 동안 선생님의 마음도 자연 활짝 열리게 되기 때문이다.

그렇다면 '좋은 학교'인 양업고가 추구하는 대안교육의 칭찬 받을 가치는 무엇인가? 그것은 학습자 개개인의 인격과 특성 존중, 공동체성을 중시하며 경쟁보다는 협동이겠다. 나아가 자연과 인간의 화해와 공존, 생태주의적 삶의 중시, 특정 종교와 연계짓지 않더라도 부단한 영성에의 추구, 인간적 상호작용에 용이한 소규모 지향, 지식 위주 교육 못지않은 노작과 체험 중심의 교육방식을 항구히 실천하고 있는 것이 아닐까.

칭찬은 삼복더위에도 춤추게 한다. 그러나 입장이 바뀌어 칭찬받을 때는 조심해야 할 줄 안다. 칭찬에 대해 강박 관념에 빠지거나 칭찬받기 위해 쓰는 가면이라면 아예 금물이다. 모든 사람에게 칭찬받을 수야 없지 않은가. 칭찬의 유혹에 빠지지는 말아야 한다. 그런 유혹이 올 때, 메리델빌 추기경이 바쳤던 "겸손의 기도"를 소개해 본다.

"오 마음이 겸손하시고 온유하신 주여!
존경받고 싶은 욕망에서, 사랑받고 욕망에서,
인기를 받고 싶은 욕망에서, 대우받고 싶은 욕망에서,

위로받고 싶은 욕망에서, 인정받고 싶은 욕망에서, 칭찬받고 싶은 욕망에서, 저를 해방하소서."

끝으로 성 바오로 사도의 칭찬에 대한 권고를 첨부해 본다.

"여러분은 무엇이든지 참된 것과 고상한 것과 옳은 것과 순결한 것과 사랑스러운 것과 영예로운 것과 덕스럽고 칭찬할 만한 것들을 마음속에 품으십시오."(필리 4,8)

변화의 기적

"학교에 다니는 것이 답답했습니다. 제가 기억하는 중학교는 진도를 나가기 위해 질문을 받지 않는 수업이었고, 엉뚱한 발상은 배척되는 곳이었습니다. 그렇다 보니 스스로 무언가를 해낼 기회도 없었고, 기계처럼 공부만 했습니다. 그런데 양업고에서는 제가 자유롭게 질문하고 상상할 수 있는 분위기여서 참 좋았습니다. 그런 환경에서 이야기하고 싶은 것을 이야기하고 해 보고 싶은 일들을 마음껏 해 볼 수 있었습니다. 선생님들께서는 제 발상에 힘을 보태어 주시거나 의견을 이야기해 주셨고, 친구들은 저를 응원해 주었으니까요. 양업고 학생들은 모두 개성이 강해서 도형으로 치면 별과 같이 뾰족한 모양이었는데, 시간이 지날수록 서로를 찌르지 않으면서도 더 멋진 색을 낼 수 있는 모양으로 바뀌게 되었습니다. 색을 잃지 않고 함께 더불어 살아가는 법을 배우는 곳이라고 생각합니다."(지윤)

"학생 본분에 맞게 '공부'만 하다 보니 다른 부분이 많이 떨어졌습니다. 예를 들어 의미 있는 대화를 나누는 방법이나, 개인 시간을 활용하는 방법, 운동하는 방법 등과 같이 인생에 필요하지만, 배워야 할 것을 놓치고 있었습니다. 입시 경쟁에서 이기면 무엇이든 될 줄 알았던 것이지요. 성적 지상주의에 빠져 기계처럼 공부하는 것에 신물이 났습니다. 그런 저에게 양업고는 해방구가 되었습니다. 밴드의 전자기타를 맡고, 기숙사 친구들과 규칙을 정하고, 상담을 하고, 연극무대를 꾸미고, 동아리 활동을 하는 사이 처음으로 능동적인 즐거움을 알아 갔습니다. 저는 능동적이고 적극적인 사람으로 양업고 생활을 했다는 에피소드를 자신 있게 말할 수 있습니다."(재민)

졸업 후 모교가 그리워 찾아온 졸업생들의 진심 어린 삶의 증언은 얼마나 큰 감동과 위로를 주는지 모른다. 이야말로 변화의 기적이다. 진정 우리 젊은이들이 학교에서 무엇을 배우고 익혀야 할까?

'세 가지 언어'라는 동화가 있다. 스위스에 늙은 백작에게 아들이 하나 있었다. 아들이 미련하여 아무것도 가르쳐 줄 수 없다고 생각한 백작은 유명한 스승에게 보내 일 년 동안 무언가 배워오도록 한다. 아들이 개 짖는 소리를 알아듣는 법을 배웠다고 하자 백작은 또다시 다른 스승에게 보냈다. 거기서 아들이 각각 새들의 말, 개구리 울음소리를 알아듣는 법만 배웠다고 하자 아버지는 화가 나서 아들에게 나가 죽으라고 내쫓는다. 세상을 떠돌아다니던 아들은 개의 언어, 개구리 언어, 새의 언어에 도움을 받아 마침내 교황이 된다는 이야기다.

유명한 스승들은 왜 개, 개구리, 새의 소리를 알아듣는 법을 가르쳐 주었을까? 세 가지 언어는 땅, 물, 공중 육해공의 모든 것을 다 알아듣는 말이었기 때문이지 않았을까 한다. 백작 아버지가 보기에는 짐승들의 언어는 무가치하고 헛된 것이었을지 모른다. 하지만 아들은 만물의 마음을 들을 수 있는 언어를 배웠기에 결국 교황이 될 만한 자격을 갖춘 것이리라.

프란치스코 교종은 말한다. "참된 문화에는 머리의 언어, 가슴의 언어, 손발의 언어가 있지요. 교육기관에서 일하는 이들이 이 세 가지 언어를 조화롭게 사용하는 것이 아주 중요하다고 봅니다. '내가 느끼고 행동하는 것을 배워라', '내가 생각하고 행동하는 것을 느껴라', '내가 생각하고 느끼는 것을 실천하라'모든 것이 서로 연결되어야 해요. 우리는 좀 더 학생들에게 솔직해야 해요. 젊은이들이 느끼도록 도와주고, 그들이 행할 수 있도록 실질적으로 도와주지 않으면서 그들과 함께할 수는 없다는 겁니다."

아무튼, 누가 뭐래도 참된 교육은 변화의 기적을 만들어 낼 수 있다.

순지자(殉地者)

결실과 수확의 계절이 오면 성경에서 예수께서 하신 이야기가 떠오른다. "어떤 부유한 사람이 땅에서 많은 소출을 거두고 생각한다. 더 큰 곳간을 지어, 거기에다 내 모든 곡식과 재물을 모아 두어야겠다. 그리고 나 자신에게 말해야지. '자, 여러 해 동안 쓸 많은 재산을 쌓아 두었으니, 쉬면서 먹고 마시며 즐겨라.' 그러나 하느님께서 말씀하셨다. '어리석은 자야, 오늘 밤 네 목숨을 되찾아 갈 것이다. 그러면 마련해 둔 것은 누구 차지가 되겠느냐?'"(루카 12,16-20)

아무리 부유해도 목숨은 그의 재산에 달려 있지 않다. 여기서의 목숨은 히브리말로 '네페쉬'로서 본래 '바람', '호흡'을 뜻한다. '네페쉬'는 단순한 육적 생명을 넘어선 영적 의미를 지니며, 영혼이 갈망하는 정신적 호흡을 함의한다. 그러기에 사람이 온 세상을 얻고도 목숨을 잃거나 해치게 되면 무슨 소용이 있는가? 라는 말씀이 웅변적으로 와닿는 것이다.

살신성인으로 자신의 목숨을 희생해 옳은 도리를 행하는 사람도 있다. 순국자, 순직자, 순교자들이 바로 그들이다. 이들이 있었기에 세상이 아직 이렇게, 살아 있는지도 모른다. 그렇다면 지구의 생명 환경을 위해 자기 목숨을 희생한 사람들을 순지자라 명명해 보면 어떨까?

9·11 테러 후 3년마다 세계·전통 종교 지도자 대회가 열리는데 이번 7회가 카자흐스탄에서 천주교, 개신교, 불교, 이슬람, 정교회, 힌두교 등의 지도자들로 개최됐다. 이때 프란치스코 교종은 지구촌 세계가 직면한 네 가

지 도전에 대해 역설했다.

첫째는 취약성과 책임이다. 코로나 팬데믹으로 전 세계가 연결돼 있다는 걸 확인했고 인류의 취약한 지점과 공동의 책임을 확인할 수 있었다.

둘째는 평화이다. 지난 수십 년 동안 종교 지도자들은 평화를 수없이 외쳤다. 하지만 우크라이나 전쟁, 한반도 분단 고착화 등 전운은 세계를 괴롭히고 있다.

셋째는 형제애이다. 태아와 어린이, 이민자, 노인이 너무나 쉽게 버려지는 세상이지만 모든 인간은 신성하다는 것이다.

넷째는 기후 위기이다. 지구 공동의 집을 돌보는 것이다. 세상에 팽배한 착취의 사고방식을 버리고, 자연환경을 돌보는 데에 투신해야 한다.

유엔에서 발표한 내용에 따르면 2019년 기준 전 세계에서 발생하는 음식물 쓰레기는 대략 9억 3000만 톤이고, 우리나라에서 배출되는 양도 연간 600만 톤이다. 지하수 고갈 문제, 윤리적 문제 등 다양한 문제로 옮아가고 있다.

이런 지구 환경적 도전을 받는 시대에 우리 각자가 무엇을 해야 할까?

지구를 살리기 위해 불편을 감수하고 자기를 희생하는 '순지자'들의 대열이 절실히 요청된다. 이러한 '순지자'는 일상에서 삼익(SAMIC) 계획을 세워야 한다. 즉 간단한 계획(Simple), 실현 가능한 계획(Aattainable), 측정 가능한 계획(Measurable), 즉각적인 계획(Immediate), 구체적인 계획(Concrete)이다.

한 예로 덴마크는 2020년 9월 29일을 '음식물 쓰레기의 날'로 정했다. 이는 개인의 노력에서 시작됐다. 셀리나 율은 2008년 페이스북에 음식 낭비 중단이라는 소그룹을 만들고 음식물 쓰레기 줄이기 운동을 했다. 잔반 처리법, 필요한 양만 음식 구입하기 등의 활동을 하며 덴마크 정부와 함께 다양한 캠페인을 펼쳤다. 이런 노력은 덴마크 국민의 사고방식까지 바꿀 수 있었다. 셀리나 율 한 개인이 나라를 바꾼 것이다. '고작 나 하나뿐인데 어때?'라는 생각보다 '나 하나라도' 실천해야 한다는 소명을 가져야 한다. 나도 지구를 살리는 순지자의 일원이 될 수 있다.

가을 편지-고요함에 머물러라

   천고마비의 가을이다. 하늘의 파란 바다 아래, 붉게 타는 단풍과 주렁주렁한 빨간 꽃사과 송이는 그리운 임을 향해 다홍으로 불타는 사랑을 노래하는 듯하다.
   "모든 사람의 마음속에는 좋은 소식이 있다. 자기 자신이 얼마나 위대해질 수 있는지, 얼마나 많은 사랑을 베풀 수 있는지, 얼마나 많은 것들을 이룰 수 있는지, 얼마나 잠재력이 큰지 모를 만큼, 좋은 소리에는 한계가 없다." 독일의 작가 안네 프랑크의 말이다. 그렇다. 우리의 마음속에는 분명히 좋은 소식이 있다. 좋은 소식은 성별이나 나이, 국적을 가려서 오는 것이 아니다. 누구에게나 이런 마음이 이미 존재하고 있다. 문제는 쉽게 듣지 못한다는 것이다. 그 소리를 듣기 위해서는 자신의 내면에 귀를 기울여야 한다. 내면의 소리는 크게 드러나지 않는다. 자신과 고요히 마주할 때만 들리게 된다.
   한 교실에서 '세계 7대 불가사의'를 선정하는 유튜브 영상을 본 적이 있다. 아이들이 만든 목록은 그랜드 캐니언, 만리장성, 파나마 운하, 타지마할, 엠파이어 스테이트 빌딩, 이집트 피라미드, 로마의 성베드로 성당이었다. 그런데 선생님은 여태 의견을 말하지 못한 여학생을 발견한다. 선생님이 그 아이에게 다가가 말한다. "선정이 힘들면 좀 도와줄까?" 빨개진 얼굴의 아이가 대답한다. "불가사의가 하도 많아서 다 적을 수가 없어요." 선생님이 말한다. "괜찮아, 지금까지 적은 걸 그냥 읽어 보렴." 아이는 쑥스러워하며 읽기 시작한다. "제가 생각하는 세계 7대 불가사의는 '느끼는 것', '만지는 것', '듣는 것', '보는 것', '맛보는 것', '웃는 것', '사랑하는 것'" 입니다. 발표 후 교실은 숙연해진다. 이 유튜브 영상의 마지막 자막은 이러하다. "우리가 매일 당연시하는 것들, 그게 바로 진정한 불가사의이다. 당신에게 주어진 이 경이로운 선물들을 마음껏 즐기십시오."

삶의 궁극적인 목적이 무엇일까? 아름답고 행복하게 사는 것, 가장 인간답게 사는 것이 풍요로운 삶이 아니던가. 이것이 빠져 있는 오늘날의 우리는 영혼이 없는 삶, 사색이 없는 삶을 살고 있다. 시끄럽게 살고 있다. 그나마 다행스러운 것은 최근 삶의 가치와 의미의 논의에서 영성이란 말이 나오기 시작했다는 것이다. 영성은 인간의 깊은 내면으로 직접 관통하는 영역이다. 시끄러운 우리의 세상에서 내적 평온을 되찾기 위해서는 영성이 필수인데 고요함이 그 영성으로 들어가는 문이다. 타고르(Tagore)는 이렇게 말했다. "그대의 영혼을 고요한 침묵에 흠뻑 젖게 하시오."

'고요'라는 말은 라틴어로 '실렌시움(Silentium)'으로 '그치게 하다', '진정시키다', '조용하게 하다'에서 유래한다. 어머니는 배고픈 아이에게 젖을 먹여 울음을 그치게 한다. 고요는 우리의 시끄러운 생각들과 요란스런 욕구를 침묵시킨다. 고요의 공간 안에서 나는 진정한 자아와 접촉하게 된다. 고요함이 마음을 변화시키는 것이다. 예컨대 잔소리 좋아하는 어머니가 어느 순간 조용해졌다. 조용하게 되자 기뻐하게 되었으며, 기뻐하게 되자 착한 어머니가 되었다.

장바구니 물가가 심상치 않고, 금리와 환율이 오르는 가운데 경기가 좋지 않아 어려운 가을이다. 우크라이나 전쟁은 진행 중이며, 희망적인 이야기는 찾아보기 힘든 세상이다. 그럼에도 불구하고 내면의 공간에 고요하고 온전하게 머무는 가을이면 좋겠다. 바로 거기 고요의 공간에서 비로소 편히 쉴 수 있다. 고요는 세상의 소음으로 꽉 메워져 더는 숨을 쉴 수 없는 우리 영혼을 위한 약이다. 고요함에 머물 때 우리는 더욱 건강하고 더욱 완전한 존재로 나아간다. 고요는 우리 내면의 맑은 샘물이다.

메멘토 모리, 메멘토 비베레

낙엽 쌓인 참나무 숲길을 걷노라면 마음속에서는 '메멘토 모리'라는 노래가 들려온다. 라틴어 '메멘토 모리(Memento mori)'는 '죽음을 기억하라'라는 뜻을 지니고 있다.

'메멘토 모리 / 누구를 위하여 애쓰며 / 무엇을 위하여 달리는가? // 저 태양 아래서 언젠가 사라질 것들을 붙잡는가 // 알면 얼마나 알기에 / 가지면 얼마나 가졌기에 / 한 치 앞도 모르는 인생길에 후회를 남길 텐가 // 오늘은 나에게 / 내일은 너에게… //
세상에 존재한 모든 것 / 흙으로 되돌아가리니 / 흐르는 물처럼 순간을 영원히 / 머물다 떠나가리 / 살면 얼마나 살기에 / 잘나면 얼마나 잘났기에 / 하늘 아래 그 누가 완전한가? / 무엇이 남겠는가? // 위로와 기쁨이 강물처럼 오는 날 있으리니 / 행복한 날에도 / 불행한 날에도 / 죽음을 기억하라 / 어차피 갈 인생 즐겁게 살다가 / 그날을 맞이하라.'

독일 모젤케른(Mosel kern)이라는 곳은 신앙심이 깊은 작은 강변마을이다. 그곳엔 잘 가꾸어진 공동묘지와 조그마한 성당이 있다. 그 성 발레리우스 성당 종탑 시계에는 '메멘토 모리 Memento Mori, 메멘토 비베레 Memento Vivere'라는 문구가 새겨져 있다. '죽음을 기억하라, 삶을 기억하라'는 뜻이다. 이는 승리의 때에도 죽음을 생각하고 겸손하라는 말이다. 내일 죽을 수 있으니 오늘이 내게 주어진 것에 감사하며 살라는 의미이다.

2000년 전 로마 공화정의 개선식은 전쟁에서 승리한 장군에게 주어지는 최고의 영예였다. 백마 네 마리가 끄는 전차를 타고 개선 행렬을 벌이는 것이다. 영웅이 탄 마차가 광장을 메운 로마 시민의 환호 속을 헤치고 행진하는 장면은 장쾌했다. 그러나 화려한 금빛 마차에는 열광 속에 가린 '숨은 그림' 하나가 있다. 개선장군이 손을 들어 시민들에게 화답하는 동안, 장군 뒤에 탑승한 사람이 큰소리로 계속 외쳐대는 장면이다. 대중의 환호 소리가 커지면 커질수록 그의 목청도 따라 커진다. "메멘토 모리! 메멘토 모리!"

"죽음을 기억하라. 전쟁에서 승리했다고 너무 우쭐대지 말라. 오늘은 개선장군이지만 언젠가는 너도 죽는다." 승리에 도취한 장군을 향해 겸손을 잊지 말라는 준엄한 소리이다. 승전한 영웅이여! 영광의 순간에도 유한한 인간임을 잊지 말지니! 교만해지려는 인간의 관성에 경각심을 일깨우는 장치 하나를 부착한 셈이다. 삶이 열광하는 순간에도, 죽음이 그림자처럼 따르는 인간의 운명을 자각하게 하는 장면이다.

생전에 스티브 잡스도 스탠퍼드대 졸업식 축하 연설에서 죽음을 강조했다. 췌장암 투병으로 힘든 시기를 보내던 잡스가 연단에 올라 "죽음은 삶이 만든 최고의 발명품"이라고 격찬했다. 죽음이 없었으면 자기는 실패한 인생을 살았을 것이라는 의미였다. 그러므로 "나에게 주어진 제한된 시간을 다른 사람의 인생을 살 듯이 낭비하지 말라."라며 "오로지 자신을 믿고 열정으로 집중하라."라고 사회로 첫발을 내딛는 학생들에게 호소했다.

"메멘토 모리, 메멘토 비베레"는 죽음 앞에서 삶의 진실을 깨우쳐 주는 말이다. 단 한 번뿐인 유한한 인생의 시간 안에 우리는 무엇을 위해 어떻게 살아야 하는가? 미국 남서부에 거주한 원주민 나바호족 격언을 되새겨 본다. "네가 세상에 울면서 태어날 때 세상은 기뻐했으니, 네가 죽을 때는 세상은 울어도 너는 기뻐할 수 있도록, 그런 삶을 살라."

축복

새해 벽두에 교장이 되레 학생으로부터 덕담德談을 받았다. "피자 열 판 쏘겠습니다. ^^ 허리피자. 가슴피자. 얼굴피자. 어깨피자. 다리피자. 주름피자. 형편피자. 인생피자. 팔자피자. 웃음피자. 새해 건강과 행복이 함께하시길 기원합니다." 제자의 카톡 덕담에 왠지 배가 불렀다.

'복(福)을 빌어 주다'라는 말을 가톨릭교회에서는 축복(祝福)이라 한다. 축복이란 말은 라틴어로 '베네딕치오 benedictio'이다. 이 말의 어원 '베네디체레 benedicere'는 아름다운 것, 좋은 것, 옳은 것, 또는 잘 어울리는 것 등을 의미하는 '베네 bene'와 말하고, 말한 대로 이루어진다는 뜻을 지닌 '디체레 dicere'에서 유래한다. 그러기에 축복은 대단한 힘을 발휘하는 발언發言이다. 성경의 창조 이야기는 하느님 발언의 힘에 대하여 말한다. "하느님께서 말씀하시기를 '빛이 생겨라.' 하시자 빛이 생겼다."(창세 1,3) 예수님께서 행하신 치유 기적도 발언의 힘을 보여 주고 있다. 예수님께서는 나병환자에게 "내가 하고자 하니 깨끗하게 되어라."(마태 8,3)하고 말씀하신다. 그러자 그대로 되었다.

"베네딕토, 그의 이름이 뜻하는 바는 하느님으로부터 '축복받은 사람'이라는 뜻이다." 6세기 이탈리아 움브리아 지방 출신으로서 수도자들의 아버지라고 일컬어지는 베네딕토 성인에 대하여 대 그레고리오 교황이 하신 대담한 표현이다. 베네딕토는 항상 축복받았는가? 모든 측면에서? 평생 아니면 인생의 마지막에 가서야 겨우 축복을 받았는가? 물어볼 필요도 없지만, 베네딕토 성인 역시 우리와 같이 가슴 아픈 절망을 체험했고, 그가 걸은 순경과 역경의 인생길을 통해 삶의 모든 형태 안에서 축복받은 사람이다. 왜냐하면, 그는 최우선으로 진정 하느님을 찾았고, 그래서 하느님은 그를 축복하셨으며 그와 그의 온 삶을 이끄셨기 때문이다.

2022년 12월 31일 오전 9시 34분, 이 베네딕토 성인의 이름을 교황명으로 선택하셨던 제265대 전임 교황 베네딕토 16세가 지상에서의 마지막 순례를 끝내고 하늘 아버지의 집으로 돌아가셨다. 본명은 요제프 알로이지우스 라칭거(독일어: Joseph Aloisius Ratzinger), 그는 굳건한 신앙을 지닌 명석한 학자였다. 일곱 개의 명예박사학위와 모국어인 독일어뿐만 아니라 이탈리아어, 프랑스어, 영어, 스페인어, 포르투갈어, 라틴어, 고대 그리스어, 히브리어 등 10개국 언어로 소통할 수 있는 능력을 갖추고 계셨다. '21세기 최고의 신학자이며 유럽의 최고 지성'으로 칭송받았다. 또한, 모차르트와 바흐의 곡을 즐겨 연주하는 수준급의 피아니스트이기도 하셨다.

"그분은 자신 지성과 능력과 통찰력 때문에 위대했고, 신학에 대한 지대한 공헌 때문에 위대했으며, 교회와 인간에 대한 사랑 때문에 위대했고, 자신의 성덕과 신앙심 때문에 위대했습니다. 그분의 정신은 세세 대대로 항상 더 위대하고 더 강력하게 드러날 것입니다." 베네딕토 16세 교황을 향한 현 프란치스코 교황의 축복 말씀이다.

사람은 누구나 '베네디체레', 곧 덕담과 축복이 필요하다. 새해 날마다 부모가 자식에게, 자식이 부모에게 진심으로 축복을 빌어 주자. 또한, 부부와 친구 사이, 스승과 제자 사이 서로 축복을 전하자.

"여러분을 박해하는 자들을 축복하십시오. 저주하지 말고 축복해 주십시오."(로마 12,14)

봄, 무엇이 보이는가?

겨울 무채색에서 돋아나는 이 봄이야말로 사철 가운데 볼 것이 가장 많아서 그럴까? 이 '봄'이 눈으로 '본다'라는 동사의 명사형이라는 학설도 있다.

보는 것은 오관 중 정말 중요하다. 본 대로 행동하기 때문이다. 어느 봄날, 많은 사람이 붐비는 장터에 나타난 한 도둑놈이 돈을 훔치기 위해 기회를 노리며 돈 많은 곳을 찾아다닌다. 마침내 돈뭉치 하나를 집어 들고 달아나기 시작했다. 환한 대낮에 많은 사람이 지켜보는 가운데 그런 짓을 하였기에 몇 발짝 가지 못해 붙잡히고 말았다. 이를 지켜본 많은 사람은 어이없는 광경에 웃을 수밖에 없었다. "아니 이 어리석은 도둑놈아! 도둑질하려면 남이 보지 못하게 해야지 그 많은 사람이 쳐다보고 있는데, 정말 바보 같구나, 많은 사람이 보고 있는 것을 못 보았더냐?"하고 물었다. 도둑님이 대답하기를 "사람이 전혀 보이지 않았습니다. 내 눈에는 돈밖에 보이지 않았습니다." 이는 중국 사상가 열자의 이야기이다.

확실히 돈밖에 보이지 않았던 모양이다. 그렇다면 지금 우리의 눈에 무엇이 보이고 무엇이 보이지 않는가? 혈연, 학연, 지연의 오만과 편견으로 봄으로써 무엇이 옳은지를 판단하지 못하지는 않는가. 당리당략에만 눈이 어두워 타당에 속한 사람들의 잘못은 크게 보면서도, 같은 당의 잘못은 축소하진 않는가. 설사 부모라 하더라도 자기밖에 모른다면 불쌍한 부모이다. 자녀의 올바른 장래가 보여야 한다. 정치가의 눈에 권력밖에 보이지 않는다면 썩은 정치가다. 백성들이 보여야 한다. 스승의 눈에 봉급이나 직위밖에 보이지 않는다면 해로운 사람이다. 제자가 보여야 한다. 학생의 눈에 당치 않은 것만 보인다면 차라리 배움을 그만두는 것이 낫다. 우선 이상(理想)이 보여야 한다.

무엇이 보이는가? 작금의 세상은 올바른 것을 보고 올바른 것에 맛 들이는 삶을 살아가고 있는지의 성찰이 각별하게 필요하다. 성찰(省察)은 성(省)자가 보여 주듯이 젊은(少) 눈(目)이다. 때 묻지 않은 눈이며, 먼 곳에 착목(着目)하는 눈이다. 세상을 보는 맑은 눈이 필요한 봄의 시작이다.

이 봄에 걸맞게 민태원 님의 "청춘예찬"과 사무엘 울만의 "청춘"을 떠올려 본다. "…얼음에 싸인 만물은 죽음이 있을 뿐이다. 그들에게 생명(生命)을 불어넣는 것은 따뜻한 봄바람이다. 풀밭에 속잎 나고 가지에 싹이 트고 꽃 피고 새 우는 봄날의 천지는 얼마나 기쁘며, 얼마나 아름다우냐? … 인생에 따뜻한 봄바람을 불어 보내는 것은 청춘의 끓는 피다.", "청춘이란 인생의 어느 한 시기가 아니라 마음의 상태이다. 그것은 장밋빛 뺨, 붉은 입술, 유연한 무릎의 문제가 아니며 의지의 문제, 풍부한 상상력, 불타오르는 열정을 말한다. 청춘이란 인생의 깊은 샘에서 솟구치는 신선함이다. …예순이든 열여섯이든 모든 사람의 가슴에는 경이에 대한 이끌림, 어린 아이 같은 미지에 대한 끝없는 탐구심, 인생에 대한 흥미와 기쁨이 있다. 당신과 나의 가슴 속에는 보이지 않는 영혼의 무선국이 자리한다. 신과 인간으로부터 아름다움, 희망, 희열, 용기, 힘의 영감을 받는 한 당신은 언제나 청춘이다."

"너희의 눈은 볼 수 있으니 행복하다."(마태 13,16)

새봄이 시작되었다. 소생하는 이 계절의 관점에 걸맞게 보고 살아야 소위 '철들어라.'라는 말대로 살 수 있으리라.

들을 수 있는 심장과 귀

"사람이 온다는 건 / 실은 어마어마한 일이다. / 그는 / 그의 과거와 / 현재와 / 그리고 그의 미래와 함께 오기 때문이다. / 한 사람의 일생이 오기 때문이다. / 부서지기 쉬운 / 그래서 부서지기도 했을 / 마음이 오는 것이다 – 그 갈피를 / 아마 바람은 더듬어볼 수 있을 마음, / 내 마음이 / 그런 바람을 흉내 낸다면 / 필경 환대가 될 것이다."

— 정현종 '방문객' —

새 학기 신입생들이 저마다의 이야기를 가지고 우리 교정에 왔다. 이제는 그들의 말에 귀를 기울여 볼 때다.

성경에 보면 "내가 너에게 무엇을 해 주기를 바라느냐?"(1열왕 3,5). 하느님께서는 사랑하는 젊은 솔로몬에게 물으신다. 그는 장수나, 부(富)와 명예나, 자기 원수의 생명을 달라고 하지 않고 오직 '들을 줄 아는 심장'을 청한다(1열왕 3,9-12). 결국 솔로몬은 들음을 통해 넓은 지혜를 얻고 깨달을 줄 아는 심장을 얻는다. 바로 이 '들을 줄 아는 심장'이 그의 어려운 임무를 감당하고, 크고도 다루기 힘든 백성을 바로 다스리고, 선과 악을 구별할 수 있는 능력을 솔로몬에게 준다. 이로써 그의 심장이 온 세계의 사정을 충만히 깨닫게 된다(1열왕 5,9-14).

심장은 영어로 Heart이다. 이는 머리를 말하는 Head, 듣는 귀를 뜻하는 ear와 발가락 끝을 가리키는 tiptoe의 합성어다. 머리끝에서 발끝까지 온 마음과 몸으로 경청한다는 의미이다. 경청(傾聽)의 경은 기울일 경(傾)으로, 상대방의 말을 들을 때에 몸을 기울여 들어야 한다는 의미이다. '聽 들을 청'자를 보면 신비스러운 의미가 있다. '耳 귀 이'에 '王 임금 왕'자로 만들어져 있다. 또한 '열 개 十'의 '눈 目'과 '하나 一'의 '마음 心'으로 듣는다는 것을 말한다. 따라서 경청은 왕처럼 귀를 열고 열 개의 눈과 하나의 마음으로 상대방의 이야기를 들어주라는 의미이다. 경청에는 상대방의 이야기를 들을 때 몸과 마음을 기울여 '귀'로 듣고 '눈'으로 보고 '마음'으로 공감하라는 의미가 숨어 있다.

우리말에서 '귀'는 얼굴이 좌우에 있으면서 소리 듣는 일을 한다. 귀를 이루는 여러 부위 중 가장 결정적인 곳이 귓구멍이다. 귀의 모양은 구멍으로 상징될 수 있다. 이 소리의 통, 소리의 구멍을 통해 인간의 기쁨과 슬픔, 사랑과 미움이 사람에게서 사람에게 오고 갈 수 있게 된다. 따라서 귀는 머리와 심장 심지어 영혼으로까지 이어지는 관문이다.

또한 사람의 귀는 외이(外耳), 중이(中耳), 내이(內耳)의 세 부분으로 이뤄져 있다. 이렇게 귀가 세 부분으로 이루어졌듯 남의 말을 들을 때에도 귀가 세 개인 양 들어야 하리라. "자고로 상대방이 말하는 바를 귀담아듣고, 무슨 말을 하지 않는지를 신중히 가려내며, 말하고자 하나 차마 말로 옮기지 못하는 바가 무엇인지도 귀로 가려내야 한다."(R. 이안 시모어의 멘토 중에서)

콜카타의 성녀 마더 테레사 수녀에게 어느 날 기자가 물었다. "수녀님은 매일 기도를 오래 하신다고 들었는데 기도할 때 주로 어떤 말을 하세요?" 그러자 테레사 수녀는 말했다. "전 그저 듣기만 해요." 기자는 다시 물었다. "그럼 하느님은 무어라 말합니까?" 그러자 수녀는 이렇게 말했다. "그분도 듣기만 해요." 테레사 수녀의 이 말을 통해서 '들음'이 얼마나 신비스러운 능력인가를 맛보게 한다. "나는 하느님의 말씀을 듣고 하느님은 나의 말을 듣는다." 이것이 수녀가 들려주는 경청의 힘이다.

오늘, 이 시대를 살아가고 있는 우리에게 가장 긴요하고 필요한 것은 '들을 수 있는 심장과 귀'일 것이다.

서로를 존중하고 귀 기울여 경청하는 일이 사람의 마음을 얻는 최고의 지혜이기 때문이다.

파스카

"예수 부활을 축하합니다. 아이들이 그린 부활달걀도 참 예쁘네요."
"양업고 들어가 매주 집에 올 때마다 활기가 생겨오는 아이를 보니 신기할 따름입니다. 행복한 파스카절 보내세요"
눈앞 새롭게 변화 성장하는 아이의 모습에 감동하는 어머니의 마음에 공감하다가 부활절, 파스카의 의미를 생각해 본다.
'파스카 pascha'는 우리말로는 '지나가다, 건너가다'의 의미이다. "밀알 하나가 땅에 떨어져…… 죽으면 많은 열매를 맺는다."(요한 12,24)란 성경 말씀처럼 땅에 뿌려진 씨앗도 죽음을 지나야만 많은 열매를 맺고 부활의 풍요를 누린다. 어떻게 보면 겨울을 지나 봄을 맞고 여름을 건너서 가을을 맞는 대자연의 도래 과정이 파스카인지도 모른다. 그렇다면 하루의 밤과 낮도 파스카 신비를 상징한다. 잠자리에 드는 것은 묻히는 것에 비기고 아침에 일어나는 것은 부활에 비긴다면 밤은 죽음이요 낮은 생명을 상징하지 않는가. 하루하루가 바로 '건너감의 시간', 즉 파스카의 시간이다.
사람의 일생도 파스카의 여정이라면 비약이 될까? 사람은 출생할 때 어둠 속에서 밝은 데로 나온다. 뒤이어 유년 시절, 청년기가 되고 뒤이어 장년기로 접어든다. 하루해가 가면 어김없이 밤이 오듯, 인생도 저물 때가 오며 마침내는 묻히고 만다.

그러나 다가오는 실재도 있다. 밤이 가고 아침이 되고 우리가 잠에서 일어나듯이, 인생의 마지막 밤인 죽음 다음에는 부활도 다가오리라. 사실 부활이 없다고 믿는 것이 더 힘들다. 죽음만이 남고 죽음만이 마지막 결론이 된다고 볼 때 인생의 의미는 무엇일까? 아무것도 없다. 허무이다. 잘살아 보려고 노력하는 것, 선하게 살아 보려고 노력하는 것, 정의롭게 살아 보려는 것, 사랑을 베풀면 살아 보려는 것이 아무런 의미가 없다. 만일 죽음이 마지막 답이 되고 만다면 모든 것은 무의미하고, 부조리이고 모순이다.

파스카의 길이라면 그래서 먼저는 치유의 길이 되겠다. 치유란 우리의 상처를 돌보고 인생사의 억압과 괴로움을 어루만져 준다. 실로 어떤 이는 과거의 상처에 얽매여 있다. 그러나 지난날의 갈등과 상처들, 그리고 그대를 비참하게 만든 좌절이야말로 현재까지 당신을 괴롭히는 실체이다. 그래서 나는 이렇게 권하고 싶다. 그대 안에서 죽은 것들을 모두 적어 보라. 그것들을 정원이나 화분에 묻어 버리라. 그리고 그 위에 꽃씨를 뿌려라. 과거라는 무덤 위에 꽃도 새로 피고 나비도 찾아들 것이다. 이런 점에서 파스카의 길은 더 큰 활기와 자유와 기쁨으로 들어가는 사람됨의 길이다. 진정한 인간 됨의 길이다.

"때때로 우리는 반복되는 일상에, 그리고 영리하고 강한 자만이 앞서 나가는 것처럼 보이는 차갑고 냉혹한 세상에서 위험을 감수하는 데 지칠 수 있고, 어떤 때는 악의 힘 앞에 무력감을 느끼고 낙담할 수도 있다. 사회에 만연한 계산과 무관심의 태도, 암적인 부정부패, 불의의 확산, 냉혹한 전쟁 등도 낙담의 원인이다. …하지만 부활절은 우리가 패배감을 뒤로하고 앞으로 나아가며 희망을 가둬놓은 무덤의 돌을 굴리게 동기를 부여한다. 부활절의 힘은 실망과 불신의 모든 돌을 굴려버리라고 여러분에게 요구하고 있다"(프란치스코 교황의 부활 강론).

늘 새롭게 시작하는 파스카의 삶이다. 이는 부단한 탈출의 삶이다. 물도

웅덩이에 고이면 썩듯이 삶도 안주로 고이면 썩는다. 살아 흐르는 강처럼 부단히, 끊임없이 맑게 새롭게 흘러야 한다. 넘어지는 것이 죄가 아니라 절망으로 일어나지 않는 것이 죄라 할 수 있다. 넘어지면 곧장 일어나는 영적 탄력성 좋은 삶이 바로 파스카의 삶이다. 나날의 파스카에서 해마다의 파스카로, 그리고 일생의 파스카로 우리 삶의 노정을 더듬어 나가야 한다. 생명은 죽음보다 강하다.

초콜릿 예찬

'초콜릿 chocolate'을 선물로 주시는 분이 계신다. 좋은 학교 양업고의 운영 위원장이시자 본정초콜릿의 대표이신 이종태 님이시다. 1999년 충북 청주에 본정초콜릿 공장과 초콜릿 카페의 문을 열었다. '본정초콜릿의 36.5도 사랑 이야기'라는 신조를 중심으로 '꿈속의 맛! 바로 그 맛!'의 초콜릿을 전달하는 데 최선을 다하시는 분이다. 그 모든 열정이 담긴 「초콜릿」 책을 출간했다.

책은 첫 시작부터 초콜릿에 매혹하도록 독자를 이끈다. 초콜릿은 아주 오랜 시간 동안 슬픈 이에게는 위로를, 지친 사람에게는 활력을 주는 치료약이었고, 사랑하는 사람에게는 서로의 사랑을 확인하고 고백하는 수단이란다. 그러기에 초콜릿은 신의 음식, 신의 선물이라 말하면서 그 예찬의 극을 보여 준다.

"초콜릿은 사랑이다. 초콜릿은 수많은 사람의 오감에 감미롭게 스며들어 행복을 선사한다.
초콜릿은 헌신이다. 거침없이 자기 몸을 녹여 본래의 모습을 버리고 새로운 모습으로 태어난다.
초콜릿은 포용이다. 그 어떤 다른 재료와도 너그럽게 어울려 감쪽같은 조화를 이룬다.

초콜릿은 위안이다. 거친 세상에서 피곤함에 지친 우리를 부드럽게 위로하고 토닥여 준다.

초콜릿은 지조이다. 그 어떤 모습으로 변해도 초콜릿의 이름을 변함없이 간직한다.

초콜릿은 당당한 사랑의 고백이다. 초콜릿은 사랑의 묘약이다.”

초콜릿에 대한 생각을 얼마나 했기에, 이런 초콜릿 예찬의 글이 나왔을까.

혹자는 이 시대의 표징을 갈라진 세상이라 표현한다. 그런데 성경에서 예수는 "이 사람들도 우리처럼 하나가 되게 해 주십시오."라고 한다(요한 17,11). 평화와 자유가 깨어진 대립 관계 세상을 끝내야 한다는 것이다. 하느님과 사람, 생각과 행동, 활동과 관상, 정신노동과 육체노동, 육신과 영혼, 이성과 감정, 그뿐인가, 나라와 나라, 민족과 민족, 우익과 좌익, 전통과 진보, 네 계절, 옛것과 새것 더 나아가서 대통령과 국민, 여당과 야당의 국회, 관리자와 노동자, 의사와 간호사, 부자와 가난한 이 등 열거하자면 아직도 끝이 없다. 이 절체절명의 위기 세상에 꼭 필요한 것이 이 '초콜릿'과 같은 사람이 아니겠는가. 우리 각자의 위치에서 변하지 말아야 할 것, 변하여야 할 것, 변화해야 만 할 것을 꼼꼼히 따져보고 초콜릿 같은 사람이 되면 얼마나 좋은 세상이 될까.

신영복 교수의 「더불어 숲」 책 중, "경쟁과 효율성 등 사람을 해치고 사람과의 관계를 갈라놓는 일의 엄청난 잘못을 미처 돌이켜 볼 겨를이 없습니다. 그러나 사람과 사람의 관계는 일찍부터 정성을 기울이지 않으면 언제나 후회하게 되는 것임을 잊지 말아야 할 것입니다."라는 말씀이 떠오른다.

한 걸음 더 나아가 생각해 보면 인류 미래를 여는 열쇠로써 학교 교육은 더욱더 갈라져 있어서는 안 된다. 교육은 항상 새롭게 변화되어야 한다 Educatione semper reformanda. 한 나라의 교육정책은 시대와 환경과 대상 인물이 변함에 따라 교육목표를 정확하고 유효하게 선포하며 실천하기 위하여 방법을 쇄신하고renovatio, 제도를 개혁하며reformatio 교육활동을 현실에 맞게 조정해야 한다aggiornamento, up to date. 대저 이러한 새로운 시대 새로운 교육의 원리는 '초콜릿 예찬'의 원리를 따르면 되지 않을까. 작금의 교육 현장은 초콜릿 같은 위로, 위안, 헌신, 지조, 포용, 조화, 사랑을 주는 것이어야 한다.

"오늘 나는 오늘 당신에게 초콜릿을 선물하려 한다. 이는 내가 당신을 사랑한다는 이 세상에서 가장 분명한 메시지이다."라는 「초콜릿」 책의 구절을 마음에 새겨 본다. 우리 각자가 서로에게 초콜릿 선물이 되어, 우리 사는 세상이 초콜릿 상자가 되는 날이 오길 아이처럼 꿈꿔 본다.

흙
...

작은 동막골, 옥산면 환희길에 있는 양업고의 옛 지명이다. 푸른 담쟁이가 덮인 교정에는 더위 속에 갖가지 여름꽃들이 한창이다. 사랑이라는 꽃말의 자귀 꽃, 영원한 사랑이라는 꽃말의 백도라지와 자색 도라지꽃, 순결과 신성함을 뜻하는 원추리꽃, 단순·편안·풍요·다산을 뜻하며 손님을 맞는다는 접시꽃, 조용한 기다림과 침착함을 드러내는 옥잠화가 가득하다. 그런데 나는 하마터면 놓칠 뻔하였다. 가만히 들여다보니 이 무수한 식물들과 고운 꽃 밑에는 흙, 흙이라는 존재가 있었다. 온갖 뿌리들을 감싸고 있었다. 칭찬 한마디를 듣지 못하면서도 흙은 그렇게 지켜 주고 키워 주고 있었다.

흙은 대지에 새 생명을 낳아 주고 먹여 주고 키워 주며 가르치는 대자연의 어머니로서 역할을 마다하지 않는다. 흙은 늘 거기에 있고, 그래서 항상 그러려니 하고 생각되어 아무도 기억하지 않는다. 모두가 그 위를 밟아 대고 모두가 쓰레기까지 내다 버린다. 흙은 묵묵히 받아들여 모든 쓰레기를 부패시킨다. 부패를 생명의 자양분으로 변화시키고 새로운 창조의 가능성으로 바꿔준다. 햇빛과 비까지 받아들이면서 흙은 씨앗의 '30배나 60배나 100배'의 수확을 낸다. 돈으로 살 수 없는 흙의 힘과 자유일 것이다.

예수께서는 비할 데 없이 자유로운 사람이셨다. 어떠한 사람이나 사물에도 의지하지 않았기 때문에 완전히 자유로우셨다. 사람들로부터 칭찬을 바라지 않았기에 명예욕에서도 해방될 수 있었다. 금전을 원하지 않았기에 그 노예가 되는 일도 없었다. 살 집을 갖지도 않았으니, 거처에 의지하지도 않으셨다. 예수께서는 또 어떤 신분 조직에 들어가는 것도 전혀 의지하지 않았기에 더욱 자유로우셨다. 바리사이파들은 율법을 자기에게 '평안을 주는 베개'라고 불렀지만, 예수께서는 이와 같은 베개도 필요 없었다. 무사무욕(無私無慾)의 삶 자체가 평안함의 베개요 자유였다.

그분은 오직 하나에만 뿌리를 두셨다. '선한 사람에게나, 악한 사람에게나 똑같이 햇빛을 주시고, 옳은 사람에게나 옳지 못한 사람에게나 똑같이 비를 내려 주시는' '하늘의 거룩한 뜻'이 바로 그분의 '음식물'이자 뿌리를 내린 자리였다. 그러하기에 예수의 자유는 임의적인 것, 또는 자기중심적이지 않다. 모든 것에서 해방되어 있었기 때문에 '다른 이를 위한 사람'이 될 수 있었다. 그래서 예수의 자유는 봉사가 될 수 있었다. 타인을 위해 자신을 바치는 흙과 같은 분이 될 수 있었다.

제자들 사이에 누가 가장 위대한가에 대해 논쟁이 벌어졌을 때도 예수께서는 흙과 같은 말씀을 하신다. "이 세상의 왕들은 강제로 백성을 다스린다. 그리고 백성들에게 권력을 휘두르는 사람은 백성의 은인으로 자처한다. 그러나 당신들은 그렇게 해서는 안 된다. 오히려 당신들 중에서 제일 높은 사람은 제일 낮은 사람처럼 처신해야 하고 지배하는 사람은 섬기는 사람처럼 처신해야 한다."(루카 22,25-26)

이런 말씀에 따르면 권력은 재력(財力)이나 무력(武力)에 근거하는 것이 아니다. 모두 권력은 헌신적인 봉사로 실증되어야 한다. 작금에 필요한 것은 생명을 걸고서라도 철저하게 봉사하고 또 봉사하는 지도자상이다.

'선(善)은 시끄러운 소리를 내지 않는다', '시끄러운 것은 선(善)한 결과를 낳지 않는다'라는 이탈리아속담이 있다.

더위 속, 교정에 피어난 꽃들을 보다가 그 밑에 있는 흙을 더 오래 보게 된다. 저 흙을 보며 참으로 자유로운 자, 참으로 국민을 위해 봉사하는 위정자들이 그리워지는 것은 무슨 연고일까?

헤아림

'한 사람이 있었다. / 자신의 신념이 이끄는 곳으로 향하고자 하는 사람이 있었다. / 많은 것을 상상하고 꿈꾸던 사람이 있었다. / 여러 가지 지식을 가지고 그것을 공유하고자 하는 사람이 있었다. / 선입견으로 사람을 평가하지 않고 모두를 사랑하고자 했던 사람이 있었다. / 모두의 슬픔을 공감하고 안아 주려고 했던 사람이 있었다. / 대나무와 소나무와 같이 사시사철 색이 변하지 않으며 살고자 했던 사람이 있었다. / 지금은 비록 뒤에만 있으시면서 기다리시지만, 그 뒤에서 보조하고 계시며 항상 힘을 주시는 사람이 있었다.'

양업 학교 문학창작 동아리 '잉크 스팟 Ink Spots'의 3학년 단원 학생이 '교장실'이라는 제목으로 쓴 글이다.

어느 날 한 학생이 교장실에 찾아와 고백했다. "이제까지 저는 자기만 알고 자기 생각대로만 살면 되는 줄 알았습니다. 다른 이들에게 도움이 되지 않고 내 중심적으로만 어리석게 살았습니다. 이제 그렇게 살지 않겠습니다. 이것이 양업고가 제게 깨우쳐 준 가장 큰 열매입니다." 바로 그 학생이 교장 선생님이 어떤 분으로 다가오는지를 뜻깊게 헤아려 쓴 글이기에 당사자로서 쑥스럽고 동시에 감동적이다.

좋은 사람의 관계는 상대방의 마음을 잘 헤아리는 데 있다. 그렇지 않으면 상대의 마음을 다치게 하거나 지치게 하여 멀리 쫓는 결과를 낳는다. 상대의 심정을 정확하게 읽는 것이 선행될 때 적당한 처신이 뒤따를 수 있을 것이다. 상대의 마음을 읽거나 짐작할 때 쓰는 말, 이런 때 아주 적당한 말이 '헤아림'이다.

신약성경 희랍어 원문을 보면 예수께서는 타자를 심판하지 말고 헤아리라고 하신다. "너희의 헤아리는 그 헤아림으로 너희가 헤아림을 받을 것이다."(마태 7,2)라고 말씀하신다. 우리가 이웃을 헤아리는 그 헤아림으로 하느님의 헤아림을 받는다는 것이다. 사랑은 상대의 마음을 부단히 살피고 헤아려 이를 편안하게 해 주는 것이다. 존재와 상황을 끊임없이 헤아리는 것이 바로 인생이요, 삶이라 할 수 있다.

네덜란드 태생의 동물행동학자이자 영장류학자 프란스 드 발은 저서 '공감의 시대'의 서문을 '탐욕의 시대는 가고 공감의 시대가 왔다.'라고 시작한다. 작금 21세기를 살아가는 우리에게 가장 중요한 감각 중 하나는 '헤아림'일 것이다.

독일인 심리학자 테오도어 립스는 사람이 줄타기하는 곡예사를 볼 때 똑같이 긴장하게 된다고 한다. 곡예사의 몸에 간접적으로 들어가 그의 경험을 헤아려 공유하기 때문이다. '헤아림'의 높은 수준을 가진 사람들은 나에게 어떤 이익이나 보상을 바라지 않고 타인을 편안하고 즐겁게 하며 가진 것을 베풀며 행복을 줄줄 아는 사람들이다. 헤아림으로 공감을 드높일 때 타인을 더 높은 수준의 의식 세계로 더 큰 행복으로 이끌 수 있다.

최근 헤아림의 능력이 미비한 이들도 적지 않게 눈에 띈다. 공감 능력 장애를 보이는 자폐스펙트럼장애, 사이코패스, 조현병 같은 정신 신경 질환은 아닐지 몰라도 이와 비슷한 정치가, 언론인, 의원, 공무원이 적지 않음을 본다. 백성의 상황과 마음이 어떠할지를 헤아리는 것이 그리 어려운가?

　'별 하나에 추억과 / 별 하나에 사랑과 / 별 하나에 쓸쓸함과 / 별 하나에 동경과 / 별 하나에 시와 / 별 하나에 어머니, 어머니', 좋아하는 윤동주 님의 시 '별 헤는 밤'을 읊어 본다. 시골집 마당에서 시원한 수박 한 입 깨물며 여름 밤하늘 은하수를 바라보며 별을 헤던 어린 시절이 새롭게 다가온다. 동주 시인이 별을 센 것인지 헤아린 것인지 알 수 없지만 나는 밤하늘의 별을 헤아리듯 주위를 헤아리며 살고 싶다.

자아 성찰

가을비가 내린다.

내 가슴 속에는 페북에 올라온 이태석 재단 이사장 구수환 님의 글이 우울하게 내린다.

"초등학교 20대 선생님의 비극적인 소식이 알려진 후, 한 달도 안 돼 아홉 분의 선생님이 극단적 선택을 했다. 지난 5년 동안 목숨을 끊은 공립학교 선생님은 100명이 넘는다. …… 얼마나 집요한 고통을 주었으면 사랑하는 가족을 두고 목숨까지 끊었겠습니까. 그러나 가해자들은 자신의 아이들 돌보지 않아 그랬다며 변명으로 일관합니다. …… 악성 민원에 시달리다 스스로 생을 마감한 교사의 죽음과 관련된 학부모의 이름과 전화번호, 사업장, 사진이 SNS에 공개돼 빠르게 퍼져나가고 있습니다. '살인자', '악마는 당장 떠나라'라는 문구까지 등장합니다. 선생님의 잇따른 죽음과 대한 원인 규명과 대책발표가 없자, 정치권 교육 당국과 수사기관에 대한 불신과 불만이 가해자인 학부모에게 향하고 있습니다. 선생님의 비극적인 사건은 일부 학부모의 일탈에서 비롯된 것이 아니다. 입시교육, 돈과 특권, 편 가르기와 증오에 빠져 있는 우리 사회의 이기주의와 금권 만능주의가 만들었다…… 그동안 학교 강연을 다니면서 교사가 행복해야 아이들과 학교가 행복하다고 말씀드렸는데 작금의 사태를 접하니 미안함에 얼굴을 들 수 없다."

소위 이 시대의 "예언자 직분"이란 것을 수행하지 못한 제 탓에, 나 역시 머리를 들고 글을 마주할 수가 없다. 이런 와중에도 가을비가 무겁게 내린다.

예언자는 어떤 사람인가? 예언자를 히브리어로 '나비navi'라고 하는데, '하느님께서 소명을 주신 사람'이란 뜻이다. 예언자는 하느님의 뜻을 헤아려 인간에게 알리려고 외치는 사람이다. 예언자는 그리스어 '프로페테스 prophetes'로 '솔직하고 정중하게 말하는 사람'이란 뜻이다.

성경의 예언자들은 꿈꾸는 사람으로 더 깊이 더 멀리 본다. 그는 장차 사람들이 더불어 살 수 있는 새로운 방법이 있음을 깨닫는다. 예로부터 꿈은 영감과 상상과 창조성의 샘이었다. 예언자들은 사람의 마음을 움직이고, 대중에게 새로운 지평을 열어 준다. 그리스도교 역사에는 현시와 꿈을 가진 예언자들이 매우 많다. 마틴 루터 킹 목사는 흑인과 백인이 한데 어울려 살기를, 교황 요한 23세는 창문이 활짝 열린 새로운 교회를 꿈꾸었다.

"사람들은 때로 믿을 수 없을 정도로 앞뒤가 맞지 않고 자기중심적이다 / 그럼에도 불구하고 그들을 용서하라 // 친절을 베풀어도 숨은 의도가 있다고 비난할 것이다 / 그럼에도 불구하고 친절을 베풀라 // …… 당신이 정직하고 솔직하면 상처받기 쉬울 것이다 / 그럼에도 불구하고 정직하고 솔직하라 // 오늘 당신이 하는 좋은 일이 내일이면 잊혀질 것이다 / 그럼에도 불구하고 좋은 일을 하라 // 가장 위대한 생각을 갖고 있는 가장 위대한 사람일지라도 가장 작은 생각을 가진 가장 작은 자의 총에 쓰러질 수 있다 / 그럼에도 불구하고 위대한 생각을 하라 // 사람들은 약자에게 동정을 베풀면서도 강자만을 따른다 / 그럼에도 불구하고 약자를 위해 싸우라 // 당신이 몇 년을 걸려 세운 것이 하룻밤 사이 무너질 수도 있다 / 그럼에도 불구하고 다시 일으켜 세우라 // 당신이 마음의 평화와 행복을 발견하면 사람들은 질투를 느낄 것이다 / 그럼에도 불구하고 평화롭고 행복하라 // 당신이 가진 최고의 것을 세상과 나누라 언제나 부족해 보일지라도 / 그럼에도 불구하고 최고의 것을 세상에 주라"

인도 콜카타 성녀 마더 테레사 본부 벽에 쓰여 있는 글귀이다. 작금의 시절에 꼭 필요한, 예언자적 정신이 담긴 자기성찰의 글이다. 우리 각자가 "죽는 날까지 하늘을 우러러 / 한 점 부끄럼이 없기를 / …… 모든 죽어가는 것을 사랑해야지 / 그리고 나에게 주어진 길을 / 걸어가야겠다.……" 는 민족시인 윤동주의 '서시'를 몇 번이고 되뇐다. 때아닌 가을비가 장맛비처럼 내리고 있다.

단풍과 낙엽 사이에서

세상에서 가장 빠르면서도 가장 느린 것, 사소한 모든 것을 집어삼키거나, 위대한 것에는 생명과 영혼을 불어넣는 것, 그것을 시간이라 하지 않던가. 삶의 가장 심오한 시간은 낮과 밤의 빛의 리듬이요, 조수간만의 리듬이요, 봄·여름·가을·겨울로 바뀌는 아름다운 사계의 리듬이다.

미련도 후회도 미움도 남기지 않으려는 듯 붉고 붉게 타오르는 단풍이 낙엽이 되어 다시 뿌리로 돌아가는 가을이다. 봄 여름 내내 나무 둥치를 위해 할 바를 다했다는 듯한 잎새들이 낙엽이 되어 대지로 가라앉는 때이다. 지금은 낙엽이지만 새잎일 때가 있었다. 최선을 다해 태양 빛을 받아서 나무의 뿌리를 튼튼히 하며 나무를 키우고, 가지를 늘리고 꽃을 피운 때도 있었다.

자신에게 주어진 시간을 살아내고 여한 없이 활활 단풍으로 타다가 뿌리 쪽으로 돌아가는 낙엽의 모습을 거울삼아 삶을 관조한 반숙자 선생님의「낙엽주 특강」의 한 구절을 되새긴다.

"낙엽이 질 때면 어김없이 생각나는 글, '버려야 할 것이 무엇인지 아는 순간부터 나무는 가장 아름답게 불탄다.' 어느 가을 우연히 바라본 광화문 글판의 글이다. 나는 언제 저토록 여한 없이 불타본 적이 있는가, 불타기는커녕 생채로 시들고 있는 것은 아닌지. 버려야 할 것들을 아직도 분별하지 못하고 끌어안고 살면서

연탄 한 장의 온기나마 누군가와 나누었는지, 노란빛으로 물든 은
행나무를 보며 마음 갈피를 뒤적여 본다."

진짜 가을 낙엽은 아무 걱정이 없는지, 가을 끝에 닥쳐올 겨울의 사멸이 두렵지 않은지. 그 낙하 몸짓은 조금도 무거워 보이지 않고 아주 가뿐하다. 추운 겨울이 지나 봄이 오는 도래를 분명히 알기에, 낙엽은 곤두박질치면서도 무거워 보이지 않는 것이리라. 미구에 틔울 생명의 새 시작을 믿기에, 희망하기에 낙엽은 걱정하지 않는 것이리라.

가톨릭교회는 11월을 위령 성월로 정하고 죽은 영혼을 위하여 기도하며, "오늘은 내게, 내일은 네게 Hodie mihi, Cras tibi"라는 무덤 앞의 라틴어 격언을 마주하며 죽음을 묵상한다.

마지막 생명의 마감은 암흑이고 고독이며 허무이고 결별이다. 세상과의 모든 인연을 끊어 버리고 사람의 육신으로부터 영혼을 분리시킨다. 죽음은 축제의 폐막이나 만남의 마지막 인사처럼 슬프고도 고통스러운 것이다. 죽음은 상실, 단절, 분리, 파괴이다.

그러나 죽음이 마지막이 아니다. 완성, 마무리, 성취이기도 하다. 결정적인 것, 궁극적인 것은 막판에 출현한다. 완성도 마지막 순간에 이루어진다. 생명의 마감이 성취를 뜻하는 것이라면 우리의 슬픔과 고통도 의미 있는 것이 될 수 있다. 예컨대 면학의 각고 끝에 얻은 내면의 성장, 산고 후에 얻은 생명, 이데아의 도달은 마감의 결실이다.

그렇다면 과연 죽음이 없다면 생명은 행복으로 가득 차 있을까? 행복을 보장하지는 못할 것이다. 죽음이 없다면 삶은 마무리되지도 결실을 거두지도 못한다. 결실은 나중에 최종 순간에 거두어지는 수확이다. 끝없이 연속되는 삶은 별로 값어치 없고 싫증과 권태의 연속일 뿐이다. 죽음이라는

마지막이 있기에 생명이 소중한 것이다. 병자가 건강의 소중함을 실감하듯이, 죽음을 진지하게 생각하는 사람이 생명의 귀중함과 고마움을 알고 단 한 번밖에 없는 삶을 성실히 엮어 나가는 이치이다.

  버려야 할 것이 무엇인지 아는 순간 진정한 아름다움의 빛을 발하는 단풍이 될 수 있고, 가장 가뿐하게 대지에 입 맞추는 낙엽이 될 수 있다. 가장 고운 빛깔로, 가장 아름다운 몸짓으로, 가장 성스러운 언어로, 지금이 마지막인 것처럼 기도하는 이 가을이 되고 싶다.

그분은 누구신가?

12월 8일이다. 이날을 숫자풀이해 보자. 한 해는 열두 달이고 하루는 열두 시간이다. '열둘'은 중국, 바빌로니아, 이집트에서 대우주를 상징하며, 열둘을 중심으로 하는 십이진법을 취한다. 성경에서도 열둘은 이스라엘의 지파를 비롯한 예수의 제자 그리고 천상 예루살렘 성문의 숫자를 의미한다.

여덟을 뜻하는 '팔'자는 사람의 운명을 정한다. 성경에서는 '여덟'은 '새로운 출발'을 의미하기도 한다. 홍수로 인류를 멸망시키신 하느님은 노아를 선택하고 여덟 사람만을 구제함으로써 새로운 인류를 시작한다. 무엇보다 예수께서는 한 주간의 '여드레째 날 아침'에 부활한다. 그 여덟째 날, 예수를 통하여 하느님과 사람이 맺어지는 새 시대가 개벽했다.

12월의 클라이맥스는 예수가 태어나신 크리스마스이다. 대저 모든 인간은 부유하고 귀하게 되기를 원한다. 그러나 예수는 태어날 때부터 부귀한 저택은 고사하고 출산할 방 한 칸 없이 헤매다가 마구간의 말 밥통에 분만했다. '신의 아들'이지만 철저하게 비우고 낮추셨다. 이러한 예수 성탄의 모습은 오늘날 한껏 화려해지려는 그리스도교에 대한 경종이기도 하다.

이 '가난한 탄생' 후에도 비천하게 성장하셨으며, 평생 땀 흘려 일한 진정한 노동자로 늘 가난하고 힘없는 사람들과 함께하셨다. 열렬히 세상 사람들을 사랑하셨고, "인간성의 존엄함"에 대해 항시 일깨우셨다. 그분은 특별히 버려진 사람들을 돌보셨다. 당대의 "아웃사이드"라 일컫는 세리(稅吏)

와 이방인, 나환자와 창녀 등 죄인들까지 보살펴 주셨다.

그분은 시인이며 삶을 깊이 들여다보는 예술가셨다. 아름다운 그림과 비유의 언어로 군중들을 가르치셨다. 대자연의 풀 한 포기, 나무 한 그루, 생명 가운데 작은 낌새까지도 마음껏 끄집어내어, 설교의 자료로 삼으시고, 가장 통속적인 예를 들어 가장 심오한 인생의 도리를 설명하셨다.

어질고 겸손한 지도자, 자비로운 목자일 뿐만 아니라 동시에 해방자이기도 한 분. 그 누가 있어 "가난한 이에게는 기쁜 소식, 포로들에게는 석방, 눈먼 이들에게는 광명, 핍박받는 이들에게는 자유를" 선포했던가?

그분은 재물을 가벼이 보지도 않았고 부자들도 버리지 않았다. 다만 재물로 인해 만들어진 인위적 불평등을 개선하고, 불공평과 착취를 없애려고 주력하셨을 뿐이었다. 그러다가 결국 십자가에 못 박혔을 때, 이유 없이 자신을 죽이려는 원수에게까지 용서해 주셨을 때, 그분 전 생애의 정점을 찍으신 것이다. 만인의 친구요, 대변자요, 구세주가 되셨다.

그분은 비록 학교를 경영해 본 적이 없지만 그분 삶 자체가 교육의 본보기이다. 또한 그분은 노래 한 곡 지어본 적은 없지만, 세상 수많은 가곡의 소재가 되셨다. 그분은 비록 간판을 걸고 의료행위를 해 본 적은 없지만, 친히 손을 내밀어 어루만져 주심으로 병든 이를 낫게 해 주셨다. 그분은 비록 군대를 거느려 본 적은 없지만, 그 어느 장수도 그렇게 많은 지원병을 거느리지 못했다. 사랑의 감화 아래 수천수만의 군중이 그분의 '이상 세계'에 함께 운집했다. 그 삶은 본보기가 되었고, 그 말씀은 대중의 등불이 되었다.

12월이다. 한해의 끄트머리에서 한없는 부끄럼으로 나의 삶을 반성한다. 이것은 그분께 한 발짝 다가가는 예수 성탄을 맞이하고 싶기 때문이다. 그만큼 새롭게 오는 해를 시작하고 싶기 때문이다.

웃자

누구라도 건강한 삶을 원할 것이다. 건강하기 위해서는 적당한 운동과 긍정적인 생각, 규칙적인 식생활 등 여러 가지 방법이 있다. 그런데 예로부터 빼놓을 수 없는 것이 하나 있다. '웃는 것이 건강에 좋다'는 비결이다. 웃음은 가장 효과 있는 만병통치약, 부작용 없는 안정제, 비싸지 않은 미용제로서 마음의 영약이라고 일컬었다. 사람이 가장 아름다워 보일 때도 웃을 때가 아닌가.

나는 하루에 얼마 정도 웃을까?

한 연구 조사에 의하면 하루에 어린이들은 평균 400번 정도, 어른들은 평균 15번 정도 웃는다. 어른들도 어릴 때는 많이 웃었겠지만 나이가 들면서 자신도 모르게 웃음이 사라진다. 어른이 되어가는 과정에서 여러 가지 제약과 고통의 경험, 환경적 요인으로 마음이 여유가 없어지게 되어 웃음의 횟수가 줄어든다. 적잖은 정신과 전문의들은 어른들이 잃어버린 웃음 385번을 가져다주는 유쾌한 농담을 되찾을 수 있다면 더 건강해질 수 있다고 한다.

웃음이 긴장을 완화해 주고 스트레스를 줄일 뿐 아니라 혈액 순환을 원활하게 해 준다는 사실을 과학적으로 밝혀냈다. 20초 동안 계속되는 유쾌한 웃음은 5분 동안 열심히 에어로빅 운동을 하는 것과 비등한 결과라고 한다.

한편 웃음에는 바보의 웃음도 있고 악인의 웃음도 있다. 구약성서에서 '어리석은 자는 웃을 때 큰 소리(집회 21,20)를 내고 미련한 자들의 웃음소리는 방탕한 죄악에서 나온다.'(집회 27,13)라고 한다. 예수께서도 상기 부류의 웃음을 저주하신 바 있다. "불행하여라, 지금 웃는 사람들! 너희는 슬퍼하며 울게 될 것이다."(루카 6,25). 오늘 필자가 거론하는 웃음은 어리석거나 비열한 웃음이 아니다. 주위의 분위기를 확 풀어 주는 웃음, 어린이 같은 밝은 웃음을 말한다. 이런 웃음은 만사와 만인을 있는 그대로 받아들이고 사랑으로 볼 줄 아는 탁 트인 호감을 품고 있는 사람에게서만 찾아볼 수 있다. 좋은 웃음이야말로 강력한 사랑의 표시이다.

심리학자 알프레드 애들러 박사는 그에게 찾아온 우울증 환자에게 이렇게 말한다. "두 주간만 나의 처방을 따른다면 당신은 건강해질 수 있다. 별로 어려운 처방도 아니다. 매일 어떻게 하면 남을 기쁘게 해 줄 수 있을까를 궁리해서 그걸 실천하면 된다." 이 싱겁게 들리는 처방에 자칫 대단한 처방이나 기대하고 찾아온 환자들은 실망해 돌아갈 수도 있다. 그러나 일단 이 처방을 따른 사람에게는 당장 특효가 나타난다. 남을 돕고 어려운 이웃에게 사랑을 전했더니 우울증이 없어졌다고 고백해 온다고 한다.

좋은 웃음 '사랑의 웃음'도 그 정도와 형식에 따라 천차만별이다. 뭔가 깊이 생각하면서 빙그레 짓는 웃음부터 떠들썩하게 큰소리로 웃어대는 홍소(哄笑)에 이르기까지 병아리같이 방긋대는 갓난아기의 옹알거리는 웃음에서 인생을 달관(達觀)한 노인의 잔잔한 호수 같은 미소까지 가지각색이다.

우리는 웃는 사람을 만날 때, 각자 자기 나름대로 숨기고 사는 데도 배어 나오는 어떤 행복감을 발견해 낼 수도 있다. 인생을 대하는 한 인격의 독특한 태도를 감지해 낼 수 있다. 그것이야말로 쉽게 범접할 수 없고, 의연히 세속 범사(凡事)를 감당하면서도 동시에 초월해 있는, '고고한 생활 철학'이라고나 할까. 바로, 그것은 웃음에서 드러나는 '마음의 청량함 serenitas cordis'이라 할 수 있을 것이다.

웃음은 사람의 얼굴에서 겨울을 몰아내는 태양이다.

- 빅토르 위고 -

새해 벽두, 좋은 웃음을 많이 선사하자. 웃자! 소문만복래(笑門萬福來)! 웃으면 만복이 온다.

"사람아, 너는 먼지이니, 먼지로 돌아갈 것을 생각하여라."

봄이 다가온다.

그러나 아직 꽃샘추위가 기승을 부리는 겨울의 끝자락이기도 하다. 이 2월을 '시샘의 달'이라 하지 않던가. "1년 열두 달 중에 / 제일 키가 작지만 / 조금도 기죽지 않고 / 어리광을 피우지도 않는다 // 추운 겨울과 따뜻한 / 봄을 잇는 징검다리 역할 / 해마다 묵묵히 해낸다 / 겨울이 아무리 길어도 봄은 기어코 찾아오는 것 // …"이라고 시인 정연복도 이 '2월'을 노래했다.

고대 로마에서는 매년 2월 15일이 되면 풍요의 신인 루페르쿠스(Lupercus)를 숭배하며 "몸과 마음을 정화하고, 죄를 씻는 의식"을 거행했다. 이를 유래로 '정화하는, 죄를 씻는'이라는 뜻의 라틴어 '페브루스 Februs'가 어원이 되었다. 이 "2월"의 영어 명칭이 '페브러리 February'가 된 배경이다.

그리스도교에서는 대개 이 2월에 예수의 "수난과 죽음"을 기억하는 "사순절"을 시작한다. 사순절(四旬節)이란, 말 그대로 "예수 부활"을 합당한 자세로 맞이하기 위해 "죄를 씻고 내면을 정화"하는 은혜로운 구원의 때인 40일(四旬)을 의미한다. 사순절의 "개시일"에는 각 성당에서는 전년도 "수난 성지 주일"에 신자들에게 나눠준 나뭇가지(聖枝)를 다시 거둬들인다. 그것을 태워 예식에 쓸 "재"를 마련하기 위함이다. 사제는 재를 축복하고 성수를 뿌린 뒤, 신자들의 이마에 십자 형태로 바르거나 머리 위에 얹는 예식을 거행한다. 이때 사제는 "사람아, 너는 먼지이니, 먼지로 돌아갈 것을 생각하여라" 또는 "회개하고 복음을 믿어라"라는 말씀이 선포되는 것이다.

"모두 재로 돌아간다. 내가 사는 집, 내가 입는 옷, 쓰는 그릇, 내 돈, 밭과 들과 숲, 나를 따르는 개와 외양간의 짐승까지, 지금 글씨를 쓰는 나의 이 손, 그걸 읽고 있는 눈, 나의 온몸이 모두 재로 돌아간다. 내가 사랑하던 사람, 미워하던 사람, 그리고 두려워하던 사람들, 이 세상에서 내게 커 보이던 것, 작아 보이던 것, 하찮아 보이던 것, 모두 재로 돌아간다. 모두, 모두."라고 신학자 로마로 과르디니는 말한다. 과연 '재'가 말하는 바가 무엇인가?

성경에서 재(灰)는 참회를 상징한다. 구약에서 요나가 니네베 사람들에게 회개를 촉구하자 백성들과 임금이 단식을 선포하며 잿더미 위에 앉았다(요나 3,4 참조). 신약에서 예수님도 죄인들에게 "재를 뒤집어쓰고 회개"(마태 11,21)하는 일에 대해 언급했다. 재는 죄를 지어 하느님에게서 떨어져 나오게 된 '슬픔'을 상징하기도 한다. 물질이 타고 남은 잔재물인 재! 이는 사람이 지은 죄의 잔재로서, 지은 죄에 대한 '보속' 행위도 기억하게 한다.

재는 또한 '열정'을 뜻하기도 한다. 불로 단련 받아 자신을 모두 태워 버린 "재"처럼 우리도 하느님과 세상을 위해 자신을 온전히 태워야 한다는 의미다. 모든 것을 태우고 남은 재에는 불순물이 없기 마련이리라. 그러니 머리에 재를 얹는 것은 인간이 처음 빚어졌던 그때처럼 순수하고 깨끗히 정화돼야 한다는 의미도 함의한다.

사순절의 개시인 "재의 수요일"은 이마에 재를 얹으며 인생무상을 깨치고 죄에 대한 보속을 선행해야 부활의 기쁨을 맞이할 수 있음을 상기시킨다. 재는 무엇을 더럽히는 사물이다. 하지만 진흙보다는 쉽게 털어낼 수 있을 만큼 가볍기도 하다.

  2월, 범 그리스도교적 사순절이 시작되었다. 긴 겨울이 지났으니 봄도 곧 올 것이다. 온갖 생명들이 부활하는 날이 올 것이다. 그 전에 머리에 재를 얹고 참회의 정으로 정화해 봄이 어떤가? 정녕 "사람아, 너는 먼지이니 먼지로 돌아갈 것을 생각하여라."가 아니겠는가?

하나의 밀알

봄 사월, 새로운 생명이 움트는 부활의 때다. 겨우내 인고의 세월을 보낸 만물이 소생하는 보람된 모습을 보노라니 언제부터인가 마음에 담아 두었던 '삶을 보람되게 하는 세 가지 일'이 떠오른다.

그 하나는 나무를 심는 일이다. 나무를 심어놓고 가꾸다 보면 날이 갈수록 자라나는 모습을 볼 수 있다. 새싹이 나오고 꽃이 피고 열매도 맺고 무더운 여름에는 마음마저 시원하게 하는 푸르름도 가져다준다.

또 하나는 글을 써서 책을 만드는 일이다. 마음의 양식인 책은 사람들에게 새로운 세계를 열어 주며 기쁨을 가져다준다. 글을 써서 책을 만든다는 것은 큰 노력이 필요하다. 그러나 책을 만든 보람과 기쁨은 얼마나 대단한가.

마지막으로 자녀를 낳아 기르는 일이다. 애써 낳고 정성으로 기르고 잘 교육한다는 것은 참으로 힘든 일이지만 자식만큼 부모에게 소중하고 기쁨을 주는 존재는 없다.

세상에 태어나 살면서 이 세 가지 보람된 일을 다 이루었다면 얼마나 복되고 아름다운 인생인가. 윤병훈 베드로 신부가 바로 그러한 사람이다. 특히 학교 밖 아이들에 관심을 가지시어 1998년 1세대 대안교육 특성화 학교인 좋은 학교(Quality School) 양업고등학교를 설립하고 15년간 초대 교장으로 일하면서 반석 위에 올려놓았다.

그분은 양업고에 35가지 400그루가 넘는 수목을 심으셨다. 양업고는 온갖 나무와 꽃들, 새들이 지저귀는 숲속의 수목원이다. 아이들은 봄, 여름, 가을, 겨울 자연의 변화를 바라보면서 마음을 정화하며 평화를 찾는다.

'나는 그리스도 예수와 한 몸이 되어 하느님을 위하여 일하는 것을 자랑으로 여깁니다.'(로마 15,17)라는 자신의 사제 서품 성구에 걸맞게 양업고 교훈을 '사랑으로 마음을 드높이자'로 정했다. 자녀 같은 학생들의 눈높이에 맞춰 사랑하면서 변화할 시간을 기다려 주었고, 아이들의 작은 발자국에 귀 기울이면서 긍정의 힘과 칭찬을 통해 교육하였다. 또한 '눈높이로 다가가자, 함께하자, 대화하자, 기다려 주자.'라는 생활 지표를 세우셨다.

그분께서는 생전에 아이들과 함께한 삶을 기록한 6권의 저서, '뭐 이런 자식들이 다 있어', '너 맛 좀 볼래!', '발소리가 큰 아이들', '그분의 별이 되어 나를 이끌어 준 아이들', '내가 어디로 튈지 나도 궁금해', '멀리 보고 높이 날고 싶었던 거야'를 집필하였고, 이를 홈페이지와 SNS를 올려 매일 소통하였다.

그리고 마지막 유고집 '멀리 보고 높이 날고 싶었던 거야' 서문에서 이렇게 고백한다. "그동안 우리가 감당해야 했던 고통의 십자가는 교육의 부활을 이끌어 내주었다. 이는 하느님이 주신 '기쁨'이라는 크나큰 상급이다. 그 누구보다 나와 함께 지냈던 학생 제자들이 고마웠다. 아름다움은 고통을 넘어 부활을 경험할 때 절로 얻어지는 상급이다. 이처럼 지금까지 내가 현장에서 실천해 온 그 모든 것이 예수님으로부터 배운 교육학이다. 고개 숙여 무릎 꿇고 감사의 기도를 드린다."

"…길이 끝나는 곳에서도 / 길이 되는 사람이 있다 // …사랑이 끝나는 곳에서도 / 사랑으로 남아 있는 사람이 있다…"

정호승 시인의 '봄 길'이라는 시다.

바로 그 사람이란 한 생을 가톨릭 사제요 교육자로 사셨던 윤병훈 베드로 신부이다. "밀알 하나가 땅에 떨어져 죽지 않으면 한 알 그대로 남고, 죽으면 많은 열매를 맺는다."(요한 12,24)

그분은 우리 시대 교육의 부활을 위해 하나의 밀알이 되셨다.

눈물꽃 소년

온갖 풀과 꽃, 나무 잎새들이 파릇한 생명력으로 하늘을 향해 솟아오르는 계절이다. 학교장 전체 훈화 시간에 나태주 시인의 '기죽지 말고 살아 봐 // 꽃 피워 봐 // 참 좋아.' 시 '풀꽃 3'을 낭송하며 아이들을 집중시키기 위해 퀴즈도 냈다. "'참' 더하기 '기름'은 참기름이죠. '참' 더하기 '깨'는 참깨죠. 자, 문제 나갑니다. 아는 사람은 조용히 손들어 주세요. '참' 더하기 '설탕'은 뭘까요?"

정답을 맞힌 세 명의 아이에게 박노해 시인의 '눈물꽃 소년, 내 어린 날의 이야기' 책을 선사했다. 대자연이 제철을 맞이하는 때이다 보니 절로 아름다운 시집을 펼치게 된다.

초봄, 박노해 시인의 시를 읽어 주고 널리 알려 줘 감사하다는 예쁜 글씨의 엽서와 함께 책 '눈물꽃 소년'을 선물로 받았다. 첫 장을 넘기는 순간부터 구구절절 삶의 깨우침을 주는 감동이 밀려왔다.

예수님이 사셨던 나이만큼 33편의 본문 이야기를 읽을 때마다 전해오는 '깨달음'에 나도 모르게 눈물을 흘렸다.

정 많은 할머니가 전해 준 지혜롭게 살아가는 삶의 정수, 42세에 돌아가셨지만, 남을 위한 사랑을 남겨 주신 아버지에 대한 기억, 서른 후반 인생 홀로 자녀들을 키워내신 어머니, 동생을 믿어 준 형님의 이야기, 우주를 만드신 하느님을 알려 주신 호세 신부님과 동강 공소 신자들, 졸업식 날 국밥을 내던 시장 골목식당 주인의 이야기까지! 내 눈에는 복음의 예수님이야기와 다름이 없었다. 마치 내 이야기인 양 몰입돼 찐한 감동이 흘렀고 내심 '눈물꽃 소년'과 하나가 되었다.

　큰 물고기 잡고 싶어 사투를 벌인 이야기에서는 욕심 때문에 무모한 소년기의 모습도 들여다볼 수 있었다. "밀물이 몰려와 목을 넘더니 눈까지 차올랐다. 파도가 들이칠 때마다 바닷물을 꼴까닥 꼴까닥 삼키며 버둥거려 봐도 발이 갯벌 바닥에 닿지 않았다. '야 인자 죽었구나, 꼼짝없이 죽겠구나' 공포감에 허우적댈수록 물속으로 더 깊이 빠져들었다. 온몸이 굳은 채 하얗게 질려가던 나는 그제서야 움켜쥔 물고기를 놓았다."라는 이야기 속에서 내가 영원히 기억하고 살아야 할 깨달음이 와 닿았다. "힘 빼!" 그리고 "…절대로 안 가라앉는다잉. 바다를 탁 믿어부러."

　무언가에 집착할 때, 악착같이 이기려 할 때, 빛나고 좋은 것을 한다는 욕심이 들 때, 그 순간 퍼뜩, 시인은 "힘 빼! 얼른 놓아버려!" 하는 소리와 함께 제정신을 차린다고 한다.

　무엇이 한 명의 사람을 빚어내는지? 할머니, 부모와 아이, 스승과 제자, 이웃과 친구는 어떠해야 하는지? 오늘의 나를 만든 순간들은 무엇인지? 나는 지금 어떻게 살아야 하는지에 관한 커다란 깨달음들! 눈물꽃 소년은 육십 살 나이를 소중히 돌아보게 했다.

　시인은 작자로서 말한다. "인류의 가장 중요한 유산은 '이야기'이다. 자기 시대를 온몸으로 관통해 온 이야기, 자신만이 살아온 진실한 이야기, 그것이 최고의 유산이다." 사람에게는 평생을 지속되는 '결정적 시기'가 있는데 그 첫 번째는 소년 소녀 시절이다. "인생 전체를 비추는 가치관과 인생관과 세계관의 틀이 짜여지고 신생의 땅에 무언가 비밀스레 새겨지며 길이 나버리는 때 단 한 번뿐이고 단 하나뿐인 자기만의 길을 번쩍, 예감하고 저 광대한 세상으로 걸어나갈 근원의 힘을 기르는 때, 그때 내 안에 새겨진 내면의 느낌이, 결정적 사건과 불꽃의 만남이, 일생에 걸쳐 나를 밀어간다."라고 한다.

  5월이 가기 전 모두가 '눈물꽃 소년'이 되어 사람이 사람답게 사는 세상을 이루는 푸른 '깨달음'에 도달해 보시면 좋을까 싶다.

참살이 Well being

 나무의 이파리 하나하나가 싱싱함을 더해 가는 6월, 숲이 더욱 경이롭게 보이는 까닭은 그 속에서 발생하는 광합성 때문이다. 광합성은 맑고 깨끗한 산소를 만들어 모든 생명을 숨 쉬게 한다. 또한 대기에서 이산화탄소를 제거하고 대기 중의 온실가스의 농도를 줄임으로써 지구의 기후를 조절하니 결국 모든 생명이 푸른 잎 속 광합성의 기적을 먹고 사는 셈이다. 생각건대 오늘날 모든 이가 바라는 것은 광합성이 가져다주는 것처럼 건강한 생명이지 않을까.
 세계보건기구에서 건강이란 '참살이 well-being'라 한다. 참살이란 병이 없는 상태일 뿐 아니라 신체적, 정신적, 사회적, 영적인 삶의 유기적인 조화까지를 얻은 상태라 정의한다.
 요즘 대세라는 긍정심리학의 핵심 개념으로 보자면 '정신적으로 건강한 사람이 행복하다.'라고 한다. 정신적으로 건강하지 않은 사람은 그저 살아가는 생활 속에서 불행을 느끼는 사람이라 하겠다. 긍정심리학자의 대표 주자라 할 수 있는 셀리그만에 의하면 행복한 삶이란 즐거운 삶, 몰입하는 삶, 의미 있는 삶, 성취하는 삶, 그리고 좋은 관계의 삶이 합해져서 만들어지는 삶이다. 특히 즐거운 삶의 필수조건은 긍정적 정서 언어의 충분한 사용이다.
 또 다른 대표적 긍정 심리 학자인 소냐 루보머스키에 따르면 목표의 헌신, 몰입체험, 삶의 기쁨을 음미, 감사 표현, 낙관주의, 종교 생활과 영성훈련 등과 같은 12가지 연습을 하면 행복을 증진할 수 있다.

그런데 이와 같은 셀리그만의 5가지와 소냐의 12가지 행복증진을 단박에 해결하는 비법이 있다. 그것은 '기도'이다. 우리는 '보여 주는' 시대에 살고 있다. 누구든지 눈으로 보이는 성과를 눈으로 보이는 행동으로 뽑아내야 가치 있는 사람으로 인정받는 시대에 살고 있다. 과연 '보여 주는' 삶은 행복한가? 우리는 보이지 않는 것에 집중하고 내 안의 나와 대면하고 소통하며 진정한 나와의 만남을 통해 행복한 참살이의 첫걸음을 시작해야 한다. 그러기 위해 우리는 기도해야 한다. 기도는 심리적인 것을 넘어서 영적이기 때문이다.

기도가 무슨 힘이 있을까? 기도는 영혼의 광합성이자 호흡이다. 기도를 꾸준히 하지 않으면 우리의 영혼은 죽고 행복해질 수 없다. 나에게 있어서 기도는 마음의 상처를 치유해 주고 행복의 길로 들어서게 한다. 시기심과 불의를 물리치게 해 주고 죄를 속죄하게 해 준다. 기도는 내가 시련과 역경을 당했을 때 위로와 희망, 기쁨과 힘을 준다. 나는 기도를 통해서 보이지 않는 하느님을 만난다. 고로 내게 있어 '참살이'는 기도이다.

어느 수녀님의 글이다. 화장품을 팝니다. 최상의 화장품세트예요. 주름이 생긴 이마에는 '상냥함'이라는 크림을 사용해 보세요. 주름을 없애 주고 기분까지 좋아지게 하니까요. 입술에는 '침묵'이라는 고운 빛의 립스틱을 발라 보세요. 험담하고 원망하는 입술을 예쁘게 바로 잡아 주는 효과가 있답니다. 맑고 예쁜 눈을 가지려면 '정직과 진실'이라는 아이크림을 사용해 보세요. 피부를 곱게 하고 싶으시면 '미소'라는 로션을 바르세요. 날마다 행복할 수 있습니다. 가장 이상적인 피부 영양제 화장품은 '성실'입니다. 아주 효능 좋은 피부 청결용 세안 비누는 '미안'이 최고라고 합니다. 아, 참~ 가장 향기로운 향수로는 '용서'가 제일이랍니다.

- ♡주문하실 주소: 당신 도 예쁘 군 사랑하 면 좋으 리 1004번지 -

아~하, 이거 정말 신선한 산소를 내는 광합성 제품입니다. 모든 분이 꼭 구매해서 매일 사용하여 건강하고 행복한 삶을 사는 '참살이' 되길 빕니다.

7

내가 제일 좋아하는 희망의 숫자는 7이다. 7이라는 수는 자연계에서도 중대한 역할을 한다. 달은 초승달로 시작하여 이레가 지나면 반달, 다시 이레가 지나면 보름달, 그리고 다시 이레가 지나면 초승달로 돌아가면서 밤하늘을 밝혀준다. 음악의 음계도 도레미파솔라시도 7 음정이다. 요일도 월화수목금토일로 일곱이다.

성경이 7이라는 수를 쓴 곳은 그야말로 헤아릴 수조차 없이 많다. 예컨대, 하느님께서 천지 만물을 지어내신 것이 이렛날이었던 연유로 7일째를 안식일이라 한다. 레위기에는 '칠 년째 되는 해는 땅에 안식을 주라.'고 정하여 칠 년마다 밭을 묵히는 규정이 있다.

예수께서는 일곱 개의 빵을 쪼개어 군중을 배불리 먹이셨고 그 부스러기가 일곱 바구니 남았다. 또한, "형제가 내게 죄를 범하면 몇 번 용서해주어야 합니까?"하고 묻는 베드로에게 예수께서는 일곱 번씩 일흔 번까지라도 용서하라고 대답하신다.(마태 18,21-22)

이처럼 성경의 7은 '완성'을 나타낸다. 7은 하느님의 세계인 셋과 자연의 세계인 넷을 합친 '완성'을 의미한다.

그러하기에 일곱은 그리스도교 전통에서 '사랑의 7가지 봉사활동'과 긴밀하게 연결되어 있다. 사랑의 '물질적' 봉사에 속하는 일곱 가지는 음식 제공, 식수 제공, 외국인 환대, 의류 제공, 병자방문, 교도소 방문, 장례 봉사이고, 사랑의 '정신적' 봉사에 속하는 일곱 가지는 문맹 퇴치, 의심 불식, 낙심한 이들의 위로, 방탕한 삶의 계도, 소외된 이들에 대한 법적 대변, 인권 옹호, 산 이와 죽은 이를 위한 기도가 있다.

더욱이 그리스도교에서는 사람의 7가지 욕망을 극복하는 '칠극 七克'의 길을 가르친다.

교만은 사자의 사나움과 같아 겸손으로 복종시켜야 한다.
질투는 파도가 일어남과 같아 용서로 가라앉혀야 한다.
탐욕은 손에 단단히 쥔 것과 같아서 은혜로 이를 풀어야 한다.
성냄(분노)은 불이 타오르는 것과 같아 인내로 꺼야 한다.
식탐은 골짜기로 받아들임과 같은지라 절제로 이를 막아야 한다.
음란함은 물이 넘치는 것과 같아서 정결함으로 이를 막아야 한다.
나태는 둔마가 지친 것과 같아 부지런함으로 채찍질해야 한다.

원칙 없는 정치, 노동이 결여된 부, 양심이 없는 쾌락, 개성을 존중하지 않는 교육, 도덕성 없는 상거래, 인간성이 사라진 과학, 희생 없는 종교, 인도의 성자 간디가 말한 '7대 사회악'이 난무하는 작금의 세상이다. 고통, 질병, 사건, 사고 등과 끔찍하고도 의문스러운 일로 가득한 세상이다. 그러함에도 불구하고 희망을 버리지 않는다. 희망이란 최악의 상황을 언급하기보다는 사람의 좋은 면을 찾는 것, 할 수 없는 것을 불평하기보다 할 수 있는 것을 발견하는 것, 문제가 크든 작든 모든 기회로 보는 것, 포기하고 싶을 때 보일 때 믿음으로 나가는 것, 어두움을 저주하기보다는 촛불을 밝히는 것이라 하지 않던가.

하여튼 나는 숫자 7을 좋아한다. 현실이 녹녹지 않음에도 불구하고 빨주노초파남보, 7가지 무지갯빛 세상을 꿈꾸는 동일한 이유에서라고나 할까?

왜 그럴까?

"저 사람이
어디서 저 모든 것을 얻었을까?
저런 지혜를 어디서 받았을까?
그의 손에서 저런 기적들이 일어나다니!
저 사람은
목수로서 마리아의 아들이며,
야고보, 요새, 유다, 시몬과 형제간이 아닌가?
그의 누이들도 우리와 함께 여기서 살고 있지 않는가?"

(마르 6,2-4)

고향을 방문하신 예수님께서 안식일에 나자렛 회당에서 가르치셨다. 고향 사람들은 먼저 놀라워하면서도 동시에 그분을 못마땅하게 여긴다. 왜 그럴까? 고향 사람들은 왜 예수님을 기쁘게 맞이하지 못하는 걸까? 함께 잔치를 베풀고 용기를 북돋아 주어야 할 가까운 이웃들이 대체 왜 더 무시하고 배척하는 걸까?

그 이유 중 하나는 고정 관념에서 벗어나지 못한 편견 때문일 것이다. 편견은 볼 것을 제대로 보지 못하게 하는 불신을 낳는다. 고향의 지인들은 그분의 출신과 내력을 잘 알기에 그 점이 오히려 걸림돌이 된다. "저 사람은 분명히 목수이고, 마리아의 아들임을 우리 동네에 일가친척들이 다 있는 것을 아는데 말이야. 어떻게 하느님의 아들이라고 할 수 있겠는가?" 잘 알고 있다고 확신하기 때문에 오히려 그 확신 너머의 진실을 받아들일 수 없었다.

고향 사람들이 예수님을 환영하고 기쁘게 받아들일 수 없었던 또 다른 이유는 과거 때문에 현재의 중요성을 제대로 깨닫지 못하기 때문이다. 바로 '지금 여기'에서의 예수라는 인물의 중대성이다. 현재 나자렛 예수는 탁월한 하느님 말씀의 해설자요, 하느님 힘을 드러내시는 분, 기적을 행하시는 분이시다. 악령이 복종할 정도로 권위 있으시고, 바람과 호수, 자연이 복종할 정도로 권위 있는 분이시다. 병든 자를 치유해 주시는 분, 심지어 죽음의 세력까지. 야이로의 딸을 죽음에서 다시 소생시킨 분이시다. 그분의 존재 자체가 이토록 중대한데 그들은 과거의 기억에 얽매여 보아도 보지 못하고 들어도 듣지 못하는 오류를 범하고 있다.

아~하, 그렇다면 오늘 고향 사람들의 오류가 그들만의 문제인가? 아니다. 가끔은 나 역시 그네들과 별반 다르지 않음을 고백한다.

가장 가까이에 있는 사람에 대한 왜곡된 선입견 때문에, 그들과의 유쾌하지 못한 경험으로 인해서, 은연중에 무시하고 배척하지 않았던가.

주변 사람들을 이런저런 사람으로 낙인을 찍어두고, 그들이 변화되고 성장했음에도, 그들을 인정해 주거나 믿어 주지 못했던가.

보고 싶은 것만 보고 듣고 싶은 것만 듣는 나의 확증편향은 내 생각과 일치되는 정보만 받아들이고, 그 반대의 정보는 의도적으로 외면하거나 내 의견에 맞게 왜곡하지 않았던가.

주님, 당신의 고향 사람과 별반 다르지 않은 저를 용서해 주시고, 제가 스스로 정해 놓은 고정 관념들에서 벗어나 주님을 늘 새롭게 만나는 힘을 주소서.

태양의 찬가

"늦게야 님을 사랑했습니다. 이렇듯 오랜, 이렇듯 새로운 아름다움이시여 … 부르시고 지르시는 소리로 절벽이던 내 귀를 트시고, 비추시고 밝히시어 눈멀음을 쫓아내신 님 향내음 풍기실 제 나는 맡고 님 그리며, 님 한 번 맛본 뒤로 기갈 더욱 느끼옵고, 님이 한번 만지시니 더없는 기쁨에 마음이 불타나이다."

– 아우구스티노의 〈고백록〉 제10권 27장 –

내가 참으로 좋아하는 구절이다. 특히 하느님을 "님"이라고 부르는 까닭에 더욱 자주 애송하게 되었다.

우리 말은 대개 상대방을 높여 부를 때 접미사 '–님'을 붙인다. 아버님, 어머님, 선생님, 할아버님, 할 때의 '–님'이 그런 경우이다. 새삼 동방예의지국의 '인간 존중' 관념을 생활화한 좋은 언어관습의 예로 보인다.

정호완 님의 「우리말의 상상력」에 따르면, '님'의 더 오래된 전 단계의 말은 '니마'라 한다. 지금도 얼굴의 한 부분으로 눈썹 위에서 머리털이 난 부위와 사이를 이마라고 하지 않는가. '니마' 혹 님은 태양을 뜻하는 불의 신이며 방위로는 남쪽 앞이니 신체 부위 중 높으면서 앞쪽이 됨을 뜻하고 있다고 한다. 또한 '니마'의 상징 계절로는 여름이라 한다. 그러하기에 상대방을 '–님'이라고 부르는 우리말의 관습은 호칭 되는 사람을 태양신과 같은 존재로 본다는 의식이 그 밑바닥에 있다고 한다.

여름은 태양의 계절이다. 여름은 네 계절 중 제일 덥고, 낮은 길며 밤은 짧다. 태양의 본질은 따뜻한 빛을 주는 것이다. 태양은 언제나 빛나고 언제나 열기와 빛을 방출한다. 그리스어로 태양과 태양신을 '헬리오스'라 한다. '헬리오스'는 '시간의 표시자', '방향의 표시자', '태울 듯한 열기의 원천'이다. "정녕 빛은 달콤한 것, 태양을 봄은 눈에 즐겁다."(코헬 11,7)고 한다. 그렇더라도 작열하는 태양만은 피하고 싶은 요즘이긴 하지만 말이다.

그러함에도 불구하고 '태양이 없으면 죽음에 이를 것이다.' 모든 생명은 빛이 필요하고, 전 생명체는 빛으로 향하기 때문이다. 그러고 보면 태양이야말로 하늘에 빛나는 가장 위대한 이마요, 눈이요, 광명이니 에너지의 총본산일 것이다. 그러하기에 봄에 싹이 트고 꽃과 잎이 핀 것을 성숙하도록 하는 것도 태양이 아닌가. 꽃이 피었던 자리에 열매를 달고 그 속에 생명을 담아 넣는 것이 태양이다. 그렇게 함으로써 태양은 새로운 '목숨살이'의 장을 열어 나가는 것이다. 수수만년 매 가을 열매가 땅에 묻혔다가, 봄이면 새로운 생명으로 돼 태어난다. 바로 태양의 작용이다. 그러하기에 예부터 태양을 경탄의 눈으로 바라보았고, 지고의 우주적 예지와 생명 원리의 화신으로 여겼다. 옛날 사람들은 태양과 더 친밀성을 느꼈던 것 같다. 예컨대, 잉카인들은 스스로 "태양의 아들"이라 칭했고, 바오로 사도는 그리스도교 신자들을 "빛의 자녀"라 불렀다.

지금, 이 시대에도 한창 기쁨에 넘쳐 있는 사람을 보면 무릇 이렇게 말한다. "막 해가 떠오르는구나."

기실, 기쁨과 생기를 퍼뜨리는 태양의 사람들이 우리 도처에도 여전히 있다.

"그대도 다른 이들의 태양이 되기를."

그리하여 언젠가 사람들이 그대에게 이렇게 말하길 빕니다. "오늘 당신은 태양처럼 빛나네요. 당신이 들어서니까 여기가 더욱 밝고 따뜻해졌어요. 우리 가운데 태양이 상쾌한 빛살을 던지고 있으니, 기분이 좋아집니다."

대추 한 알, 밤 한 톨

추석인데도 여전히 한낮에는 무덥다. 연휴의 끝자락에서 이 명절의 의미를 생각해 본다. 우리의 풍습에서 볼 때 추석은 가족들이 함께 모여 조상을 기억하면서, 한 해의 풍요로운 수확에 감사하는 날이다. 그 감사의 마음이 가득 담겨 있는 상징물이 추석 차례상이 아닐까 한다. 차례상에 빠질 수 없는 과실이 '홍동백서'라고 대추와 밤이다. 한가위가 제철이고, 다산과 풍요, 행운의 상징이기 때문이다.

'저게 저절로 붉어질 리는 없다. / 저 안에 태풍 몇 개 / 저 안에 천둥 몇 개 / 저 안에 벼락 몇 개 / 저 안에 번개 몇 개가 들어 있어서 / 붉게 익히는 것일 게다. // 저게 저 혼자 둥글어질 리는 없다. / 저 안에 무서리 내리는 몇 밤 / 저 안에 땡볕 두어 달 / 저 안에 초승달 몇 날이 들어서서 / 둥글게 만드는 것일 게다.'

장석주 시인의 시 '대추 한 알'에 담긴 그 진수는 우리 수고의 한 해 수확이고, 조상에게 드리는 추석 감사 선물이지 않은가.

정약용은 어느 날 저녁 무렵 숲 주변을 거닐고 있었다. 우연히 한 어린아이가 다급한 목소리로 울부짖으며 참새처럼 팔팔 뛰는 것을 보았다. 마치 수많은 송곳으로 창자를 찌르고, 절굿공이로 마구 가슴을 짓찧은 모습이었다. 하도 참혹하고 절박해서 곧 죽을 것만 같았다. 왜 그러느냐고 물어봤더니, 나무 밑에서 밤 한 톨을 주웠는데 다른 사람이 그걸 빼앗아 갔다는 것이었다.

이 이야기를 두고 '청산어록'에서 다산은 자신의 두 아들에게 이런 훈계를 남겼다. "아아! 천하에 이 아이 같지 않은 사람이 몇이나 되겠는가? 벼슬을 잃고 세력이 꺾인 자나, 재물을 손해 본 자, 그리고 자식을 잃고 실성할 지경이 된 사람도 결국 달관자의 눈으로 본다면 밤 한 톨이나 매한가지일 뿐이다."

작금, 도시 문화 속에서 차례상의 대추 한 알과 밤 한 톨은 점점 낯선 풍경이 되어 간다. 그럼에도 불구하고 날로 소환하고 싶은 것이 밤 한 톨로 비유한 정약용의 달관자적 태도이다. 삶에서 가장 소중한 것을 잃었을 때의 마음가짐이다. 사람들은 저마다 소중한 것을 잃고 비통하게 울지만, 크게 보면 그것이 '밤 한 톨을 잃고 우는 어린아이와 비슷한 것'이 아닐까. 기왕 일이 그렇게 된 이상 훌훌 털어버리는 데에 더 수월하지 않을까. 소위 필자의 '추석 단상(斷想)'을 나누고자 함이다. 잃어버린 것에 얽매이지 말고 더 크고 더 넓게 세상을 보아야 하지 않을까.

대추 한 알! 밤 한 톨! 추석 차례상을 생각하다가 가톨릭 성녀 아빌라의 성녀 대 데레사의 기도가 연상되는 것은 또한 무슨 연고인고?

'아무것도 너를 놀라게 하지 말고 아무것도 너를 혼란케 하지 말라. 모든 것은 지나간다. 하느님은 변치 않으신다. 인내함으로 모든 것을 이긴다. 하느님을 가진 자 그에게는 모자라는 것이 없다. 하느님만으로 넉넉하다.'

시대의 징표 읽기

새벽이다.

늘 하던 대로 십자 성호를 긋고 복음을 읽는다. '너희는 땅과 하늘의 징조는 풀이할 줄 알면서, 이 시대는 어찌하여 풀이할 줄 모르느냐?'(루카 12,56) 그 끝으로 침대 머리맡에 놓아 둔 박노해 님의 책 '걷는 독서'의 한 구절도 눈에 들어온다. '가을은 익어가는 계절, 쭉정이와 알갱이를 가려내는 엄정한 생의 계절'이란 글귀에는 정신이 번쩍 났다.

이 시대, 그리고 이 가을, 나는 지금 무엇을 생각하며 어떻게 살고 있는가? 삶이 익어가는 것이 아니라 알갱이 없는 쭉정이로 늙어가고 있는 것은 아닌가.

이 가을, 이 새벽부터 한국 민주화 시대에 정신적 어른이셨던 김수환 추기경님이 그리워지는 것은 무슨 연유인가? 어머니가 살아 계셨을 때 나에게 처음이자 마지막으로 선물을 해 주시며 읽으라 하셨는데, 그 책이 '추기경 김수환 이야기'인지라 그렇지 않을까.

"난 1970~1980년대 격동기를 헤쳐나오는 동안 진보니, 좌경이니 하는 생각을 해 본 적이 없다. 정치의 의도나 목적을 두고 한 일은 더더욱 없다. 가난한 사람들, 고통받는 사람들, 그래서 약자라고 불리는 사람들 편에 서서 그들의 존엄성을 지켜 주려고 했을 따름이다. 그것이 가난하고 병들고 죄지은 사람들에게 둘러싸여 사시다가 마침내 목숨까지 십자가 제단에 바치신 예수 그리스도를 따르는 길이라고 믿었다. 1987년 6·10 항쟁 때도 명동성당 공권력 투입이라는 일촉즉발의 위기를 그런 믿음 하나로 막아섰다. 경찰이 들어오면 맨 앞에 내가 있을 것이고, 그 뒤에 신부들, 그 뒤에 수녀들이 있을 것이오, 그리고 그 뒤에 학생들이 있을 것이오."

과연 이 시대의 징표가 무엇일까? 작금의 우리나라는 정치적 퇴행과 무질서한 탐욕의 가치관이 횡행하고 있지 않은가. 법의 잣대가 정의롭지 못한 거짓과 가짜가 판치는 시대이지 않은가. 이런 시대에 김 추기경이 살아 계셨다면 어떤 말씀을 하셨을까?

어느 날, 김 추기경께서는 식사하고 있던 신부들에게 '당신은 두 개의 언어를 잘하는데, 그 말이 무엇인지 맞히어 보라'고 하신다.

누군가가 "추기경님께서는 독일에서 유학하셨으니, 독일어를 잘하실 것이고, 일제강점기를 사셨으니, 일본어를 잘하실 것 같다."라고 했더니 추기경님께서는 "아니다."라고 한다.

스무고개를 하듯 여러 나라 언어를 열거했는데도 "전부 틀렸다."고 말씀하신다. 그 신부가 더 이상 찾아낼 수 없을 것 같아서 "도대체 잘하시는 말이 무엇이냐?"라고 여쭙자, 추기경님은 웃으시면서 "나는 두 가지 말을 잘하는데 하나는 '거짓말'이고 다른 하나는 '참말'이야."라고 대답하신다. 자신이 성직자이지만 거짓말을 하는 인간적인 한계가 있음을 솔직하게 표현하신다.

가을빛이 가득한 양업고등학교의 아름다운 교정에 이제 막 아침이 밝아오려고 한다. 나는 식전 댓바람부터 운동장에 나와 설 수밖에 없었다. 그리고 막 동이 터오려는 동쪽 하늘로 가지런히 두 손도 모으게 된다.

"하느님, 이 가을에 외국어가 아니라 겸허한 모국어로 기도합니다. 참말보다는 거짓말이 판치는 이 시대, 쭉정이는 불태우시고 알갱이는 모아들이소서. 그리하여 눈물로 씨 뿌리던 사람들이 알갱이 가득 찬 곡식단 들고 기쁨의 춤을 추게 해 주소서."

시간의 흐름 속에서

 낙엽이 한 잎 두 잎 떨어지고 있다. 아무런 바람도 없었는데 스스로 시간대에 도달해 마무리되는 낙엽들. 그것들을 물끄러미 바라보고 있자니 나의 삶도 한 조각 한 조각 단절되는 듯하다. 우수에 젖어가는 나에게 낙엽들은 한층 몰아붙이며 또렷하게 속삭인다. 바로 구약 성경의 코헬렛의 한 구절이다.

 '하늘 아래 모든 것에는 시기가 있고 모든 일에는 때가 있다. 태어날 때가 있고 죽을 때가 있으며, 심을 때가 있고, 섬긴 것을 뽑을 때가 있다. 죽일 때가 있고 고칠 때가 있으며, 부술 때가 있고 지을 때가 있다. 울 때가 있고 웃을 때가 있으며, 슬퍼할 때가 있고 기뻐 뛸 때가 있다'(코헬 3,1-4)

 살아 있는 것들의 유한함을 일깨워 주는 낙엽 앞에서 오히려 지난날들의 기억이 소중해지는 것은 또 무슨 연고인가? 과거가 고통이 아닌 아름다운 추억으로 쌓인다는 것을 낙엽은 온몸으로 보여 주려는 것인가? 단순한 소멸 낙하가 아니라 새로운 시작을 희망하는 생명의 연속성을 깨우치려 함인가?
 아우구스티누스는 '고백록'에서 시간에 관해 묻고 답한다. "대체 시간이란 무엇인가?라는 질문을 받았을 때, 나는 막연하게 알고 있는 것 같았다. 그러나 막상 대답하려고 보니 비로소 답을 모르고 있다는 사실을 깨달았다." 아우구스티누스에 따르면 시간은 "세 가지가 있는데, 과거의 현재, 현재의 현재, 그리고 미래의 현재이다. 오직 영혼에만 이 세 가지 시간이 존재하는바. 과거의 현재는 기억이고, 현재의 현재는 관조이고, 미래의 현재는 기대이다."

그리스인들은 '때'와 '시간'을 '크로노스(chronos)'와 '카이로스(kairos)'로 구분한다. 크로노스는 측량할 수 있는 시간, 즉 물리적 세월이다. 크로노스의 명령을 따르는 사람은 시간을, 기쁘고 즐거운 것이 아니라 폭력적인 것으로 받아들인다.

이와 달리 카이로스는 좋은 순간, 환영받는 때를 말한다. 크로노스가 양적 시간을 의미한다면 카이로스는 시간의 질을 가리킨다. 이 카이로스는 내가 나에게 몰입하는 순간, 완전히 나로 존재하는 순간이다.

아브라함 매슬로는 시간과 영원이 하나인 그 '임팩트 순간'에 대한 경험을 '정상경험'이라 한다. 예컨대 봄날 혼자서 들판에 나갔을 때, 친구와 함께 산봉우리에 섰을 때, 음악회의 무대 한가운데 서 있을 때, 아이를 낳았을 때, 사랑하는 사람을 바라볼 때…. 이러한 정상경험을 통해 우리에게 일어난 일이 무엇인지 묻는다면 우리는 그저 더듬거릴 수밖에 없다. 왜냐면 '그냥 압도당했다. 완전히 그곳에 있었다. 경악할 신비이다.'라는 정도로 표현할 수밖에 없기 때문이다.

봄이 오면 낙엽도 새싹을 위한 양분이 되듯, 우리의 기억과 경험 또한 다음 세대를 위한 자양분이 되리라. 가을의 나뭇잎은 단순히 떨어지는 것이 아니다. 그것은 삶의 순환 속에서 우리가 만났던 '정상경험'의 깊이를 송두리째 담고 있다. 그러하기에 비로소 삶은 아련하면서도 동시에 아름다우며 이런 소멸의 시간에서조차 싹틔울 희망을 재촉한다. 낙엽처럼 묵묵히 나아가는 의연함이 필요하리라.

낙엽이 지는 이 가을, 특히 삶이 고단하신 분, 온몸이 쑤시는 분, 인간관계에 지치신 분, 열심히 살고 싶으신 분, 시험이 코앞이신 분, 아니, 그냥 두루두루 모든 분을 정상 경험으로 초대하고자 합니다.

"곧 떠날 것 같이 영원히 머무를 것처럼"

사랑으로 마음을 드높이자!

오늘,
이 자리에서 제가 사랑하는 여러분과 함께할 수 있었음에
깊은 감사의 마음을 전하고 싶습니다.
12년간
이 가톨릭 학교 양업고등학교의
교장 신부로서 걸어온 시간은
단순히 지나온 날들로 이뤄진 것이 아닙니다.
그보다는 하느님의 은총으로써 내려진 특별한 이야기였습니다.
이 이야기는 사랑과 희망이 얽혀 있는 실타래와 같았습니다.
하나하나의 순간은 빛나고 소중한, 하느님의 선물로 가득했습니다.
시간이 흐르는 중에 여러분과 함께 나눈 웃음,
기쁨의 순간들은 제 삶의 가장 밝은 빛이었습니다.
슬픔과 고난, 도전의 순간들 또한 저를 성장하게 한 귀한 자산이었습니다.
이 모든 경험은 감사와 기도의 제목으로 하느님께 봉헌합니다.
고통 속에서도 함께 웃던 그 따뜻한 순간들이 있었기에
지금의 제가 있을 수 있었던 것입니다.

우리의 인연은 하늘이 맺어준 소중한 축복이었습니다.

저는 이 자리를 빌려 양업고 가족에게,

그리고 저를 지켜 주신 은인들에게 진심으로 감사의 마음을 전합니다.

그동안 저를 지원해 주신 모든 분은

저의 삶에 불어넣어진 살아 있는 하느님의 사랑이었습니다.

특히, 가경자 최양업 토마스 신부님께 깊은 감사를 드립니다.

그분의 전구 기도와 교육 영성은 제가 이곳에서 겪었던

모든 일 속에서 길잡이가 되어 주었습니다.

저는 양업고가 언제나 양업 신부님의 신앙과 사랑을 드높이고 이어져 나가기를 소망합니다.

양업 사제의 모습은 언제나 저의 마음속에도 남아 또 다른 길잡이가 되어 줄 것입니다.

제가 이곳에서 경험한 희로애락은 단순한 감정의 나열이 아닙니다.

그것들은 제 신앙 여정의 일부요, 여러분과 나눈 공동체의 역사입니다.

우리는 함께 울고 웃으며, 서로의 마음을 읽고 이해했습니다.

그 속에서 저의 삶은 더욱 풍성해졌고,

여러분의 존재는 제게 큰 힘이 되어 주었습니다.

이제 저는 새로운 길로 나아갑니다. 또 다른 여정을 시작합니다.

하지만 이곳에서의 기억은 언제나 제 마음에 깃들어 있을 것입니다.

여러분과 나눈 소중한 순간들은 잊지 않겠습니다.

저의 기도는 앞으로도 여러분과 함께할 것이며,

하느님께서 여러분을 언제나 지켜 주시기를 바랍니다.

마지막으로, 여러분에게 남기고 싶은 메시지는 사랑과 신뢰입니다.

서로를 아끼고,

늘 따뜻한 마음으로 행동하십시오.
그러면 양업고등학교의 정신은 계속해서 이어질 것이고,
그 사랑은 이곳을 넘어 더 많은 이들에게 퍼질 것입니다.
우리는 같은 하늘 아래, 같은 은총의 빛 속에서 살아가고 있습니다.
이 모든 관계를 통해 하느님의 뜻을 발견하고,
그분의 사랑을 세상에 나누는 길로 나아가길 기도합니다.
여러분과의 여정에
모든 감사의 마음을 담아,
이 자리를 떠나겠습니다.
저는 어딜 가든
"곧 떠날 것 같이 영원히 머무를 것처럼"
자유롭게 살도록 노력하겠습니다.

감사합니다.

바다보다 우주보다

ⓒ 장흥훈, 2025

초판 1쇄 발행 2025년 8월 15일

지은이   장흥훈
펴낸이   이기봉
편집   좋은땅 편집팀
펴낸곳   도서출판 좋은땅
주소   서울특별시 마포구 양화로12길 26 지월드빌딩 (서교동 395-7)
전화   02)374-8616~7
팩스   02)374-8614
이메일   gworldbook@naver.com
홈페이지 www.g-world.co.kr

ISBN 979-11-388-4593-9 (03370)

- 가격은 뒤표지에 있습니다.
- 이 책은 저작권법에 의하여 보호를 받는 저작물이므로 무단 전재와 복제를 금합니다.
- 파본은 구입하신 서점에서 교환해 드립니다.